# 从零开始学K线炒股

## 典型形态与买卖点分析

股林常青松 编著

人民邮电出版社
北京

**图书在版编目（CIP）数据**

从零开始学K线炒股 : 典型形态与买卖点分析 / 股林常青松编著. -- 北京 : 人民邮电出版社, 2017.11 (2019.3重印)
ISBN 978-7-115-46575-7

Ⅰ. ①从… Ⅱ. ①股… Ⅲ. ①股票投资－基本知识 Ⅳ. ①F830.91

中国版本图书馆CIP数据核字(2017)第194883号

## 内容提要

本书以K线分析方法为重点，通过不同的实例，对每种K线形态及组合的买入点和卖出点都进行充分的重点说明。书中涵盖K线的基本使用方法以及K线与移动平均线、成交量、MACD、分时图、道氏理论、波浪理论、缠论的配合使用方法，最后给出利用K线追踪主力的交易技巧。

本书实用性强，案例精简，图文并茂，语言通俗，既是新股民的入市宝典，又为资深股民提供炒股实用技术。

◆ 编　　著　股林常青松
责任编辑　恭竟平
执行编辑　郭　媛
责任印制　周昇亮

◆ 人民邮电出版社出版发行　　北京市丰台区成寿寺路11号
邮编　100164　　电子邮件　315@ptpress.com.cn
网址　http://www.ptpress.com.cn
北京虎彩文化传播有限公司印刷

◆ 开本：700×1000　1/16
印张：17　　2017年11月第1版
字数：277千字　　2019年3月北京第5次印刷

定价：45.00元

读者服务热线：(010)81055296　印装质量热线：(010)81055316
反盗版热线：(010)81055315
广告经营许可证：京东工商广登字20170147号

都说炒股十人九赔，一点都不夸张，尤其是散户、新股民，被称作“一茬一茬的韭菜”，不断被“收割”。在这种情况下，如何成为那个盈利者？

我炒股也有十多年的时间了，平时聊天的时候，经常有股民问我下面的问题。

我的股票突然涨停了，要不要立刻卖出去？

手中有两只股票，一只涨一只跌，应该如何操作？

隔壁老王说主力在×××，我要跟一下吗？

…………

我应该怎么回答？其实没法回答，每只股票都有自己的走势，不能光看一天、一时的走势，要结合各种指标反复推演才能给出判断。国外有几百年的股市历史，已经总结出了上百种技术分析方法，比如道氏理论、波浪理论、缠论等，而这些理论都是基于K线发展起来的。所以说K线是技术分析的基石，玩好K线也就掌握了股市盈利的密码。

## 本书特色

从零开始：书中内容完全从零开始，讲解细致，即使刚接触K线的新股民，也可以轻松看懂。

直奔主题：书中对K线的介绍不是简单的泛泛之谈，而是把市场上纷繁复杂的各种理论的核心本质和知识点讲出来，使读者能在最短时间内抓住核心知识并轻松掌握和运用。

实战图解：针对每一种K线形态，都给出了对应的A股案例，全书包括两百多个K线分析，有很强的指导价值。

经验分享：笔者有十多年的炒股经验，经历了五次股市大跌，对股市有深刻的认识。

## 本书内容

本书分为上、下、增值学习篇（附赠资源，可在封面扫码得到），3 大篇共 21 章，每章都采用“理论 + 案例”讲解形式，各章之间联系比较少，无需依次学习，对感兴趣的章节可以直接阅读，不会影响学习效果。各篇的内容分布如下。

上篇：从零开始学 K 线，包括第 1 章至第 9 章，首先讲解 K 线基础知识，接下来介绍 K 线各种形态以及买卖点分析。

下篇：K 线与其他指标配合，包括第 10 章至第 17 章，讲解 K 线与移动平均线、成交量、MACD、分时图等 8 大指标的配合方法，这是本书的核心，只有通过不同的指标综合判断，才能给出准确的股价走势。

增值学习篇：K 线与主力，讲解如何通过 K 线判断主力动向，包括主力建仓、拉升、震仓、出货四个阶段的 K 线特点。

## 本书读者对象

- 股市初学者
- 资深股市玩家
- 股市分析师
- 股市研究人员

本书技术知识全面、实例精彩、指导性强，力求指导读者学透 K 线的各方面技术。本书可以作为新股民的入门教材，可以帮助有一定基础的中级读者提高技能，对高级读者也有一定的启发意义。

目录

上篇

# 从零开始学 K 线


第 1 章 新股民学 K 线

1.1 什么是 K 线 / 4

1.2 从时间维度看 K 线 / 6

1.3 从实体维度看 K 线 / 10

1.4 从影线维度看 K 线 / 11

第 2 章 解析 K 线的关键数据

2.1 K 线实体蕴藏的规律 / 14
2.1.1 4 种不同的 K 线实体 / 14
2.1.2 K 线阴阳的涨跌性 / 17

2.2 开盘价和收盘价的规律 / 18
2.2.1 开盘价和前日收盘价的比较 / 19
2.2.2 开收盘价和大盘指数的比较 / 21
2.2.3 开盘价和收盘价的比较 / 24

2.3 上、下影线蕴藏的规律 / 26
2.3.1 上影线的意义 / 26
2.3.2 下影线的意义 / 29

第 3 章 投资生涯的开始

3.1 建立自己的投资系统 / 34

3.2 心态决定成败 / 37

第 4 章 单根 K 线的 7 个买入点

4.1 趋势底部的买点 / 39
4.1.1 底部十字星 / 39
4.1.2 锤子线 / 40
4.1.3 倒锤子线 / 42

4.2 整理阶段的买点 / 43
4.2.1 长阴 K 线整理 / 43
4.2.2 小 K 线整理 / 45

4.3 突破位的买点 / 46
4.3.1 资金密集区突破 K 线的买点 / 47
4.3.2 脊位突破 K 线的买点 / 48

第 5 章 单根 K 线的 7 个卖出点

5.1 趋势顶部的卖点 / 51
5.1.1 顶部十字星 / 51
5.1.2 流星线 / 52
5.1.3 上吊线 / 54

5.2 出货位的卖点 / 55
5.2.1 长阴 K 线出货 / 55
5.2.2 小 K 线出货 / 57

5.3 突破位的卖点 / 58
5.3.1 资金密集区突破 K 线的卖点 / 59
5.3.2 前期底部突破 K 线的卖点 / 60

## 第 6 章 多根 K 线的 14 个买入点

6.1 底部反转的 K 线组合 / 63
6.1.1 早晨之星 / 63
6.1.2 看涨吞没形态 / 65
6.1.3 看涨孕线 / 66
6.1.4 看涨待入形态 / 68
6.1.5 看涨切入形态 / 69
6.1.6 看涨插入形态 / 71
6.1.7 看涨刺透形态 / 72
6.1.8 看涨反扑形态 / 74

6.2 上升中途的 K 线组合 / 76
6.2.1 三个白兵形态 / 76
6.2.2 上升三角形 / 78
6.2.3 对称三角形的突破买点 / 79
6.2.4 矩形整理形态的突破买点 / 81
6.2.5 下倾楔形 / 82
6.2.6 上升旗形 / 84

## 第 7 章 多根 K 线的 16 个卖出点

7.1 顶部反转的 K 线组合 / 87
7.1.1 黄昏之星 / 87
7.1.2 看跌吞没形态 / 89
7.1.3 看跌孕线 / 91
7.1.4 看跌待入形态 / 92
7.1.5 看跌切入形态 / 93
7.1.6 看跌插入形态 / 95
7.1.7 看跌刺透形态 / 96
7.1.8 看跌反扑形态 / 98

**7.2 下降中途的 K 线组合 / 100**
7.2.1 三只乌鸦形态 / 100
7.2.2 下跌三角形 / 102
7.2.3 扩散三角形 / 103
7.2.4 对称三角形的突破卖点 / 105
7.2.5 菱形整理形态的突破卖点 / 106
7.2.6 矩形整理形态的突破卖点 / 108
7.2.7 上倾楔形的卖点 / 109
7.2.8 下跌旗形 / 111

## 第 8 章 底部反转形态的 5 个买入点

**8.1 V 形底 / 114**

**8.2 双重底 / 115**

**8.3 头肩底 / 117**

**8.4 三重底 / 118**

**8.5 圆形底 / 120**

## 第 9 章 顶部反转形态的 5 个卖出点

**9.1 倒 V 形顶 / 123**

**9.2 双重顶 / 124**

**9.3 头肩顶 / 126**

**9.4 三重顶 / 127**

**9.5 圆形顶 / 129**

下篇

# K 线与其他指标配合

## 第 10 章 K 线与移动平均线配合

**10.1 移动平均线的分类** / 134
10.1.1 短期移动平均线 / 134
10.1.2 中长期移动平均线 / 135

**10.2 移动平均线的买点** / 137
10.2.1 低位移动平均线的黄金交叉 / 137
10.2.2 上涨中途移动平均线的多头排列 / 138
10.2.3 低位移动平均线的重叠收敛 / 140

**10.3 移动平均线的卖点** / 141
10.3.1 高位移动平均线的死亡交叉 / 141
10.3.2 下降中途移动平均线的空头排列 / 143
10.3.3 高位移动平均线的过分发散 / 145

## 第 11 章 K 线与成交量配合

**11.1 成交量的两种形态** / 148
11.1.1 缩量 / 148
11.1.2 放量 / 149

**11.2 K 线与成交量的买点** / 151
11.2.1 低位量增价涨 / 151
11.2.2 上涨中途缩量回调 / 152
11.2.3 上涨中途量缩价涨 / 154

**11.3 K 线与成交量的卖点** / 156
11.3.1 高位量增价平 / 156
11.3.2 高位量增价跌 / 158

## 第12章 K线与MACD线配合

12.1 MACD的基本概念 / 162
12.1.1 MACD的指标构成 / 162
12.1.2 MACD应用的基本原则 / 163

12.2 MACD指标的买点 / 165
12.2.1 MACD黄金交叉 / 165
12.2.2 MACD柱状线的买点 / 167
12.2.3 低位MACD指标与股价运行趋势形成的底背离 / 169

12.3 MACD指标的卖点 / 172
12.3.1 MACD死亡交叉 / 172
12.3.2 MACD柱状线的卖点 / 174
12.3.3 高位MACD指标与股价运行趋势形成的顶背离 / 176

## 第13章 K线与分时图配合

13.1 分时图的基础知识 / 180
13.1.1 股价与均价线 / 180
13.1.2 内外盘 / 182
13.1.3 量比和换手率 / 184
13.1.4 成交明细 / 185

13.2 K线与分时图配合的买点 / 187
13.2.1 个股分时走势强于大盘走势 / 187
13.2.2 低位早盘快速拉涨 / 189
13.2.3 上涨中途股价稳站均价线 / 190

13.3 K线与分时图配合的卖点 / 192
13.3.1 个股分时走势弱于大盘走势 / 192
13.3.2 高位盘内快速跳水 / 194
13.3.3 下降中途股价被均价线压制 / 195

## 第 14 章 道氏理论

14.1 **道氏理论的精髓** / 198
14.1.1 主要趋势 / 198
14.1.2 次要趋势 / 202
14.1.3 日间趋势 / 204

14.2 **道氏理论的买点** / 204
14.2.1 牛市主要趋势的起点 / 204
14.2.2 牛市次要趋势的终点 / 206

14.3 **道氏理论的卖点** / 208
14.3.1 熊市主要趋势的起点 / 209
14.3.2 熊市次要趋势的终点 / 210

## 第 15 章 艾略特波浪理论

15.1 **基本概念** / 214
15.1.1 推进浪和调整浪 / 214
15.1.2 更大级别的波浪 / 216

15.2 **各浪的特点** / 218

15.3 **推进浪的变化** / 219
15.3.1 推进浪的延长浪 / 219
15.3.2 5 浪楔形 / 220
15.3.3 失败 5 浪 / 221

15.4 **调整浪的变化** / 222
15.4.1 锯齿形调整 / 222
15.4.2 平台形调整 / 223
15.4.3 双三浪和三三浪调整 / 225

**15.5 各浪之间的数学关系 / 226**

## 第 16 章 缠论

**16.1 缠论的精髓 / 229**

16.1.1 由分型到笔再到线段 / 229

16.1.2 定义中枢和分析走势 / 233

16.1.3 区间套理论 / 234

**16.2 缠论的买点 / 237**

16.2.1 不创新低的买点 / 237

16.2.2 不破前中枢的买点 / 239

**16.3 缠论的卖点 / 240**

16.3.1 不创新高的卖点 / 240

16.3.2 不破前中枢的卖点 / 241

## 第 17 章 涨停板的处理

**17.1 涨停板的分类 / 244**

17.1.1 不开板的涨停板 / 244

17.1.2 开板的涨停板 / 246

**17.2 涨停板的买点 / 250**

17.2.1 个股集合竞价涨停 / 250

17.2.2 早盘快速拉涨停 / 253

17.2.3 尾盘突然直拉涨停 / 255

**17.3 涨停板的卖点 / 257**

17.3.1 开板涨停板不断开板 / 257

17.3.2 涨停板小量封盘 / 259

# 上篇

# 从零开始学K线

第1章

# 新股民学K线

01

股票市场是一个资本博弈的集中地，任何人初入这个市场，都将以同等的身份在市场中扮演着相似的角色。股市中有句名言：这是一个有钱的人来赚取经验，有经验的人来赚取金钱的地方。作为投资者的我们，必须在市场中不断地提高自己的投资水平，才能有充足的可能性在股市中赚取自己想要的财富。本章作为初始章节，将深入浅出地介绍 K 线的基本知识，引导投资者逐步走上精彩的投资生涯。

## 1.1 什么是 K 线

**【形态概述】**

K 线图又称蜡烛图，源于 17 世纪初的日本，起初用于记录米市的价格波动，后被引入资本市场，因其外形似蜡烛，且喻意深刻，被广泛运用于股票技术分析。K 线图一般由上影线、实体和下影线三部分构成，K 线有阴阳之分，代表着涨跌，故而阴 K 线图和阳 K 线图在构成上也有所差异。在阴 K 线图中，盘内最高价与开盘价的距离形成上影线，处于 K 线图中最上处，而当期的开盘价在上，收盘价在下，中间包围而形成的 K 线图实体位于 K 线图的中间位置，盘内的最低价与收盘价的距离形成的下影线位于 K 线图的最下处。

与阴 K 线图相反，在阳 K 线图中，盘内最高价与收盘价的距离形成的上影线处于 K 线图中最上处，而当期的收盘价在上，开盘价在下，中间包围而形成的 K 线图实体位于 K 线图的中间位置，盘内的最低价与开盘价的距离形成的下影线位于 K 线图的最下处，K 线图因其记录的周期不同，可分为 1 分钟、5 分钟、15 分钟、30 分钟、60 分钟、1 日、1 周、1 月、1 季度、半年和 1 年等，它们在形体上没有变化，但在各自周期中所蕴含的意义略有不同，本书分析以日线为主。图 1.1 所示为阴、阳 K 线示意图。

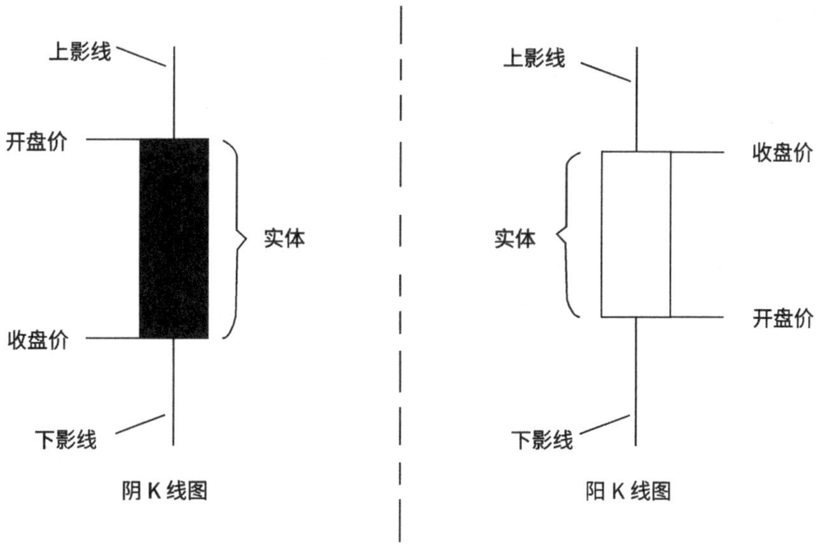


图 1.1 阴 K 线和阳 K 线示意图

【K 线实战】

图 1.2 所示为上海证券综合指数（以下简称上证指数）日 K 线图。其中的阳 K 线和阴 K 线在长期的走势中此消彼长，各自在涨跌中有着形象的表达情境。也正是因为 K 线图在涨跌情境意义简明，才深受投资者欢迎，被广泛运用于股市、期市中。

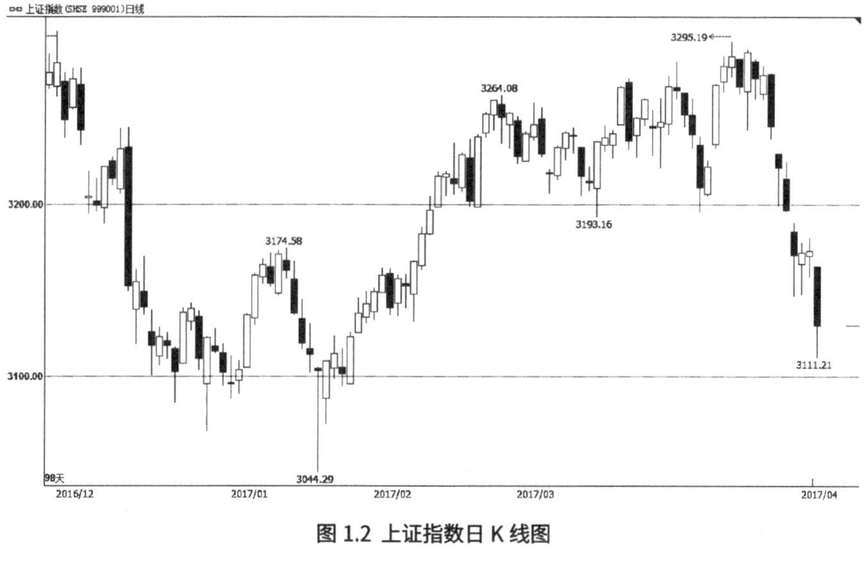


图 1.2 上证指数日 K 线图

【结构分析】

上影线的长度决定着股价所遭遇的压力强度，上影线越长，说明抛售股票的卖方越凶狠，他们强势地抛售着股票，就是为了打磨股价上涨的锐气。

下影线的长度决定着股价所拥有的承接力度，当股价不断下行之时，下影线越长，意味着股价已经越接近普遍认可的低价区域，买入股票的人气逐渐转旺，继续抛售股票的股民越来越少。

K 线实体的大小决定着股价在运行趋势中所保持的速度。阳 K 线实体越长，说明该股在股价上涨的趋势中保持着一个积极的增长态势，股价很急切地上升，也透露着股价离市场预期的高价位区域还有很长一段距离。阳 K 线实体越短，说明该股股价在上升趋势中保持着一个保守的态势，利多的消息已经逐渐淡化，股价已经接近高价位或没有明显的上行助力，需要等待新的信息对其产生影响。阴 K 线实体越长，说明该股在股价下行的趋势中保持着一个强烈的下降态势，股价很迅速地下降，也透露着股价离市场预期的低价位区域还有很长一段距离。阴 K 线实体越短，说明该股股价在下降趋势中保持着一个保守的态势，利空的消息已经逐渐淡化，股价已经接近低价位或没有明显的下行助力，需要等待新的信息对其产生影响。

阳K线较阴K线而言，更强调的是趋势的强化，市场信心偏好，利于股价上行。

阴 K 线较阳 K 线而言，更强调的是趋势的弱化，市场信心偏差，透露着股价下行的信息。

## 1.2 从时间维度看 K 线

在 K 线的形成过程中，形态会有很大的差别。从本节开始，将根据 K 线在各自形成过程中的一些特点，对其进行分类，以加深我们对 K 线的每一个构成部分的认识。我们可以从时间、实体和影线 3 个方向为切入点，本章针对各部分形态上的特殊点也做了透彻的讲解。本节从时间维度进行讲解。

【形态概述】

K线按照所记录的周期不同，可分为1分钟、5分钟、15分钟、30分钟、60分钟、1 日、1 周、1 月、1 季度、半年和 1 年等，我们以月 K 线、周 K 线、日 K 线、

60 分钟 K 线和 30 分钟 K 线作为主要的解读对象。

**【月 K 线形态举例】**

月 K 线是以当月第一个交易日的开盘价为月开盘价，同月的最后一个交易日的收盘价为月收盘价而绘制的 K 线。图 1.3 所示为上证指数月 K 线图。

图 1.3 上证指数月 K 线图

**【周 K 线举例】**

周 K 线是以周一的开盘价为周开盘价，同一周的周五收盘价为周收盘价而绘制成的 K 线，相对于经常出现突破后回抽的日 K 线而言，周 K 线的技术意义更具信任价值。图 1.4 所示为上证指数周 K 线图。

图 1.4 上证指数周 K 线图

**【日 K 线举例】**

日 K 线是以当日开盘价为开盘价，当日收盘价为收盘价而绘制的 K 线。图 1.5 所示为上证指数日 K 线图。

图 1.5 上证指数日 K 线图

**【60 分钟 K 线举例】**

60 分钟 K 线是以开市期间每小时开市的第一笔价格作为开盘价，该小时的最后一笔价格作为收盘价而绘制的 K 线。60 分钟 K 线适合短期投资者的短线投资，对市场反应的速度比日线更为灵敏。图 1.6 所示为上证指数 60 分钟 K 线图。

图 1.6 上证指数 60 分钟 K 线图

【30 分钟 K 线举例】

30 分钟 K 线是以开市期间每半个小时开市的第一笔价格作为开盘价，该半个小时的最后一笔价格作为收盘价而绘制的 K 线，比 60 分钟 K 线更为灵敏。图 1.7 所示为上证指数 30 分钟 K 线图。

图 1.7 上证指数 30 分钟 K 线图

**【结构分析】**

周期越长，K线指标的技术意义可信度越高，对趋势技术确认的时间越长久；反应稍显迟钝。

周期越短，K线指标的技术意义可信度越低，但对趋势技术确认的时间越短；反应更为灵敏。

## 1.3 从实体维度看K线

**【形态概述】**

因K线图开盘价和收盘价的波动性所形成的K线实体大小不同，所以K线图被分为极阴、极阳，小阴、小阳，中阴、中阳和大阴、大阳8类K线图。其中极阴K线图和极阳K线图的实体所含涨跌幅度在0.5%左右；小阴K线图和小阳K线图的实体所含涨跌幅度在0.6%~1.5%；中阴K线图和中阳K线图的实体所含涨跌幅度在1.6%~3.5%；大阴K线图和大阳K线图的实体所含涨跌幅度在3.6%以上。图1.8所示为8类K线示意图。

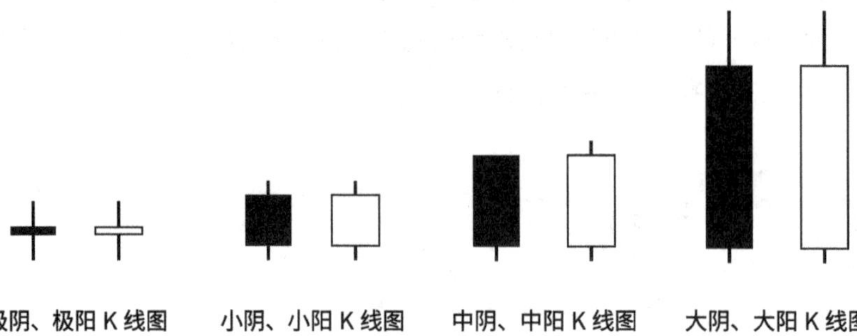


图1.8 8类K线示意图

**【K线举例】**

图1.9所示为上证指数近期日K线图中的8类K线图。

图 1.9 上证指数日 K 线图

**【结构分析】**

K 线实体越长，趋势的趋势性越强。例如在上涨中出现长阳线，表示上涨趋势越强劲，在上涨中出现短小的 K 线时，则表明上涨的力度减弱。

## 1.4 从影线维度看 K 线

**【形态概述】**

因股价在盘内波动性的大小不同，高出或低出 K 线实体部分的影线长短不一，按照影线长度的不同，K 线图被分为 3 类：长影线 K 线图、普通影线 K 线图和无影线 K 线图。长影线 K 线图具体分为长上影线 K 线图、长下影线 K 线图和长上下影线 K 线图；无影线 K 线图分为无上影线 K 线图、无下影线 K 线图和无上下影线 K 线图。图 1.10 所示为 3 类 K 线示意图。

图 1.10 3 类 K 线示意图

**【K 线举例】**

图 1.11 所示为上证指数近期日 K 线图中的 3 类 K 线图。

**图 1.11 上证指数日 K 线图**

**【结构分析】**

上影线越长，说明股价上方的抛压越重，股价下行的动力越大；上影线越短，说明股价上方的抛压越轻，股价下行的动力越小。

下影线越长，说明股价下方承接的力量越强，股价上行的动力越大；下影线越短，说明股价下方承接的力量越弱，股价下行的动力越小。

第 2 章

# 解析 K 线的关键数据

K线技巧在实战中具有复杂的战略性，针对几个简单的K线组成部分，本章将做出比较深层次的探讨，其中涉及K线实体大小变化、K线阴阳涨跌和K线上下影线所产生的系列变化，深入研究K线指标的意义，理解K线在股价运行趋势中所透露的思想，可以更便捷地帮助投资者提高自身的炒股实力。

## 2.1 K线实体蕴藏的规律

针对K线实体，在第1章做了比较笼统的概述，本节将更多地对K线实体在应用技巧上进行比较深刻的分析。K线实体的变化在K线分类中一向是被广为重视的技术参照之一，其大小和重心移动会更透彻地帮助投资者理解K线的内涵。

### 2.1.1 4种不同的K线实体

**【形态概述】**

K线实体按照大小被划分为极小K线、小K线、中K线和大K线4类。把握住K线实体的窍门，可以更好地帮助投资者在资本市场寸步尺金。极小K线是实体最小、接近没有实体的K线图，因为它在股价的趋势运行中有着尤为重要的指导意义，所以得到很高的重视度。极小K线因其实体极小，在趋势中透露的信息显得扑朔迷离，它出现在上涨或下跌趋势的末端时，代表着股价对趋势延续的动力已经逐渐衰竭，前期趋势将宣告结束。当它出现在上涨或下跌趋势的中途时，意味着股价在运行中进行着短暂的调整，之后的走势将延续。当它出现在横盘调整的形态中时，对趋势没有明显的指导意义，表示市场趋势的不确定性。

小K线在股价运行的趋势中，所表现的意义接近极小K线，但它透露信息的强度稍弱于极小K线。大K线在市场趋势中是显著的K线形态，因其所表现的强势性，在股价运行阶段所透露的信息很强。大K线的出现标志着趋势在上升或下跌中有充分的动力，对市场趋势有强大的认可作用。中K线在股价运行的趋势中，所表现的意义接近大K线，但它所透露信息的强度稍弱于大K线。图2.1所示为4类K线示意图。

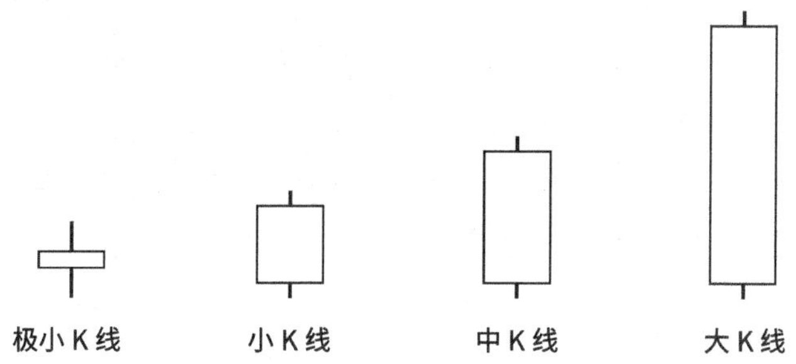


图 2.1 4 类 K 线示意图

【K 线实战】

图 2.2 所示为浦发银行（600000）2016 年 10 月 25 日至 2017 年 2 月 22 日走势图中的极小 K 线和小 K 线。极小 K 线在前期趋势的末端出现后，翌日就开始了不断高爬的涨势，显示了极小 K 线在趋势上的突出指导意义。相比后期出现的小 K 线，在前期下跌趋势接近末端的时候，股价虽结束了弱势的格局，但股价运行的趋势短时间内并未发生绝对反转，股价在低位震荡了一段时间后，才开始走向上升。这正显示了小 K 线的趋势指导性明显弱于极小 K 线。

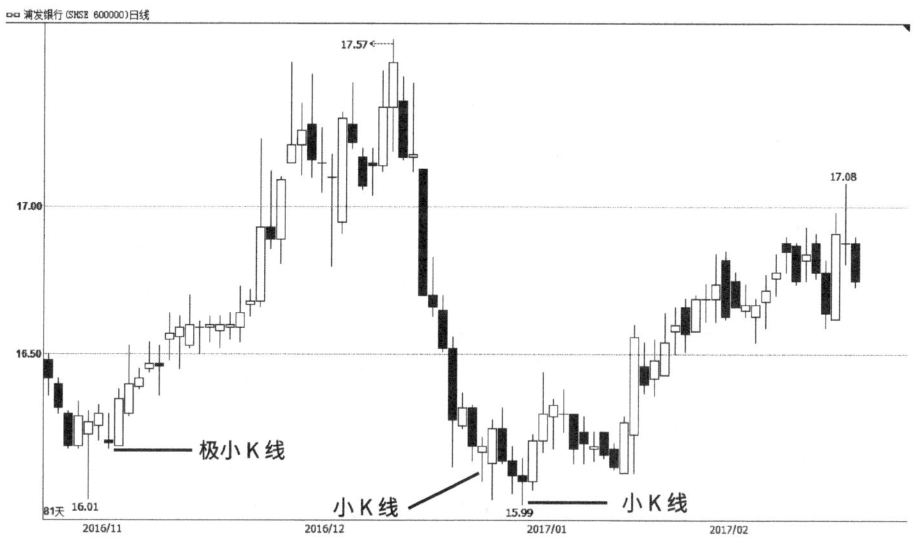


图 2.2 浦发银行日 K 线图

【K 线实战】

图 2.3 所示为上海机场（600009）2016 年 12 月 9 日至 2017 年 4 月 24 日走势图中的中 K 线和大 K 线。中 K 线出现在股价运行上涨的中途，但之后的股价依然是以缓慢的上升态势向高价区费时费力地爬行，相比之下，后期出现的大 K 线使得股价趋势在短时间内立刻垂直上升，其涨势惊人，股价在短短数天内便创下了半年内的最高价。这正显示了中 K 线在对股价运行趋势中的推动力明显弱于大 K 线对股价趋势的作用。

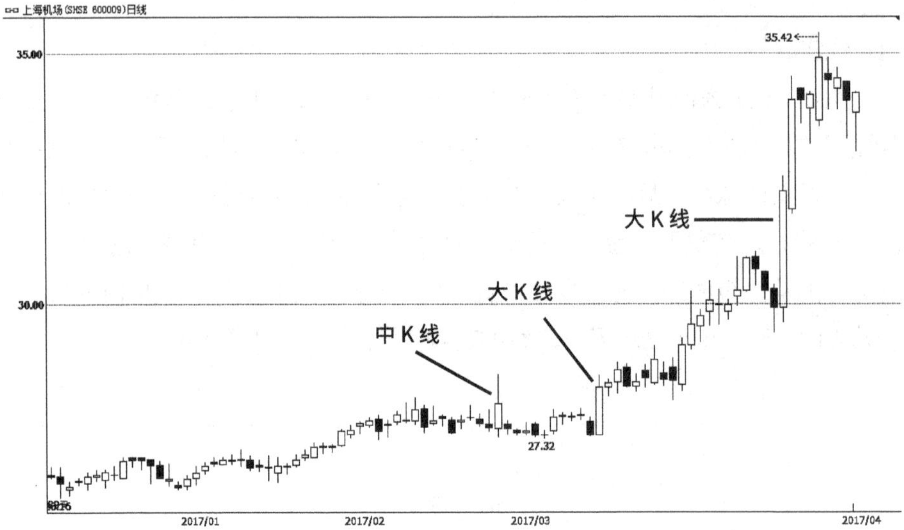


图 2.3 上海机场日 K 线图

【结构分析】

极小 K 线在股价运行趋势中的指导意义高于小 K 线，趋势在极小 K 线出现之后会快速地做出调整，而小 K 线出现之后，趋势需要一段时间才能转折。

大 K 线对之后股价运行的趋势有着极强的推动力，而中 K 线相比而言对趋势的推动力明显较弱。

大 K 线的出现表明主力对于推动股价上涨持有高调态度，高调态度的背后往往是短暂的上涨，却酝酿着极大的风险；中小 K 线在趋势中扮演的角色轻微，对趋势运行的作用力小，但其后期股价运行的趋势会更为稳健，对散户资金具有更安全的意义。

### 2.1.2 K 线阴阳的涨跌性

**【形态概述】**

K 线因其阴阳涨跌性的不同，被分为星线、阳 K 线和阴 K 线。星线在股价运行的趋势中，因其位置不同，所表现的指导意义略有不同。星线出现在上涨或下跌趋势的末端时，表现的是前期股价运行的趋势接近尾声，后期股价趋势将做新的调整。当它出现在股价上升或下跌的中途时，表现的是股价在趋势不变的前提下，需要利用时间差做短暂的调整，后期股价运行的趋势将延续前期惯有的趋势。当它出现在横盘调整的弱势格局时，不具备明显的指导意义。

阳 K 线在股价上涨的趋势中表现的是股价上涨的动力性，股价将继续维持上涨的态势。当它出现在股价下跌的趋势中时，很有可能扮演的是短暂的反弹角色，对趋势只是做一个暂时的歇整。当它出现在股价下降趋势的末端时，说明股价下降的动力已经衰竭，推动股价上行的动力跃跃欲试，以最快的速度表现着多头上攻的欲望。阴 K 线和阳 K 线所表现的意义相反，当它出现在股价下跌的趋势中时，表现的是股价下跌的动力性，股价将继续维持下跌的态势。当它出现在股价上升的趋势中时，很有可能扮演的是短暂的调整角色，对趋势只是做一个暂时的歇整。当它出现在股价上升趋势的末端时，说明股价上升的动力已经衰竭，推动股价下行的动力跃跃欲试，以最快的速度表现着空头下攻的欲望。图 2.4 所示为 3 类 K 线示意图。

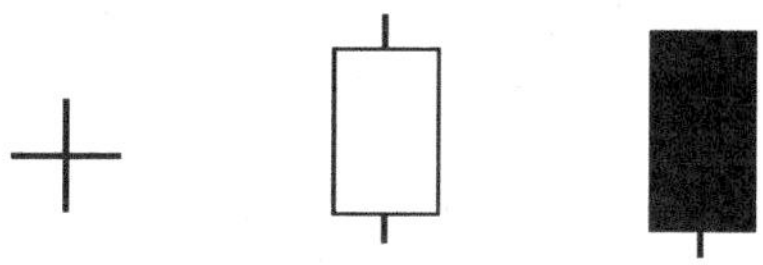


图 2.4 3 类 K 线示意图

**【K 线实战】**

图 2.5 所示为中直股份（600038）2017 年 2 月 7 日至 2017 年 4 月 11 日走势图中的星线、阳 K 线和阴 K 线。该星线出现在股价上升趋势的中途，意味着短暂的休整后，股价将保持前期的上升态势继续上涨，在当期的形态图中，后期趋势也确实维持着同前期相同的涨势，证实了星线在股价运行趋势中的作用。该阳 K 线出现在前期股价下降趋势的末端，随后股价展开一波气势如虹的上涨

行情，股价节节攀高，也证实了阳 K 线在下降趋势的反转作用力。该阴 K 线处在股价下降趋势的中途，对趋势继续下行有加强的推动作用，在该阴 K 线的作用力下，后期股价运行趋势不改，也进行了一段时间的下行，证实了阴 K 线在股价运行趋势中的指导意义。

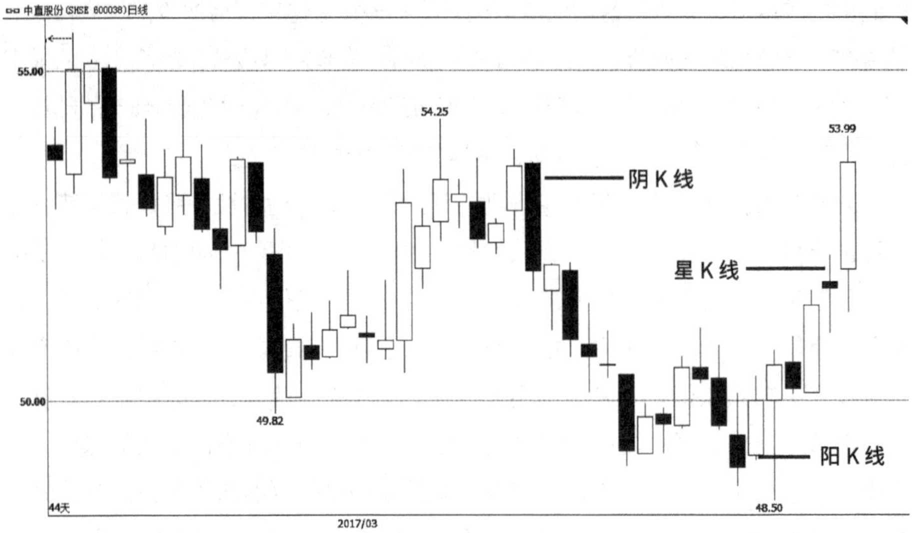


图 2.5 中直股份日 K 线图

【结构分析】

星线在股价运行中具有独到的意义，因其所处位置的不同，其意义也不尽相同，当它处在高价位或低价位时，趋向于表达前期股价运行趋势的结束；当它处在股价运行趋势的中途时，表达的是股价运行的前后一致性，股价只是暂时休整；当它出现在横盘调整中时，表现的意义不明显。

阳 K 线在股价上行趋势中，表现着对股价趋势一致的推动作用；当它出现在下行趋势中时，股价只是做一个短暂的休整，后期趋势将同之前的趋势保持一致；当它出现在下行趋势的末端时，表明股价做出了强有力的反击，后期股价运行的趋势将做出调整。阴 K 线与阳 K 线作用相似。

## 2.2 开盘价和收盘价的规律

在 K 线指标中，开收盘价的表现力无疑是最强的，民间有很多针对开收盘价的战法技巧，在股市当中，我们也经常把开收盘价认为是一天最终的主力意图，所以掌握开收盘价的技巧，可以帮助投资者更细致地认识 K 线构成。

### 2.2.1 开盘价和前日收盘价的比较

**【形态概述】**

开盘价是指开市一天连续竞价的第一笔成交价格，收盘价是指开市当天收市前的最后一笔成交价格。开盘价和昨日收盘价的比较，可以分为以下 3 类。

开盘价高于昨日（上个交易日）的收盘价，称之为高开，表示开市当天，股价开盘就有很大的买盘涌入，使得股价被不断抬升。高开一般出现在股市行情很好的时候，或者有突发利好消息对股价有抬升作用的时候。

开盘价等于昨日的收盘价，称之为平开，表示开市当天，股价开盘时和昨日收盘时保持着相近的人气，股价表现得很普通。

开盘价低于昨日的收盘价，称之为低开，表示开市当天，股价开盘便急速下跌，很多卖盘蜂拥而入，使得股价下跌。低开一般出现在股市行情不好的时候，或者有突发的利空消息对股价有压制作用时。图 2.6 所示为 3 类情形下的 K 线示意图。

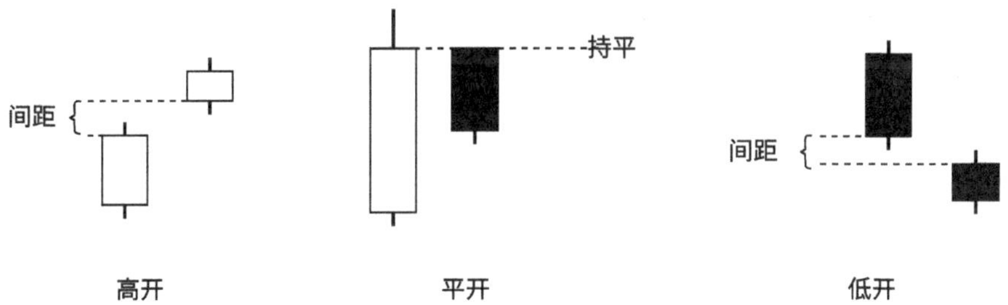


图 2.6 3 类情形下的 K 线示意图

**【K 线实战】**

图 2.7 所示为浙江广厦（600052）2017 年 1 月 13 日至 2017 年 4 月 24 日走势图中的高开 K 线图。该图形结构由前日底部中阳线和后日的高开小阳线结合而成，股价以高开快速拉起，显示主力有做多的决心，但在实际的拉升过程中多头上攻力度不足，后日只是形成一个小阳线，因而涨势高度也必然有限。

图 2.7 浙江广厦日 K 线图

【K 线实战】

图 2.8 所示为象屿股份（600057）2017 年 1 月 16 日至 2017 年 4 月 24 日走势图中的平开 K 线图。图中所形成的图形由前日的小阴线转化为大阴线，显示了主力在前日多空徘徊后，开始选择行走方向，随着早盘平开、买力疲弱特征的影响，大量的抛售力量铺天盖地而来，因而很快形成一根长阴线，同时对空方力量也进行了一定程度的释放。

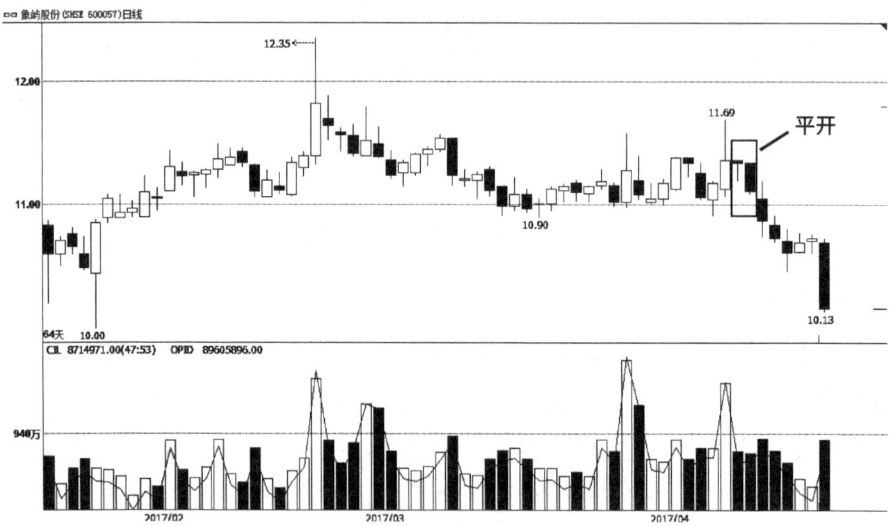


图 2.8 象屿股份日 K 线图

【K 线实战】

图 2.9 所示为五矿发展（600058）2016 年 11 有 15 日至 2017 年 4 月 24 日走势图中的低开 K 线图。从图中形成的图形结构可以看出，在前日对获利盘进行平仓的力量下，以中阴的图形进行释放空头，但随着后日的跳空低开低走，大量的多方放弃阵营转为空方，加大了股价的下行力度，因而也转变了股价的行走方向。

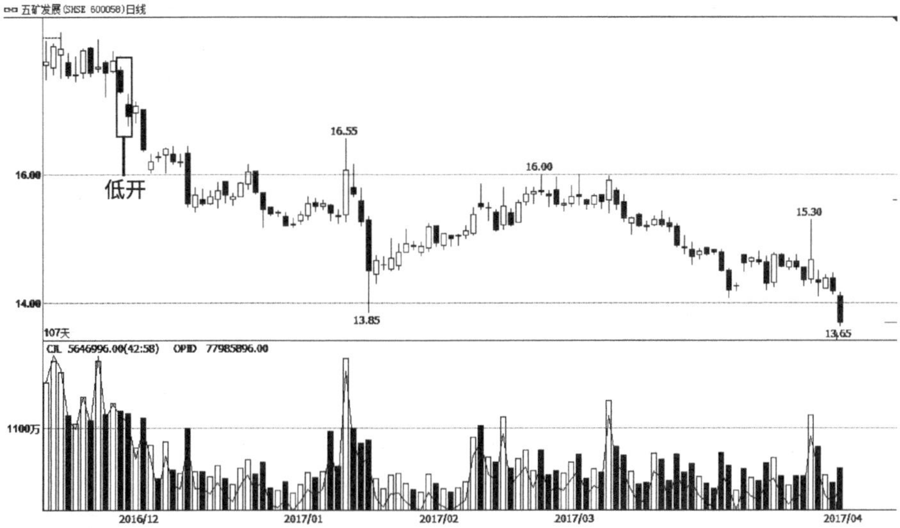


图 2.9 五矿发展日 K 线图

【结构分析】

高开分为两类情况：第一种为有准备的高开，集合竞价量会比较小；第二种为没有准备的高开，属于市场有强烈的突发利好，使得股票供不应求，集合竞价量会很大。

低开的出现可能是延续前日走势，也可能是突发的市场或个股的利空消息。高开与之类似。

### 2.2.2 开收盘价和大盘指数的比较

【形态概述】

个股开收盘价与大盘指数的比较一般分为 4 类：个股开收盘价均高于大盘指数；个股开盘价高于大盘指数，个股收盘价低于大盘指数；个股开盘价低于大盘指数，个股收盘价高于大盘指数；个股开收盘价均低于大盘指数。

【K 线实战】

图 2.10 所示为农发种业（600313）2017 年 4 月 24 日的分时图，在分时图中可以发现该股的分时走势明显强于上证综合指数，个股开收盘价均在上证综合指数之上，显示了该股当前受到了市场很强的关注，股票供不应求。

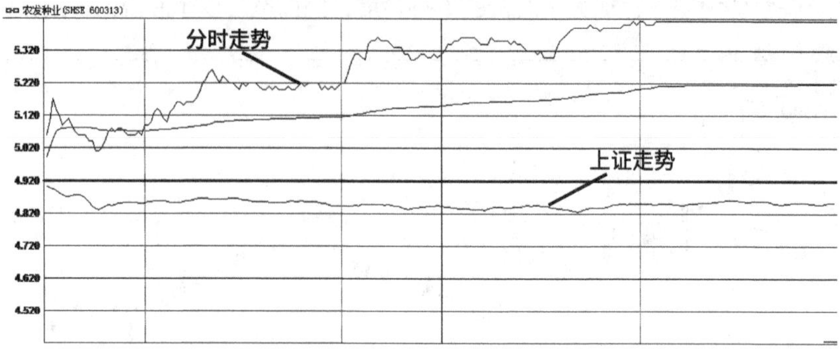


图 2.10  农发种业分时图

【K 线实战】

图 2.11 所示为三维丝（300056）2017 年 4 月 24 日的分时图，在分时图中可以发现该股的早盘开盘价高于创业板指数，但之后的分时走势一直缠绕着创业板指数上下波动，并在尾盘跳水下行，最终该股收盘价低于创业板指数，显示了该股在当前的势头略弱于创业板指数。

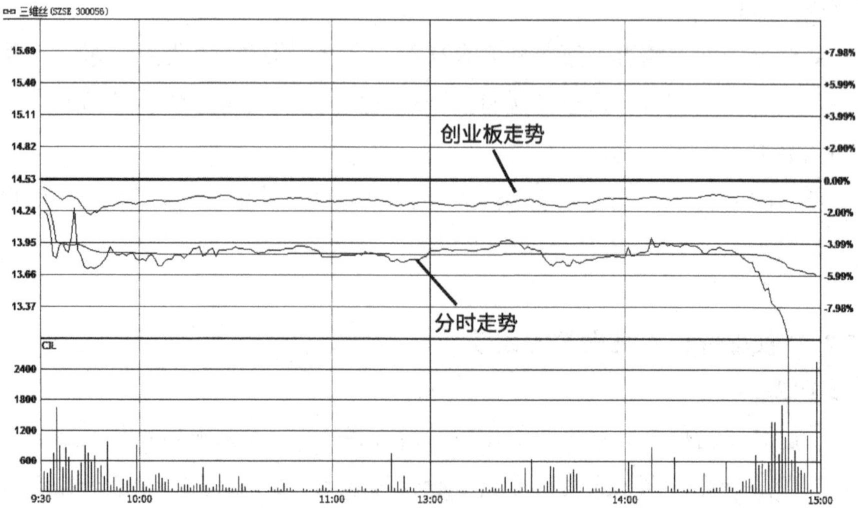


图 2.11  三维丝分时图

**【K 线实战】**

图 2.12 所示为重庆建工（600939）2017 年 4 月 24 日的分时图，在分时图中可以发现该股的早盘开盘价低于创业板指数，但之后的分时走势一直缠绕着大盘指数上下波动，并在尾盘突然拉升上行，最终该股收盘价高于大盘指数，显示了该股在当前的势头略强于创业板指数。

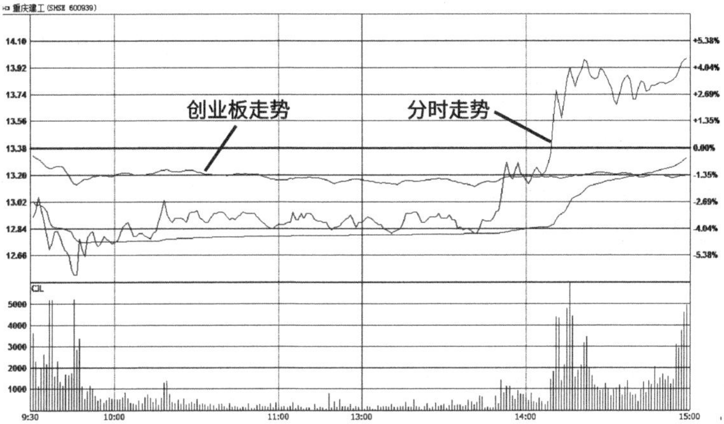


图 2.12 重庆建工分时图

**【K 线实战】**

图 2.13 所示为光莆股份（300362）2017 年 4 月 24 日的分时图，在分时图中可以发现该股的开收盘价均在创业板指数之下，显示了该股当前受到了市场很大的排挤，股票不断被抛售。

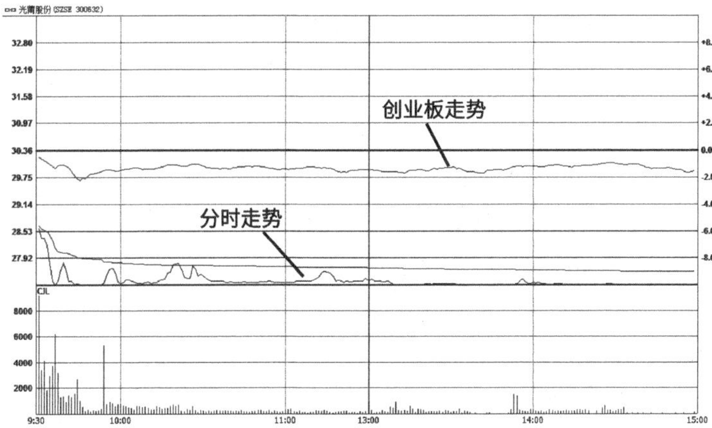


图 2.13 光莆股份分时图

【结构分析】

个股开收盘价同大盘指数的横向比较，更好地诠释了个股在涨跌趋势中的强弱度，可以帮助投资者在选择投资品种时缩小范围。

### 2.2.3 开盘价和收盘价的比较

【形态概述】

开盘价和收盘价的比较一般可以分为 3 类：开盘价高于收盘价，从而形成阴 K 线；开盘价等于收盘价，从而形成无实体的星线；开盘价低于收盘价，从而形成阳 K 线。在 K 线当中，阴 K 线表示空方力量强于多方力量，属于下跌信号；星线表示多空双方在争夺股价的过程中，显示出的实力相当；阳 K 线表示多方力量强于空方力量，属于上涨信号。

【K 线实战】

图 2.14 所示为白云机场（600004）2017 年 4 月 24 日的阴 K 线分时图。

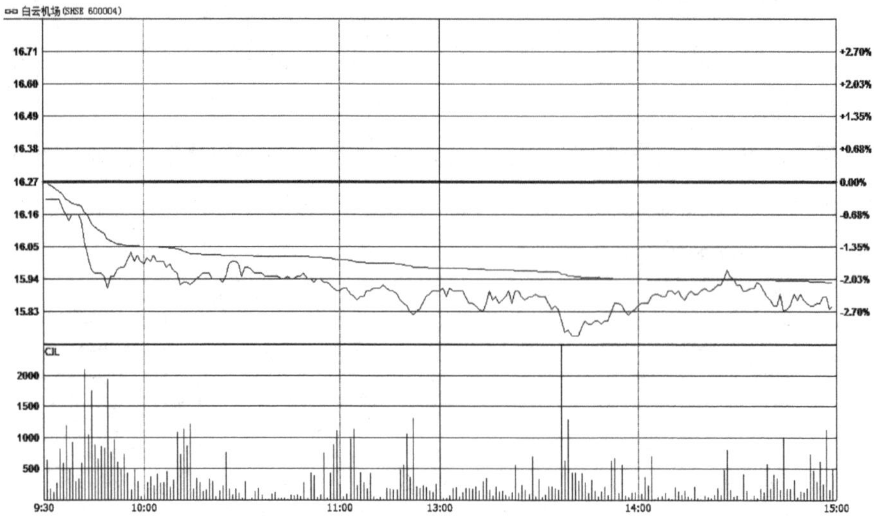


图 2.14 白云机场阴 K 线分时图

【K 线实战】

图 2.15 所示为浦发银行（600000）2017 年 4 月 24 日的星线分时图。

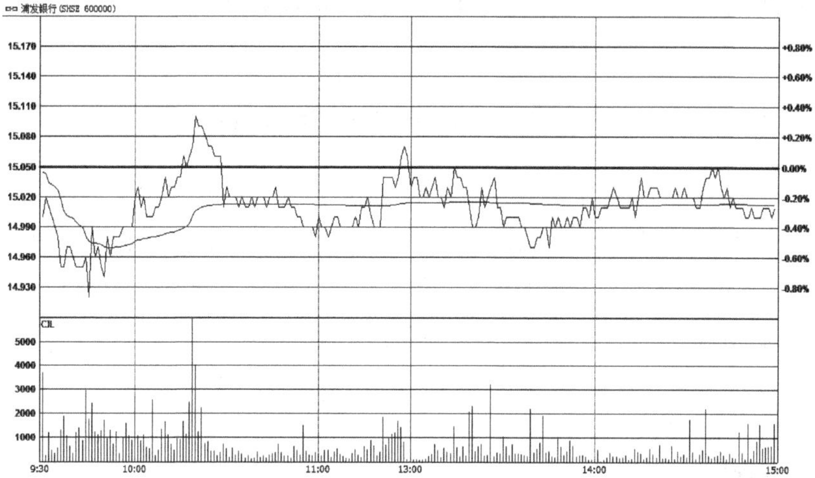


图 2.15 浦发银行星线分时图

**【K 线实战】**

图 2.16 所示为上港集团（600018）2017 年 4 月 24 日的阳 K 线分时图。

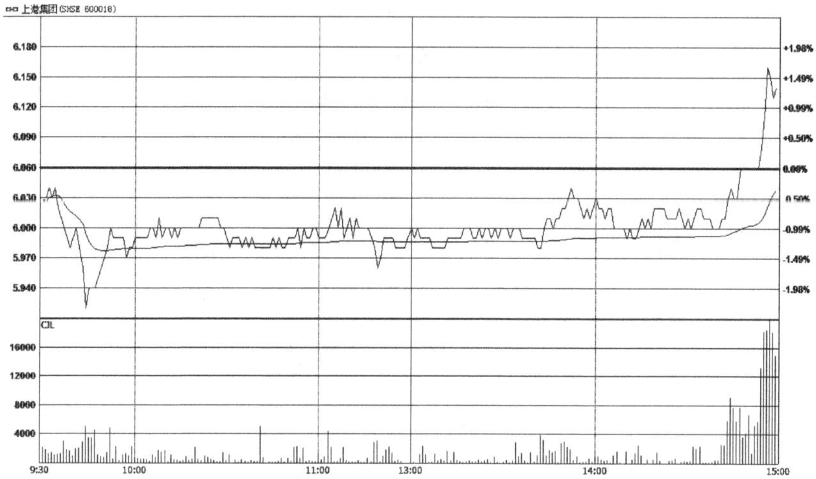


图 2.16 上港集团阳 K 线分时图

**【结构分析】**

开盘价低于收盘价，会形成阴 K 线，是典型的看跌信号。

开盘价等于收盘价，会形成星线，对趋势没有明显的意义，表示后市走向不明。

开盘价高于收盘价，会形成阳 K 线，是典型的看涨信号。

## 2.3 上、下影线蕴藏的规律

在历经百年的资本市场中，有很多投资者放弃了对 K 线影线的分析，认为在实体之外波动的影线所具备的指向性相对而言有失准确性。在实际的股市当中，虽然影线是突破后回抽的代表，但也正是通过这类行为，我们可以更好地把握价格运行的痕迹，并获悉价格的深层次动向。

### 2.3.1 上影线的意义

**【形态概述】**

K 线在当期盘内股价上攻后的回调是上影线形成的原因。上影线是具备重要意义的标记，一般可分为 2 类。一是被动回调形成的上影线。被动回调上影线是在相应的大盘因为短期利空消息的影响而回落的带动下，个股对大盘的形态模仿，这种形态的形成一般可以掩饰股价当前所处的战略思想，很具隐蔽性。二是主动回调形成的上影线。主动回调上影线又可以分为出货上影线、试探上影线和股性上影线。所谓出货上影线，一般出现在快速上涨之后的行情中，一般情况下，大涨过后的上影线通常都是卖压强劲的表现。所谓试探上影线，一般出现在震荡行情的下方，股价时而上攻，但遭遇震荡区间后上攻无果，留了上影线，其意为试探震荡区间的压力强弱。所谓股性上影线，是指某些股票的走势偏爱日线上下震荡，几乎大部分走势图中的任何位置都会出现这样的上影线，它就像股票的性格一样。图 2.17 所示为主动回调上影线示意图。

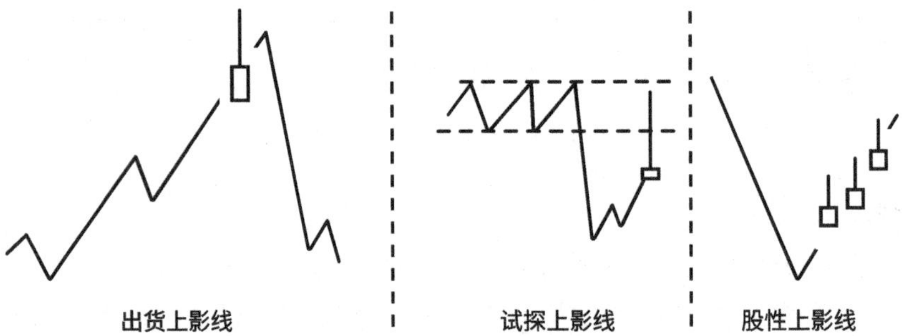


图 2.17 主动回调上影线

【K 线实战】

图 2.18 所示为新疆天业（600075）2017 年 4 月 24 日被动回调上影线及上证指数的分时图。早盘新疆天业在低调横盘准备一个小时后突然发力，开始上攻股价，但随着当日大盘指数在多次攻击移动平均线无果后，确认了大盘的弱势格局，随后大盘指数逐渐下行，新疆天业也见机行事，放弃了在弱势时过分暴露，随大盘一起跳水下行，以掩饰该股的动机。

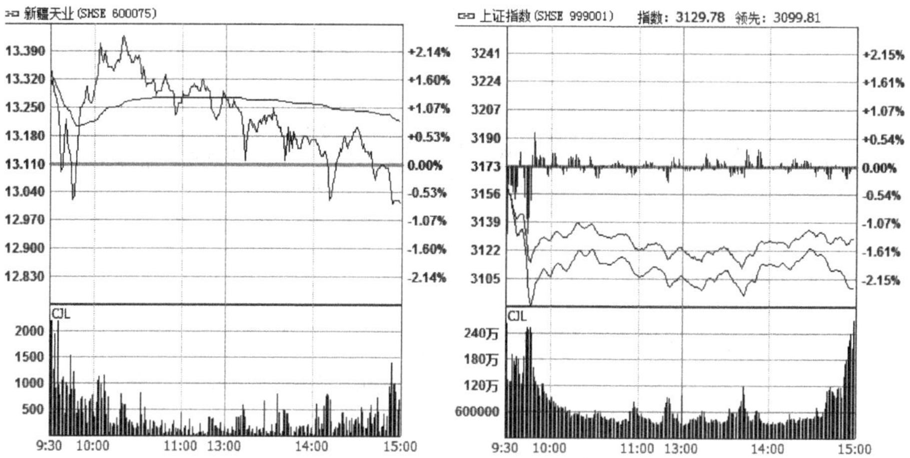


图 2.18 新疆天业和上证指数的分时图

【K 线实战】

图 2.19 所示为澄星股份（600078）2017 年 1 月 3 日至 2017 年 4 月 24 日走势图中的出货上影线，在前期近一个月的拉升趋势之后，股价创造了近期最高位，获利盘逐渐增多，随着高位的形成该日出现的出货上影线显示了抛压盘的强大，之后数日，股价连续下行，也确认了主力的出货意图。

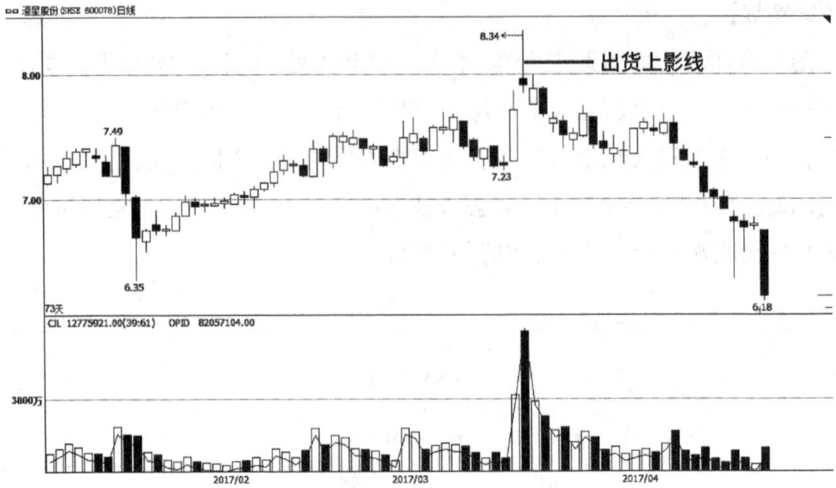


图 2.19 澄星股份 K 线图

【K 线实战】

图 2.20 所示为金花股份（600080）2016 年 12 月 30 日至 2017 年 2 月 24 日走势图中的试探上影线，显示了主力在底部锥形形成后对前期股价资金密集区进行的上攻试探，随着股价回落，成交量快速放大，显示了当期抛压盘仍然很大，主力在确定套牢盘众多之后，随即放弃了上攻意图，之后股价运行途径可想而知。

图 2.20 金花股份日 K 线图

【K 线实战】

图 2.21 所示为海泰发展（600082）2017 年 1 月 5 日至 2017 年 2 月 28 日走势图中的股性上影线，从该股长期的 K 线图可以看出，该股习惯性地制造上影线 K 线形态，因而在此类个股中不应仅凭上影线去判断股价未来走势。

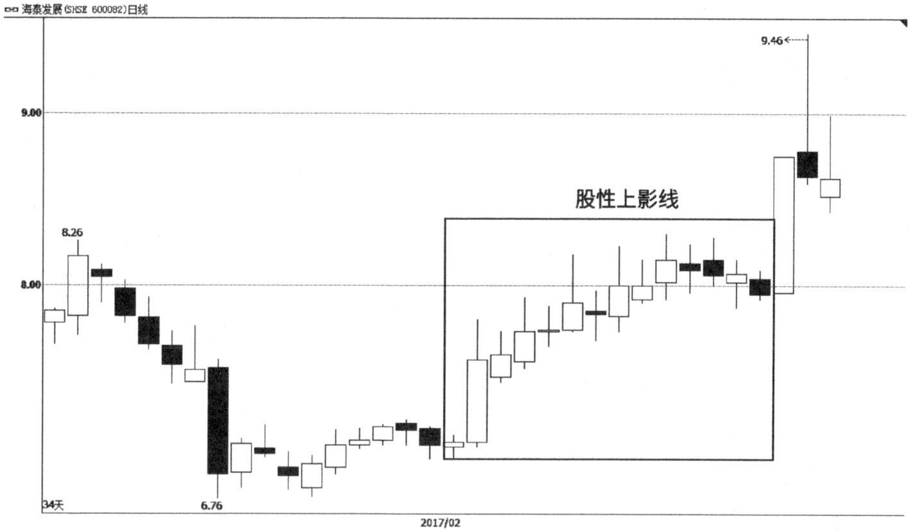


图 2.21 海泰发展日 K 线图

【结构分析】

上影线越长，抛压越重，股价趋势转弱的概率越大。

被动回调上影线，在股价运行的趋势中具备很强的隐蔽性，一般认为，个股对大盘的模仿性越强，个股具备的潜力越大。

主动回调上影线因所处位置或风格的不同而不同，在判断其意义时应当配合好成交量、大盘状况的参考指标。

## 2.3.2 下影线的意义

【形态概述】

K 线在当期盘内股价下攻后的反弹是下影线形成的原因。下影线是具备重要意义的标记，一般可分为 2 类。一是被动反弹下影线，因短期利多消息的影响，个股模仿大盘的反弹，此种形态通常会掩饰个股的意图。二是主动反弹下影线，其又可以分为吸筹下影线和试探下影线。吸筹下影线一般出现在股价的低位，此时主力一般会在大盘疲弱时随势下跌，然后在股价回升时进行扫货。试探下影线一般出现在下跌的中途或者是关键支撑位的下沿附近，主力以下探支撑位观察跟风盘和抛压盘的实力然后进行调整。图 2.22 所示为试探支撑位的下影线示意图。

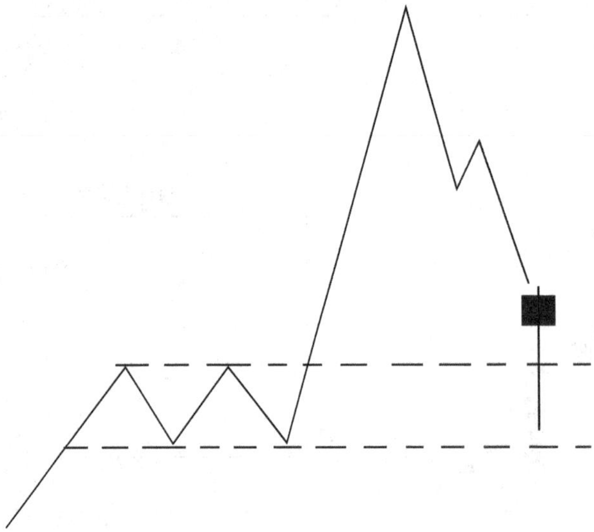

图 2.22 试探支撑位的下影线示意图

【K 线实战】

图 2.23 所示为白云机场（600004）和上证指数 2017 年 1 月 16 日被动反弹下影线，表现出主力为模仿大盘而掩饰股价趋势的意图。

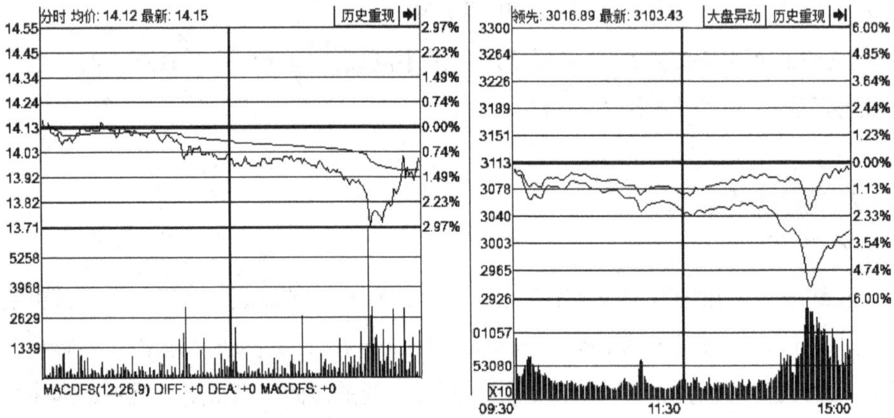


图 2.23 白云机场和上证指数的分时图

【K 线实战】

图 2.24 所示为华夏银行（600015）和上证指数 2017 年 4 月 14 日的分时图，该股前期模仿大盘横盘和下行走势，整个模仿形态相似度很高，但见大盘指数尾盘依旧不起，该股放弃继续模仿的姿态，个股在午后下探低点后开始回升，虽犹豫大盘弱势格局的影线无法吸引人气，因而也没有成功突破均价线的阻力位，但这一拉升行为已经暴露了主力拉升股价的强烈意图。盘内这种主动拉升而形成的下影线，一般是主力借机吸筹的手段，同时也是主力为稳住持有者心态而进行的护盘行为，如果主力将拉升行为继续延后，接近尾盘，将会更倾向于吸筹行为。

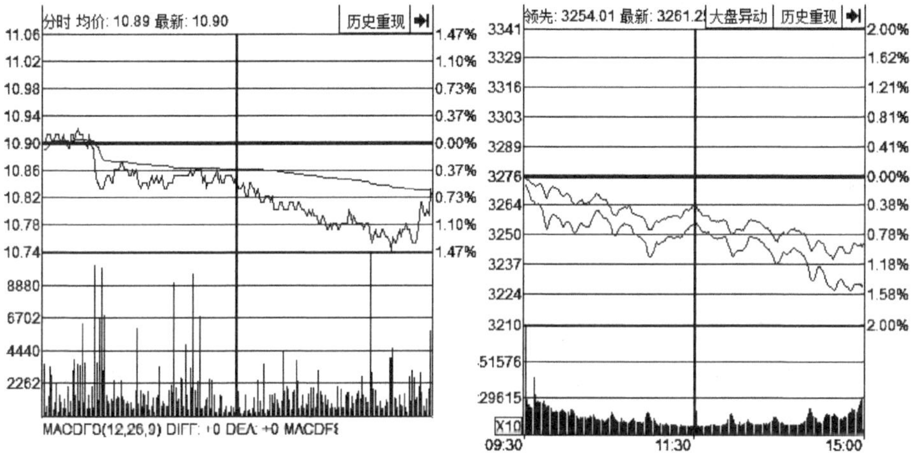


图 2.24 华夏银行和上证指数的分时图

【K 线实战】

图 2.25 所示为上海电力（600021）2016 年 5 月 9 日至 2017 年 1 月 12 日走势图中的试探支撑位的下影线，该支撑位是因早期的调控窗口的形成，后期股价又在此形成阶段性小底，使其成为资金密集的成本区域，在该日股价下探支撑位后确认了支撑盘的实力，因而上行决心得到加强，市场逐渐转强。

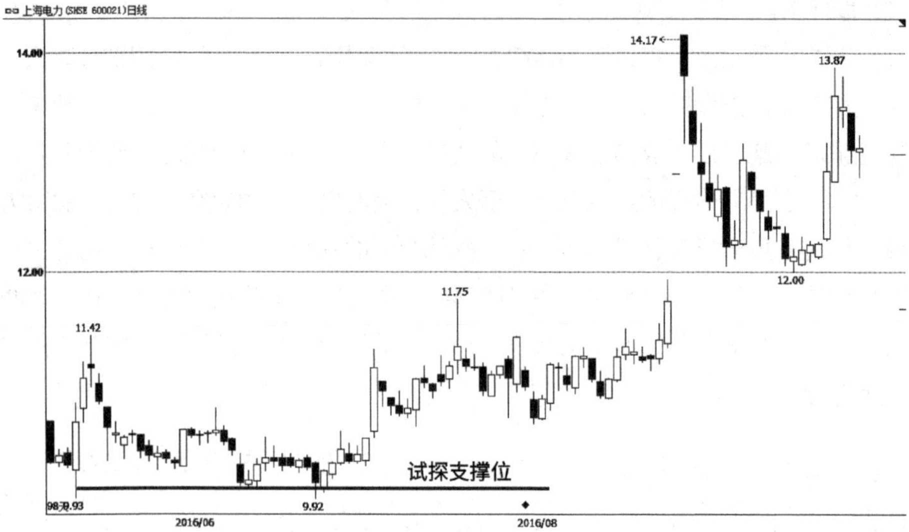


图 2.25 上海电力日 K 线图

**【结构分析】**

下影线越长，承接盘越强，股价趋势转强的概率越大。

被动反弹下影线，在股价运行的趋势中具备很强的隐蔽性，一般认为，个股对大盘的模仿性越强，个股具备的潜力越大。

主动反弹下影线因所处位置或风格的不同而不同，在判断其意义时应当配合好成交量、大盘状况的参考指标。

第3章

# 投资生涯的开始

从这一章开始，本书将详细阐述众多经典炒股理论。也许你还未意识到这本书的价值，但是当你怀抱着理论再去市场中跌伤数次之后，回顾此书会给你带来更多的惊喜。

## 3.1 建立自己的投资系统

股市有风险，入市需谨慎。

在股市之中，主要分为四大流派：技术指标分析流派、基本面分析流派、量化经济模型研究流派和心理分析流派。技术指标分析流派在众人眼中是被批判得最凶的流派，但其魅力实在不可否认。基本面分析流派在市场经济逐渐发展的今天，逐渐成为主流，但更多被理解为操纵者的利用工具。量化经济模型研究流派一般存在于理论研究界，真正实在的操作法则并不被重视。心理流派作为四大流派中的后起之秀，不可否认地解读着股市中的羊群效应。我们要不断地充实自己，加强自身在技术上的深层次学习，帮助自己更加理性地认识资本市场，成为少数的胜者。

综合分析如下。

（1）判断大盘，大盘强时才选择操作。图 3.1 所示为上证指数 2016 年 8 月 12 日至 2016 年 12 月 13 日走势图，从中可以清晰地看到，K 指标作为判断大势扮演着尤其重要的角色，股市上升行情启动时，盈利的可能性最高，其他时间都应规避风险。

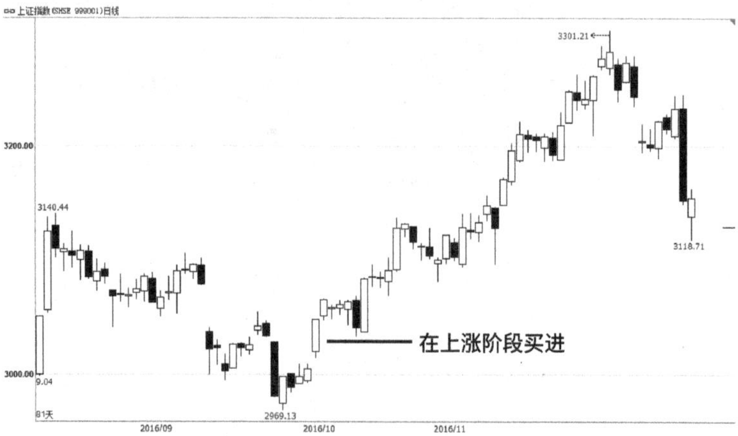


图 3.1 大盘格局的判断

（2）判断板块，大盘转好，往往会有主力板块冲锋陷阵。图 3.2 所示为涨停榜的第一页，可以看到，整理上涨同时攻入涨停榜的板块，往往是最具备参与价值的板块，此时要做的是在板块内部进行筛选，选择好最合适的目标买进即可。

| 序号 | 一 | 股票代码 | 股票简称 | 现价(元) | 涨跌幅(%) | 涨停 2017.03.02 ⓘ↓ | 所属同花顺行业 |
|---|---|---|---|---|---|---|---|
| 7 | 一 | 002848 | 高斯贝尔 | 24.19 | 3.87 | 涨停 | 信息设备 -通信设备 -终端设备 |
| 8 | 一 | 002849 | 威星智能 | 48.99 | 1.24 | 涨停 | 机械设备 -电气设备 -电气自控设备 |
| 9 | 一 | 002850 | 科达利 | 94.16 | 2.06 | 涨停 | 机械设备 -通用设备 -金属制品 |
| 10 | 一 | 300601 | 康泰生物 | 26.85 | 4.07 | 涨停 | 医药生物 -生物制品 -生物制品III |
| 11 | 一 | 300603 | 立昂技术 | 43.79 | -3.27 | 涨停 | 信息设备 -通信设备 -通信配套服务 |
| 12 | 一 | 300609 | 汇纳科技 | 43.71 | 3.53 | 涨停 | 信息服务 -计算机应用 -软件开发及服务 |
| 13 | 一 | 300611 | 美力科技 | 45.92 | 2.73 | 涨停 | 机械设备 -通用设备 -金属制品 |
| 14 | 一 | 300612 | 宣亚国际 | -- | -- | 涨停 | 信息服务 -传媒 -营销服务 |
| 15 | 一 | 300613 | 富瀚微 | 183.11 | 6.48 | 涨停 | 电子 -半导体及元件 -集成电路 |
| 16 | 一 | 300615 | 欣天科技 | 42.23 | 5.02 | 涨停 | 信息设备 -通信设备 -通信传输设备 |
| 17 | 一 | 300617 | 安靠智电 | 79.16 | 6.45 | 涨停 | 机械设备 -电气设备 -其他电力设备 |
| 18 | 一 | 300619 | 金银河 | 53.78 | 8.28 | 涨停 | 机械设备 -专用设备 -其它专用机械 |
| 19 | 一 | 600577 | 精达股份 | 5.15 | 1.78 | 涨停 | 机械设备 -通用设备 -金属制品 |
| 20 | 一 | 600939 | 重庆建工 | 14.48 | 3.72 | 涨停 | 建筑材料 -建筑装饰 -房屋建设 |
| 21 | 一 | 601212 | 白银有色 | 10.23 | 5.57 | 涨停 | 有色金属 -有色冶炼加工 -铜 |
| 22 | 一 | 603177 | 德创环保 | 24.69 | 3.48 | 涨停 | 公用事业 -环保工程 -环保工程及服务 |
| 23 | 一 | 603218 | 日月股份 | 42.70 | 2.82 | 涨停 | 机械设备 -通用设备 -其它通用机械 |
| 24 | 一 | 603238 | 诺邦股份 | 33.12 | 3.95 | 涨停 | 纺织服装 纺织制造 其他纺织 |

图 3.2 涨停榜的第一页

（3）选择个股凭借的往往是综合的技术指标和优质的潜力活力。在机械设备板块中，经过筛选，清源股份（603628）盘中稳步拉升，如图 3.3 所示，也说明了其在该板块内部的绝对领导力。再细看清源股份的日 K 线走势，刚刚突破前期震荡区间的高点，后市有很大的空间。

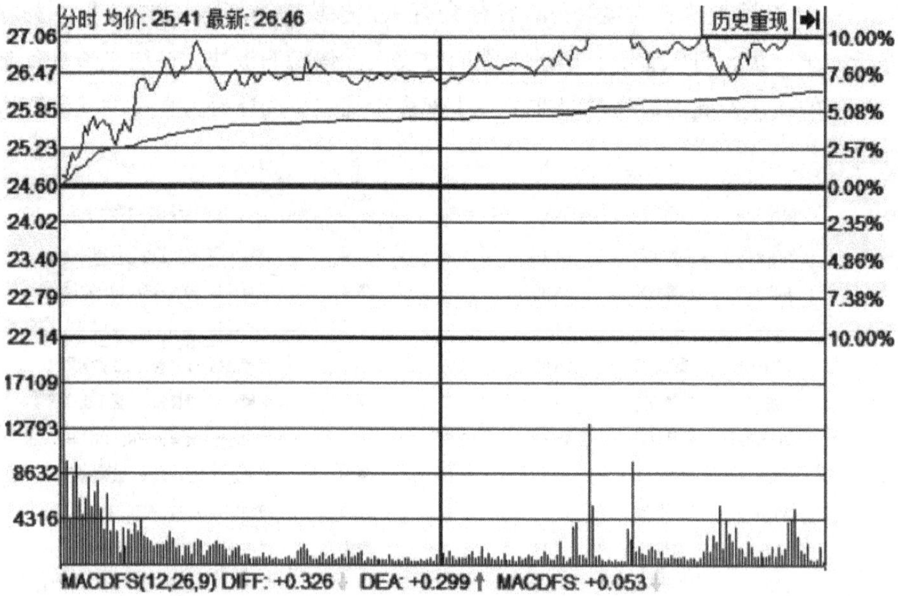


图 3.3 清源股份稳步拉升

（4）于是选择买进清源股份的决策就产生了，同时，一个简单而实用的操作法则也就被创造出来，如图 3.4 所示。在实际运用中，有很多方法都是靠个人去总结、实践的，没有永远的绝对。如果投资者希望把利润放到更大，就需要自身更勤奋地研读，然后加以活用。

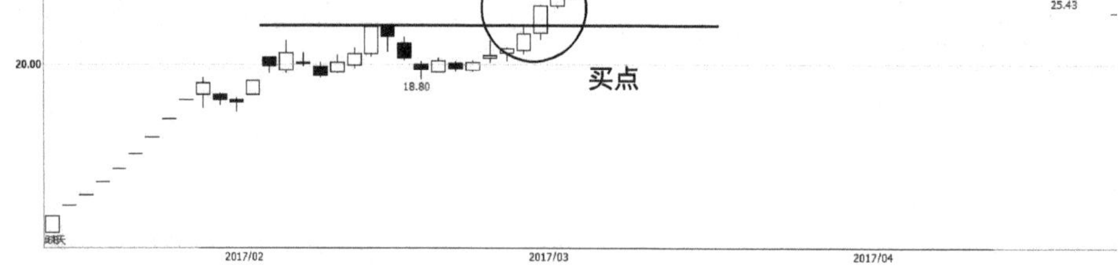


图 3.4 大阳线看多的日 K 线走势

## 3.2 心态决定成败

稳健的心态带来的会是稳健的利润，也正是因为如此，股市中有钱的人赚取经验、有经验的人赚取钱的原理才会如此令人信服。

股市之中有很多诱惑，你得学会谨慎思索，尊重技术，你得不断地提醒自己，不断地给自己打气，你得在盈利时选择好止盈位，你得在亏损时选择好止损位，知道自己适合做短线、中线还是长线，学习才是你最好的老师，因为你不可能凭空掌握一切方法。

这里浅谈一下笔者在漫长的投资生涯当中不断选择的分叉点实例。

笔者初入股市时，连最基本的 T+1 概念都分不清，身边炒股的人很多，但真正能说出个所以然的人却并不多见。于是笔者开始了积极的学习，以道氏理论、江恩理论、证券混沌理论、心理流派理论的书籍为主。

在两个月之后，笔者开始了果敢的操作，在地产板块和钢铁板块间选择了多只个股，于是铩羽而归。作为初级选手，我们会在乎很多东西，在乎股价是否便宜，在乎佣金是多是少，在乎操作时是否安静无人打扰，在乎电视报刊的每一个观点，但真正能够信赖的只有自己。便宜的个股一般都是大盘股，很多是极不活跃的个股，佣金的多少其实跟操作的成功没有关系，只要你具备盈利的能力，佣金只会是零头，这一切都是对你自身素质的考验。

之后开始学习追涨理论，宁波“涨停敢死队”是出名的勇者，并鼓舞着众人仿效。事实证明追涨确实赚得更多，但潜藏的风险往往难以发现，深套之后面临的亏损将不可收拾。到底怎样的方法才是保证收益的良策？在漫长的磨炼和思考中，笔者才逐渐认识到名家理论中的一句话，适合你自己的理论才是最好的理论。懂得炒股的人，应该懂得处理自己的情绪，只有在自己平静时才可以选择操作，选择好的时机也尤为重要，大盘的稳健性往往决定着你获利的稳定性，因而选择好的大盘环境非常重要。

不管如何，你必须让自己时刻处于宽松的心理环境下，面对失败时要谦卑接受，这个世界上没有百分百的绝对，再强的技术操作者也会有失误的时候，因而把握好自己的心态，才能保证你在这个市场一直坚韧地存活下去，才能保证你有足够的实力得到你的那一份收益。

第4章

# 单根K线的7个买入点

单 K 线在技术指标中往往透露着多而繁杂、简而迷惑的信息，很多时候恰恰是对这些众人不以为然的 K 线信息透彻了解之后，才能很好地提高投资盈利的准确率。针对这类对趋势有明显意义的买入要求的参数指标，本章分为 3 个部分予以细致分析，将帮助投资者在认识 K 线的基础上加强自身的投资修为，提高投资的成功率。

## 4.1 趋势底部的买点

在股价行进阶段，部分重要的 K 线指标往往具有很大的指示作用，针对 K 线在下降趋势底部频繁出现的形态特征，我们将严谨地予以分析。本节以十字星、锤子线和倒锤子线在趋势底部的反转情景为例，帮助投资者更好地理解市场趋势的动向，认识 K 线指标的深刻意义。

### 4.1.1 底部十字星

**【形态概述】**

底部十字星是指出现在趋势底部，对趋势有反转作用力的十字星，而十字星是指没有 K 线实体，开盘价和收盘价相等，又有上下影线的 K 线形态。十字星一般象征着前期趋势的放缓，表示趋势有可能发生转变，因而出现在趋势底部的十字星往往被认为是抄底的上佳选择。图 4.1 所示为底部十字星示意图。

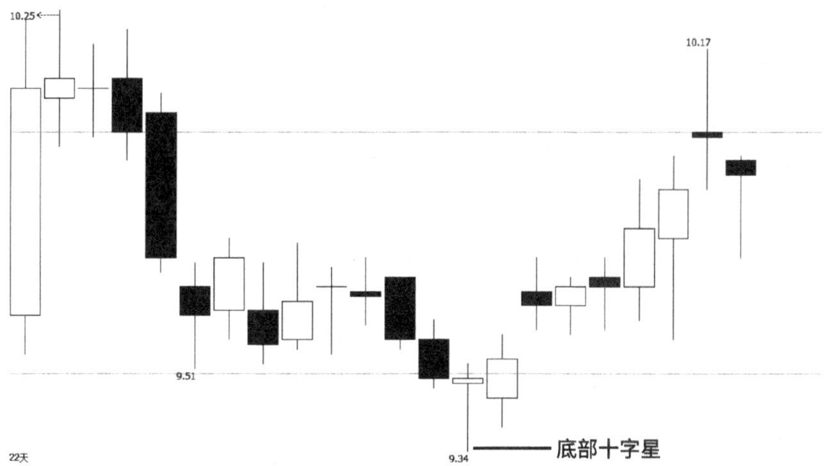


图 4.1 底部十字星示意图

【K 线实战】

图 4.2 所示为中船科技（600072）2017 年 2 月 21 日至 2017 年 4 月 14 日走势图的底部十字星，前期该股股价在短期的下挫后出现了一个底部十字星，这个底部十字星的出现对股价短期下跌趋势做了一个快速的 V 形反转，翌日出现一根重心上移的小阴线，但反转趋势已被确认，因而底部十字星常常被作为一个抄底反转的上佳买点，投资者在遇到时应注意把握。

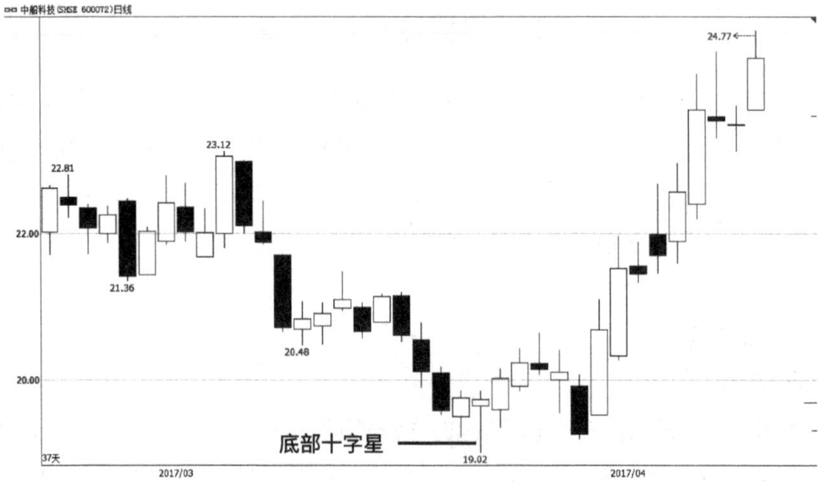


图 4.2 中船科技日 K 线图

【结构分析】

底部十字星的出现往往意味着前期股价下行趋势的放缓，股价趋势随时都有反转的可能。

底部十字星下影线越长，对趋势反转的作用力也越强，因而买点越好。

底部十字星伴随的成交量越低，其反转的可能性越大。

### 4.1.2 锤子线

【形态概述】

锤子线是实体较小、下影线较长，超过实体长度的两倍且没有上影线的 K 线形态，常常出现在下降趋势的终端，具有趋势反转的作用。锤子线根据阴阳涨跌性的不同，可分为阳线锤子线和阴线锤子线，阳线锤子线在底部产生的反转作用力强于阴线锤子线。图 4.3 所示为锤子线示意图。

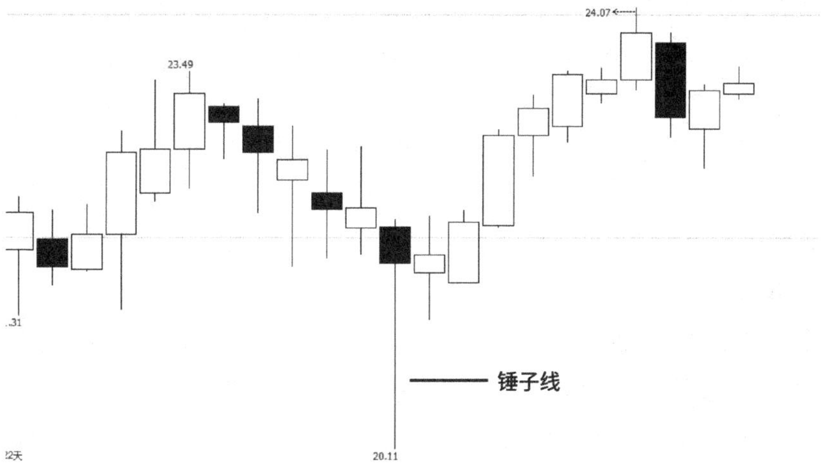


图 4.3 锤子线示意图

【K 线实战】

图 4.4 所示为黄山旅游（600054）2016 年 9 月 22 日至 2017 年 4 月 24 日走势图中的锤子线，前期市场处于下降趋势，该形态在趋势终端形成，在低价区间进行了下探之后，形成了较长的下影线，显示了盘中承接盘的实力，而且该 K 线是反转实力最强的阳线锤子线，同时翌日重心上行的小阳线对趋势进行了确认，因而反转信号得到充分加强，后市趋势也得到了有效反转。

图 4.4 黄山旅游日 K 线

【结构分析】

阳线锤子线对下降趋势的反转实力强于阴线锤子线，下影线越长，反转力度越大。

翌日阳 K 线重心上移对反转趋势的确认值得重视。

### 4.1.3 倒锤子线

【基本概念】

倒锤子线是实体较小、上影线较长，超过实体长度的两倍且没有下影线的 K 线形态，常常出现在下降趋势的终端，对趋势具有反转作用。根据阴阳涨跌的不同，倒锤子线可分为阳线倒锤子线和阴线倒锤子线，阳线倒锤子线在底部的作用力强于阴线倒锤子线。图 4.5 所示为倒锤子线示意图。

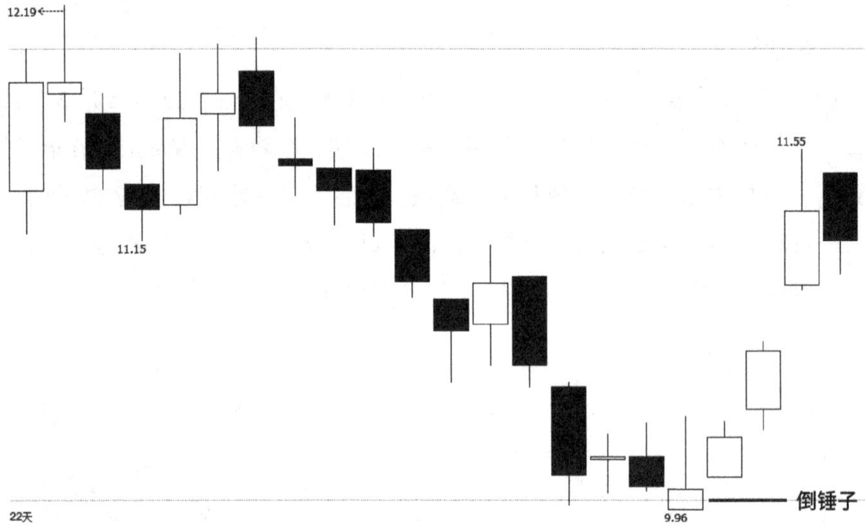


图 4.5 倒锤子线示意图

【K 线实战】

图 4.6 所示为商赢环球（600146）2015 年 12 月 7 日至 2016 年 3 月 18 日走势图中的倒锤子线，前期市场在两个中阴线的下降趋势中探得低点，倒锤子线在低价区试图对上方抛压继续试探遭到回击，次日重心上移的中短阳线在下探低点后确认了趋势反转，后市也形成了四连阳的上攻行情，倒锤子线对下降趋势成功实现反转。

图 4.6 商赢环球日 K 线图

【结构分析】

阴线倒锤子线对下降趋势的反转实力弱于阳线倒锤子线。

倒锤子线对下降趋势的反转需要翌日重心上移的阳 K 线予以确认。

倒锤子线对下降趋势的反转实力弱于早晨之星（见 6.1.1）。

## 4.2 整理阶段的买点

整理阶段的手法往往是利用经典的 K 线指标，但这一整理行为在长期的走势中总显得简明易懂，其中重要的核心指标是股价是否进行了实质性的下降，其次是成交量是否实现了过分放大或萎缩。同时针对成交量的结构也应该观察主卖大单和主卖小单的比重，主卖大单往往是主力可以制造的形态图，投资者在读完本节之后必然能够较为清晰地看透主力心理。

### 4.2.1 长阴 K 线整理

【形态概述】

长阴 K 线整理是指股价在上涨途中，突发地出现一根长阴线，对股价的涨势制造恐慌，使得部分不坚定的获利盘涌出，之后股市将延续前期走势继续抬升。这一举动往往借助主力制造的反技术指标手段，来进一步垫高跟风盘成本，减少高位获利盘的涌出数量。图 4.7 所示为长阴 K 线整理示意图。

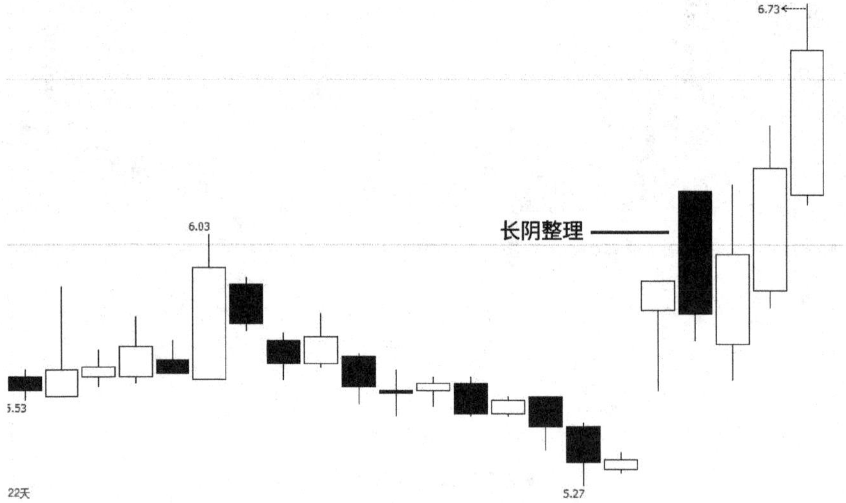


图 4.7 长阴 K 线整理示意图

【K 线实战】

图 4.8 所示为罗顿发展（600209）2015 年 12 月 15 日至 2017 年 1 月 11 日走势图的长阴 K 线整理形态，从股价趋势的走向来看，后期多日股价上涨的同时伴随成交量的萎缩。

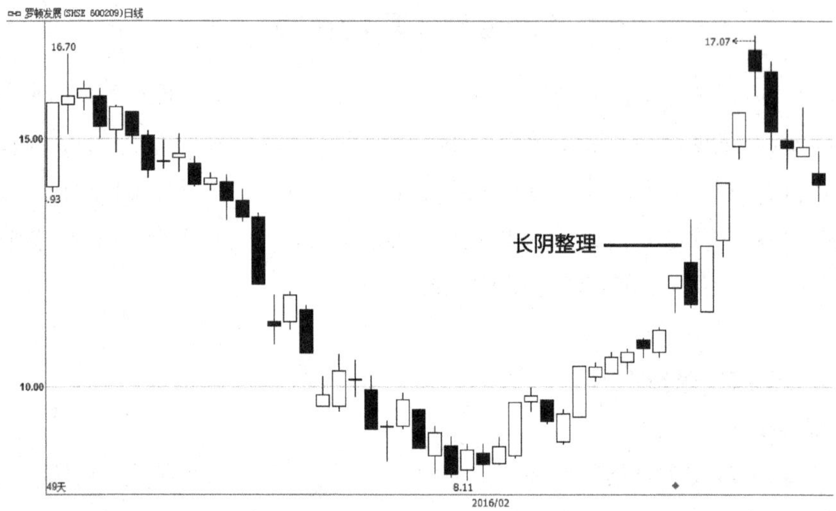


图 4.8 罗顿发展日 K 线图

**【结构分析】**

长阴 K 线整理时，一般所处上涨位置不会过高，但有可能接近前期高位，经常以缩量的形式进行整理，但也会有部分放量整理的手法，放量整理的成交量分布中，往往有主卖大单会占较大比重，应注意观察。

长阴 K 线出现在涨势中时，应该相应地观察股价前期的走势，如果阳线密集度高，则整理的概率偏大，如果急速拉涨的长阳 K 线过多，则整理的概率偏小，整理阶段股价上涨的倾斜角度不会有很大变化，但出货阶段，易出现角度较大的快涨行情。

### 4.2.2 小 K 线整理

**【形态概述】**

小 K 线整理一般是以极阳极阴线或者星线在趋势上涨的中途作为调整手法而采取的短暂整理，一般容易被投资者误认为是上涨趋势减缓的特征，但因其所处股价位置的不同，以及成交量的微小差异，可以被技术派发现，股价后期趋势将延续前期涨势，投资者在遇到之时应该大胆参与。图 4.9 所示为小 K 线整理示意图。

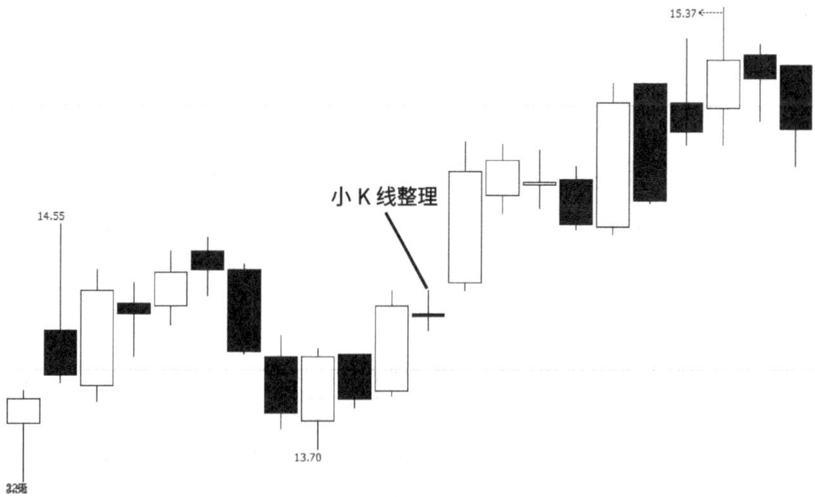


图 4.9 小 K 线整理示意图

**【K 线实战】**

图 4.10 所示为南山铝业（600219）2017 年 2 月 7 日至 2017 年 4 月 18 日走

势图中的小 K 线整理形态，在前期股价快速拉涨的行情中，出现的小 K 线以重心持平的状态立于高位，同时成交量的极度萎缩更确定了股价趋势是暂时的整理行为，后期股价行走趋势不改前期上行方式，因而小 K 线整理行为被洞穿，投资者在投资过程中应注意观察，并可大胆参与。

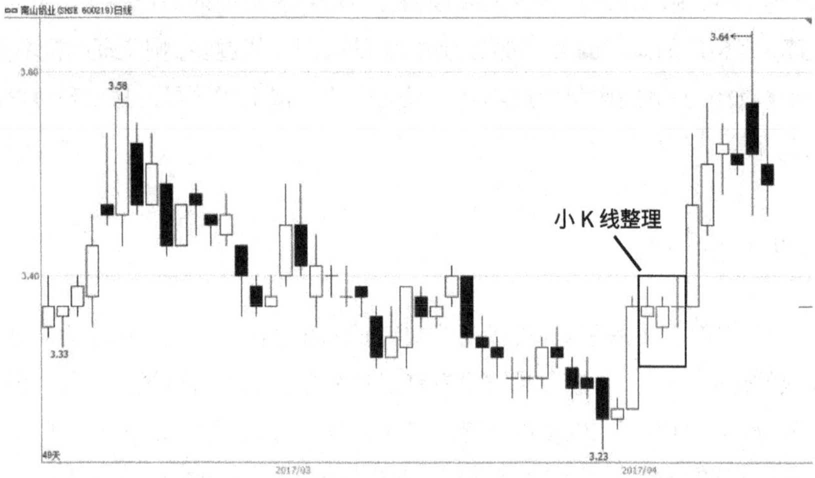


图 4.10 南山铝业日 K 线图

【结构分析】

小 K 线整理往往出现在股价急速拉涨的行情当中，一般是作为大阳 K 线的中转站。

成交量在整理过程中是不可忽视的证据，当成交量萎缩，主卖小单占很大比重时，更倾向于是整理行为，当成交量过分放大时，主卖大单比重显著放大，加强主力的整理可能性。

## 4.3 突破位的买点

K 线对股价关键位进行突破时，往往透露着主力的信息，过分放大的成交量和长 K 线，结果极有可能与之相反。针对这个环节，本节可以更好地帮助投资者认识主力在上涨突破时的心理状态，将更好地引导投资者针对格局进行准确判断。

### 4.3.1 资金密集区突破 K 线的买点

【形态概述】

资金密集区突破 K 线是指在前期趋势下降的过程中，有一段时间长度做横盘的 K 线形态，之后股价继续下跌，在股价实现反转之后开始以前期横盘区的资金密集区作为突破对象，当该区域 K 线被突破之后，大量资金解套，成交量放大将更好地配合后期上涨行情的持续性。图 4.11 所示为资金密集区突破 K 线的买点示意图。

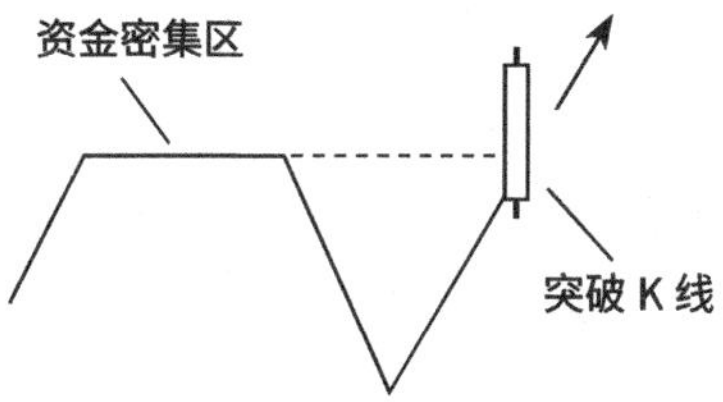


图 4.11 资金密集区突破 K 线的买点示意图

【K 线实战】

图 4.12 所示为广晟有色（600259）2016 年 11 月 17 日至 2017 年 2 月 23 日走势图中的资金密集区突破 K 线的买点，在前期股价以弱势下行整理，并在构建了多个资金密集区的整理平台之后，空方力量被逐渐释放，之后在反转行情中出现的长阳线直插整理平台，并实现了有效突破，之后股价在高位继续构建平台，为突破下一个阻力平台做准备。当这种突破 K 线出现时，投资者应积极关注。

图 4.12 广晟有色日 K 线图

【结构分析】

完全穿透资金密集平台，是股价实现上升突破的确认形式，也是一个好的买点。

在突破资金密集平台时，往往配合充足的成交量才能提升股价上行的可信度，投资者在观察股价行进中应谨慎。

### 4.3.2 脊位突破 K 线的买点

【形态概述】

脊位突破 K 线是指在前期趋势出现短期高点之后的快速下跌，而这个短期的高点则被称为脊位，后期股价在探底反转后，需要针对这个短期的高点进行突破，这根突破的 K 线也即为脊位突破 K 线的买点。图 4.13 所示为脊位突破 K 线的买点示意图。

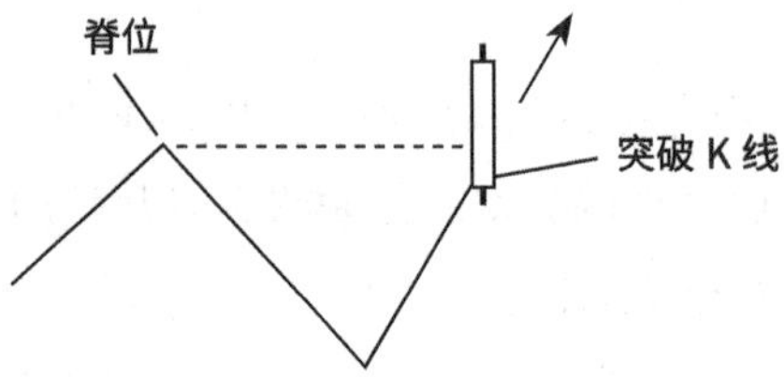


图 4.13 脊位突破 K 线的买点示意图

【K 线实战】

图 4.14 所示为海正药业（600267）2016 年 5 月 23 日至 2016 年 12 月 21 日走势图中的脊位突破 K 线的买点，当日在成交量的配合之下股价快速突破脊位，成交量极度放大，从主力心理来看，长阳 K 线往往意味着主力吸引更多的买家，主力希望市场跟风盘不断增大，但从买卖盘的结构来看，主卖大单占很大比重，主力是想借突破的机会大量出货，因而就算股价有短暂的突破上涨，但长期来看依然有很大的下降可能性，短期投资者可以选择做短线谋利。

图 4.14 海正药业日 K 线图

**【结构分析】**

阴 K 线作为突破位的 K 线，表明主力可能放意为之，如若继续观察阴 K 线的买卖盘结构，有大量卖盘大单时，表示主力刻意做出大量出货的迹象，因而此突破位的脊线可以理解为震荡吸筹，后期上涨将不可避免。

脊位突破时出现的长阳 K 线一改前期小阳 K 线的密集形态，显示了主力之前在小组线处吸筹的真实性，因而应当予以提防。

第5章

# 单根K线的7个卖出点

投资者在对股票研究分析的时候，不应该只顾及股票的买点，股价的卖点也尤为重要。股票价格上涨的买点信号可以帮助投资者选择良好的时机买进股票。但如果缺乏对股票卖点的分析，往往会导致之前的盈利突然蒸发。本章我们将针对单 K 线在技术分析领域当中经常流入的卖点信息，帮助投资者更好地决策持有股票的时间周期，使得盈利最大化。

## 5.1 趋势顶部的卖点

趋势顶部往往在趋势完全走完之后才会显得清晰可见，但当我们潜心投入到资本市场并在其中战斗时，通常会耳目闭塞，我们要准确地判断趋势的顶部，其实可以利用广为人知的 K 线信息。在趋势顶部的 K 线，往往会呈现出趋势逐渐弱化，且各类指标开始钝化的特征。本节将针对趋势顶部常出现的 K 线形态进行总结，并帮助投资者更透彻地理解股市当中博弈信息。

### 5.1.1 顶部十字星

**【形态概述】**

顶部十字星是指出现在趋势顶部，对趋势有反转作用力的十字星，而十字星是指没有 K 线实体，开盘价和收盘价相等，又有上下影线的 K 线形态。十字星一般象征着前期趋势的放缓，表示趋势有可能发生转变，因而出现在趋势顶部的十字星往往被认为是逃顶的上佳选择。图 5.1 所示为顶部十字星示意图。

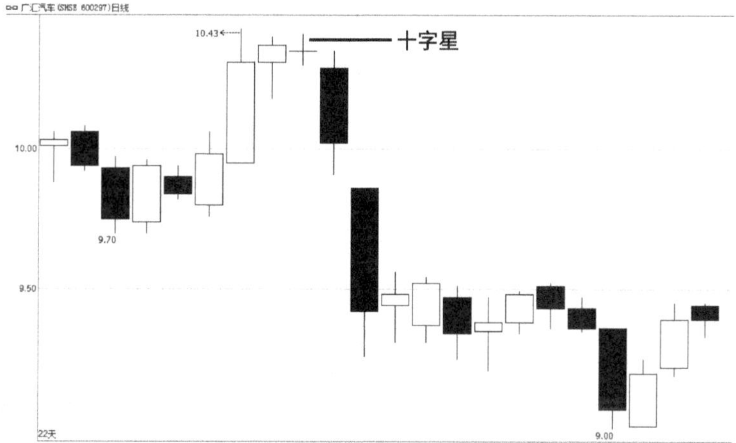


图 5.1 顶部十字星示意图

【K 线实战】

图 5.2 所示为华泰股份（600308）2017 年 3 月 17 日至 2017 年 4 月 24 日走势图中的顶部十字星，之前股价在一波短暂的上冲后出现了一个小型的顶部形态，此时股价已经接近历史高位，成交量进一步放大，其中主卖小单占据绝对数量，十字星对趋势反转的作用尤为明显，翌日阴 K 线的出现，股价重心明显下移，后期股价也开始了一波长时段的下跌行情，顶部十字星的实战意义被证实。

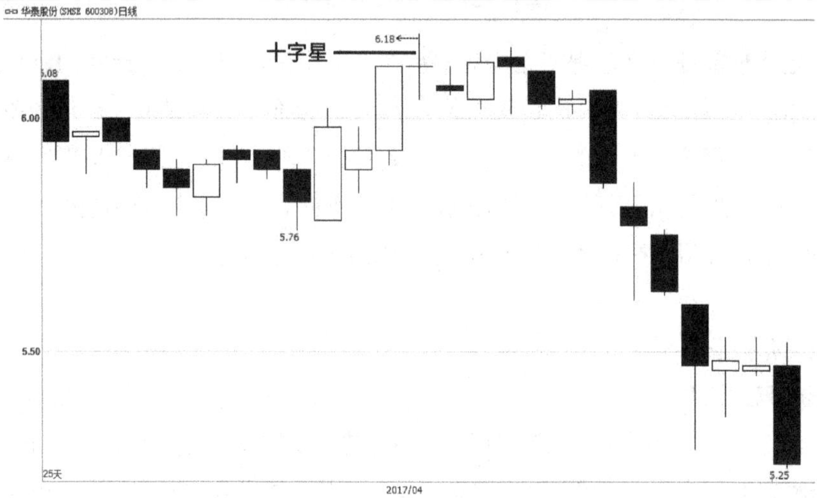


图 5.2 华泰股份日 K 线图

【结构分析】

顶部十字星的出现往往意味着前期股价上行趋势的放缓，股价趋势随时都有反转的可能。

顶部十字星上影线越长，对趋势反转的作用也越强，因而卖点越好。

顶部十字星伴随的成交量越高，其反转的可能性越大。

### 5.1.2 流星线

【形态概述】

流星线是实体较小、上影线较长，超过实体长度的两倍且没有下影线的 K 线形态，常常出现在上升趋势的终端，具有趋势反转的作用。流星线根据阴阳涨跌性的不同，分为阴线流星线和阳线流星线，阴线流星线在顶部产生的作用力强于阳线流星线。图 5.3 所示为流星线示意图。

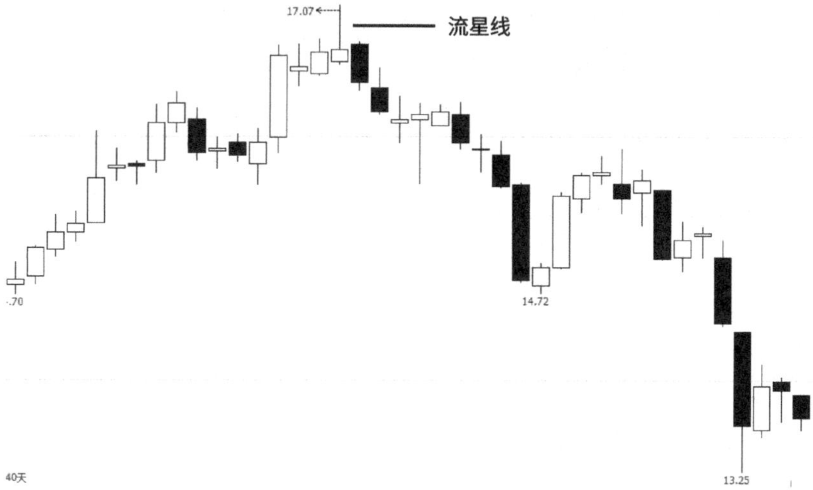


图 5.3 流星线示意图

【K 线实战】

图 5.4 所示为农发种业（600313）2017 年 3 月 21 日至 2017 年 4 月 21 日走势图中的流星线，前期市场行情震荡上行，流星线出现后，创造了最高价格 6.26，之后回落，接下来的交易日出现的中阴 K 线转势重心下行，也意味着市场的上升趋势结束，流星线成功实现趋势反转，翌日的流星线对趋势反转的加强也具有重要意义。

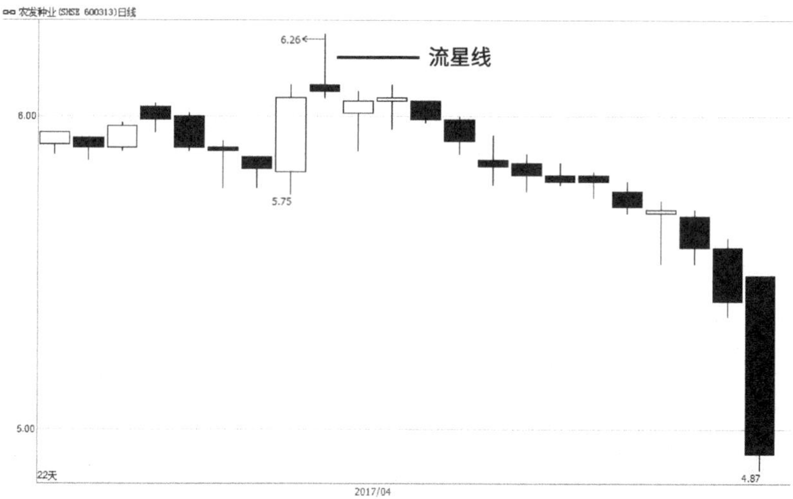


图 5.4 农发种业日 K 线图

【结构分析】

流星线以多次上探抛压后，在后期重心下移阴 K 线的确认下，同样具备趋势反转的意义，并且期间反转信号加强。

流星线上影线越长，抛压越重，趋势反转的信号越强。

阴线流星线对上涨趋势的反转实力强于阳线流星线。

流星线对上涨趋势的反转实力弱于黄昏之星（见 7.1.1）。

### 5.1.3 上吊线

【形态概述】

上吊线是实体较小、下影线较长，超过实体长度的两倍且没有上影线的 K 线形态，常常出现在上涨趋势的终端，具有趋势反转的作用。上吊线根据阴阳涨跌性的不同分为阳线上吊线和阴线上吊线，阴线上吊线在顶部的作用力强于阳线上吊线。图 5.5 所示为上吊线示意图。

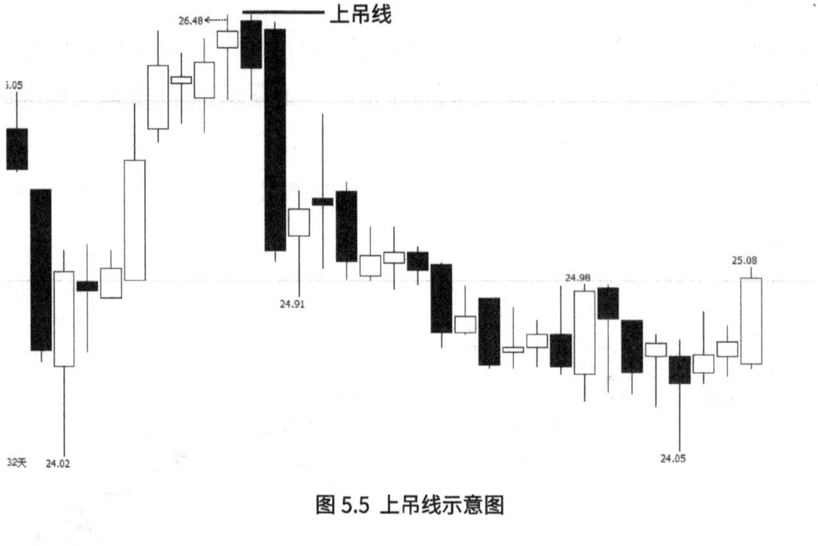


图 5.5 上吊线示意图

【K 线实战】

图 5.6 所示为华联综超（600361）2017 年 1 月 13 日至 2017 年 4 月 24 日走势图中的上吊线，该 K 线形成之前，市场趋势呈上升态势，一路上行到高点，上吊线出现后创造了近期最高价，但后期市场趋势也因而转变，市场在短暂下跌震荡后，下行趋势不改，上吊线成功实现趋势反转。

图 5.6 华联综超日 K 线图

【结构分析】

阴线上吊线对上涨趋势的反转实力强于阳线上吊线。

翌日形成阴线对上吊线下探范围进行了有效覆盖，并创造了更低价，因而反转趋势得到确认。

## 5.2 出货位的卖点

当股票价格处于高位时，如何规避风险是一个很大的问题。本节我们将针对市场中常见的技术手段进行归纳分析，帮助投资者更好地认知市场信息。主力出货的思路是不变的，围绕的都是高成交量和高股价，而具体的操作手法往往会有细微差异，本节将会予以探究。

### 5.2.1 长阴 K 线出货

【形态概述】

长阴 K 线出货是指股价在上涨终端，突发地出现一根长阴线，对股价的涨势制造恐慌氛围，使得大量获利盘涌出，之后股市将反转，前期走势开始下行。这一举动往往出现在主力已经大量出货的后期，所剩筹码已经不多，因而不遮不掩，与此同时，股价被群发性看空，各方获利盘争相涌出，因而股价快速下行，同时成交量快速放大。图 5.7 所示为长阴 K 线出货示意图。

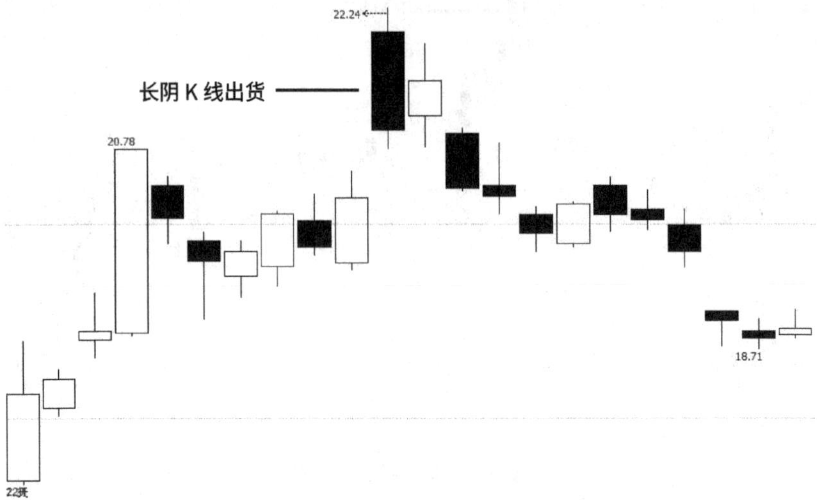


图 5.7 长阴 K 线出货示意图

【K 线实战】

图 5.8 所示为健康元（600380）2017 年 1 月 19 日至 2017 年 4 月 24 日走势图中的长阴 K 线出货形态，在前期该股股价一路波折上涨，直到这根长阴 K 线的出现，成交量急剧放大，期间以主卖小单为主，盘内分时走势长期下行于均价线之下，显示了股价的弱势，翌日出现的阳 K 线重心下移，股价下行趋势就此开始，因而长阴 K 线出货形态得到有效证实。

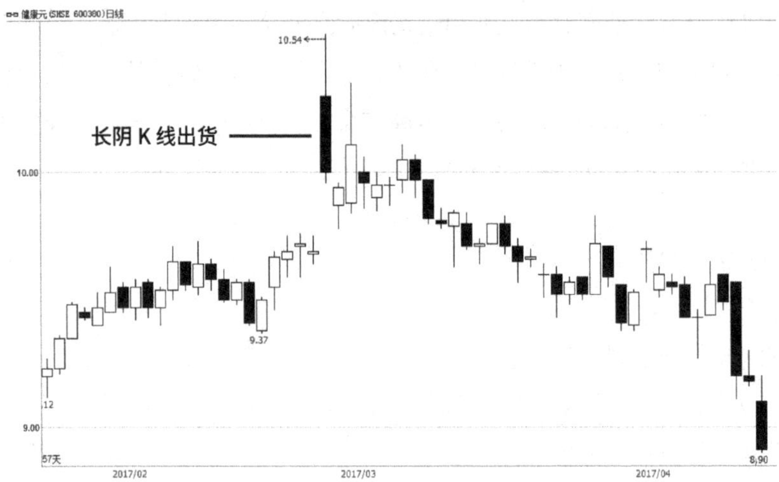


图 5.8 健康元日 K 线图

【结构分析】

长阴 K 线出货时，一般所处位置应当是近期或历史高位，经常以放量的形式进行出货，成交量的放大性是不可避免的，往往有主卖小单会占较大比重，应注意观察。

长阴 K 线出现前的涨势中，应该相应地观察股价的走势，如果阴 K 线密集度小，则整理的概率偏大，如果阴 K 线的密度逐渐加大，则临近出货，并进入出货阶段，股价上升角度容易快速增大，而角度保持不变的出货形态属于隐蔽的出货手法。

### 5.2.2 小 K 线出货

【形态概述】

小 K 线构建顶部，一般是以极阳线、极阴线或者在上涨的最后阶段，以类似于调整的角度缓慢震荡下跌，或横盘在高位，成交量却依旧很大，一般容易被投资者误认为是上涨趋势暂时的整理，但因其所处股价位置的不同，以及成交量的差异，可以被技术派发现，股价后期趋势将发生转变，投资者在遇到之时应该尽量规避。图 5.9 所示为小 K 线出货示意图。

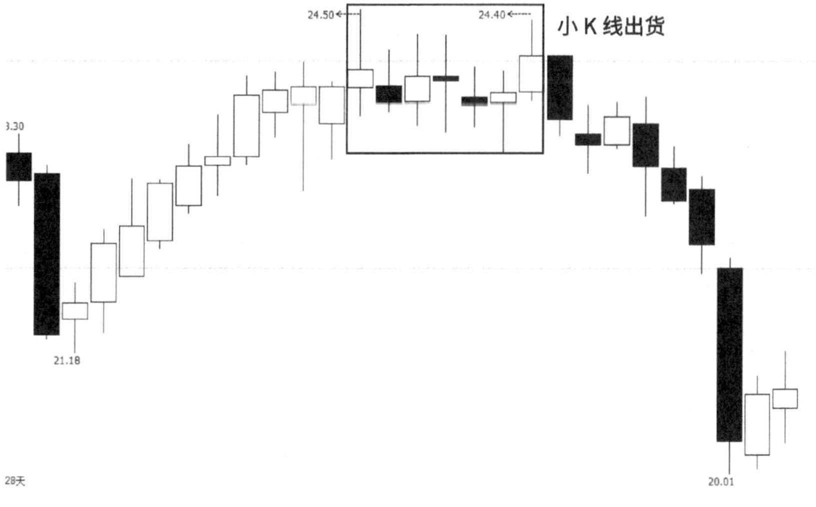


图 5.9 小 K 线出货

【K 线实战】

图 5.10 所示为盛和资源（600392）2016 年 7 月 29 日至 2017 年 2 月 9 日走

势图中的小 K 线出货形态，该股前期股价不断攀升，创造了股价的新高，随着 K 线上涨途中密集度开始不断增加，直至小 K 线出货形态的出现，成交量都保持在放量的阶段，但小 K 线出货形态出现时，成交量却开始萎缩，说明了主力出货已经接近尾声，主力所控筹码已经大量减少，且成交量更多以主卖小单为主，后期该股股价不断下行，股价趋势得到彻底反转。

图 5.10 盛和资源日 K 线图

**【结构分析】**

小 K 线出货往往出现在股价拉涨速度趋缓的行情当中，小 K 线以高位横盘调整的掩饰手法在高价位大肆出货，成交量很大。

在出货过程中成交量是不可忽视的证据，当成交量萎缩，主卖小单占很大比重时，更多是主力出货的尾声，当成交量过分放大，且有一段持续时间时，主卖大单比重偏大是主力已经开始出货的特征。

## 5.3 突破位的卖点

股票在经历了快速下跌后，股价往往会不遗余力地下行，其中的手段方法虽然尤为复杂，但特点类似。往往没有主力参与的股票，股价总是会缺乏在关键位的支撑或托手。弱市时，任何技术有效位都会显得异常薄弱，当主力仍然愿意在关键技术位去花费时间和精力时，往往就意味着主力对这只股票还有耐心和信心。本节将针对股价在下行突破时透露的主力信息，帮助投资者在上佳的位置选择撤出资金，规避股市风险。

### 5.3.1 资金密集区突破 K 线的卖点

**【形态概述】**

资金密集区突破 K 线是指在前期趋势上涨的过程中，有一段时间长度做横盘的 K 线形态，之后股价继续上涨，在股价实现反转之后开始以前期横盘区的资金密集区作为突破对象，当该区域 K 线被突破之后，大量资金被套，成交量放大将加速后期下跌行情的继续。图 5.11 所示为资金密集区突破 K 线的卖点示意图。

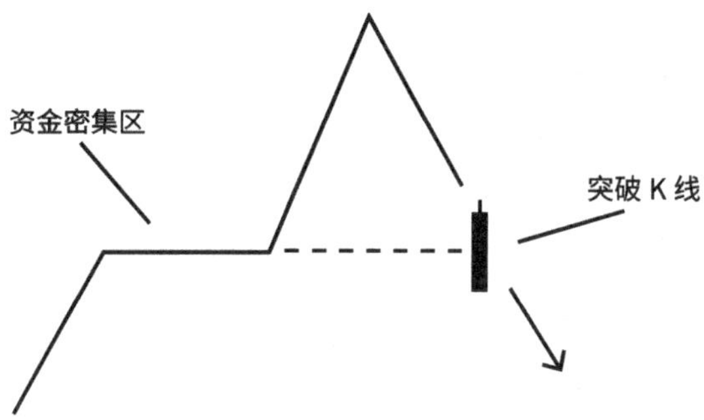


图 5.11 资金密集区突破 K 线的卖点示意图

**【K 线实战】**

图 5.12 所示为天润乳业（600419）资金密集区向下突破 K 线的卖点，在前期股价上涨中途的调整过程中，构建了多个资金密集区的整理平台，之后多方力量进行了短暂的上冲之后，反转行情开始向下对前期的整理平台进行突破，以一根小 K 线在资金平台突破边缘区试探之后，翌日重心下移的小阴 K 线确认了突破形态，使得支撑平台被击穿，短期内对股价的下行趋势没有有效的支撑点，投资者此时应该快速清仓，以规避股价继续下行带来的更大风险。

图 5.12 天润乳业日 K 线图

【结构分析】

完全穿透资金密集平台，是股价实现下行突破的确认形式，也是一个有效的卖点。

在突破资金密集平台时，成交量容易失去可信度，投资者在观察股价行进中应谨慎。

## 5.3.2 前期底部突破 K 线的卖点

【形态概述】

前期底部突破 K 线是指在前期趋势出现短期低点之后有一个短期的反弹，之后股价不改下降趋势进一步对股价进行下探，并向下对前期的底部进行有效突破，创造了近期最低股价，这根向下突破的 K 线也是前期底部突破 K 线的卖点。图 5.13 所示为前期底部突破 K 线的卖点示意图。

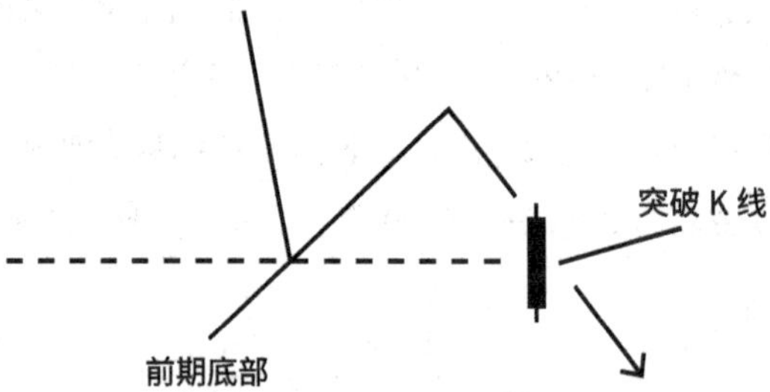


图 5.13 前期底部突破 K 线的卖点示意图

【K 线实战】

图 5.14 所示为中远海特（600428）2017 年 3 月 22 日至 2017 年 4 月 24 日走势图中的前期底部突破 K 线的卖点，前期股价在短期底部构建完成后出现了一个短暂的小反弹，之后股价趋势继续向下并开始调整前期底部低点价位，这根中阴 K 线向下有效突破后，股价进一步下挫，所以在这根阴 K 线对前期底部最低价位的突破处应当及时卖出。

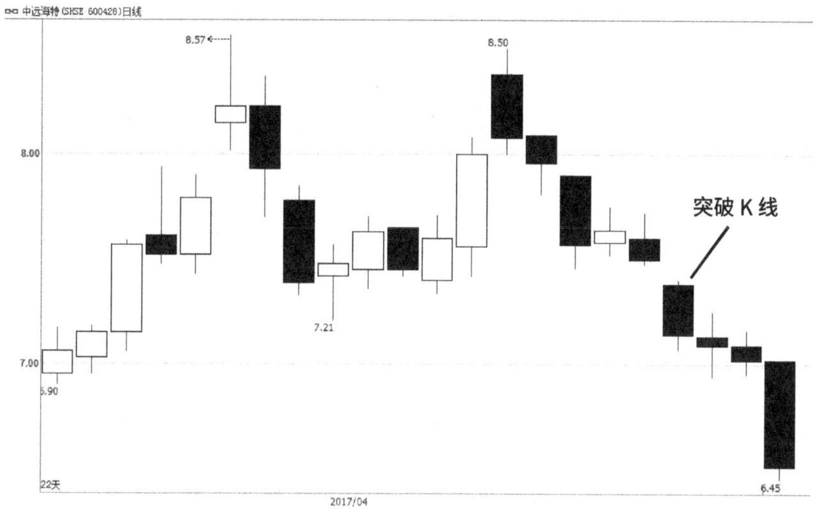


图 5.14 中远海特 K 线图

【结构分析】

阴 K 线作为突破位的 K 线，将表明有继续看空的氛围，如若继续观察阴 K 线时的买卖盘结构，有大量卖盘大单时，表示这是主力刻意做出的短期向下突破行为，若有大量的卖盘小单，可以确认是市场看空情绪的大量释放。

对前期底部的突破速度越快，意味着市场看空氛围越浓。

第6章

# 多根K线的14个买入点

前面我们针对单 K 线做了比较深刻的探究，并大概了解了单 K 线在技术意义上的重要性，但随着股市的发展，股民在技术层面上的水平也得到了不断的提高，基础技术分析的指导意义也面临着新的考验。越来越多的突破回抽使指标的有效性越来越差。指标需要共振，也需要信号的不断加强和确认。本章将针对单 K 线在技术领域出现的纰漏做更为全面的弥补，帮助投资者在技术手段上不断升级，成功把握住投资契机，成为一名合格的投资者。

## 6.1 底部反转的 K 线组合

本节围绕趋势底部的多 K 线所构建的形态组合，分析市场行情中具备可信度的反转信息。早晨之星、看涨吞没形态、看涨孕线、看涨待入形态、看涨切入形态、看涨插入形态、看涨刺透形态和看涨反扑形态这 8 种 K 线组合形态，其共同的特点是以 K 线实体的大小和阴阳来看待趋势弱强的转换。在接下来的各小节中，将会有更细致的分析，帮助投资者更好地学习。

### 6.1.1 早晨之星

**【形态概述】**

早晨之星又称启明之星或希望之星，是由 3 个交易日共同组成的 K 线形态：第一天，是处在下降行情趋势中形成的一根实体较长的阴线；翌日，是一根开盘价下移的小阳线；第三天，是一根重心上移、实体部分插入第一天的阴线实体内部的阳线。早晨之星一般出现在下降趋势的终端，意味着下行趋势的放缓，上行趋势逐渐转强，是典型的反转信号。图 6.1 所示为早晨之星的理想形态，在现实股市中，更多的是相似的变体，其会根据阴阳线的大小、小阳线的高低、K 线组合的数量做出微小调整，但其形态的意义与早晨之星的相同。

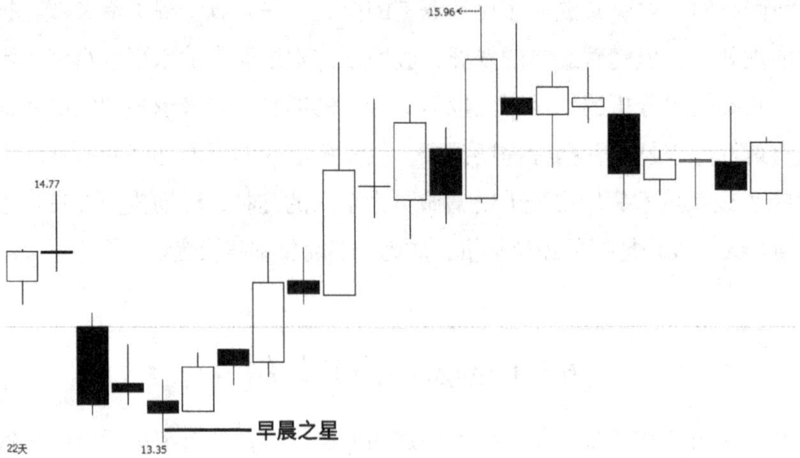


图 6.1 早晨之星示意图

【K 线实战】

图 6.2 所示为好当家（600467）2016 年 8 月 15 日至 2016 年 11 月 10 日走势图中一个底部反转的早晨之星，前期在三连阴的弱势行情中，股票价格节节败退，翌日出现的小十字星下探股价低点 3.85 元，成为趋势的转折点，早晨之星构建完成后，出现了五连阳的上升趋势，该股因而成功摆脱弱势。

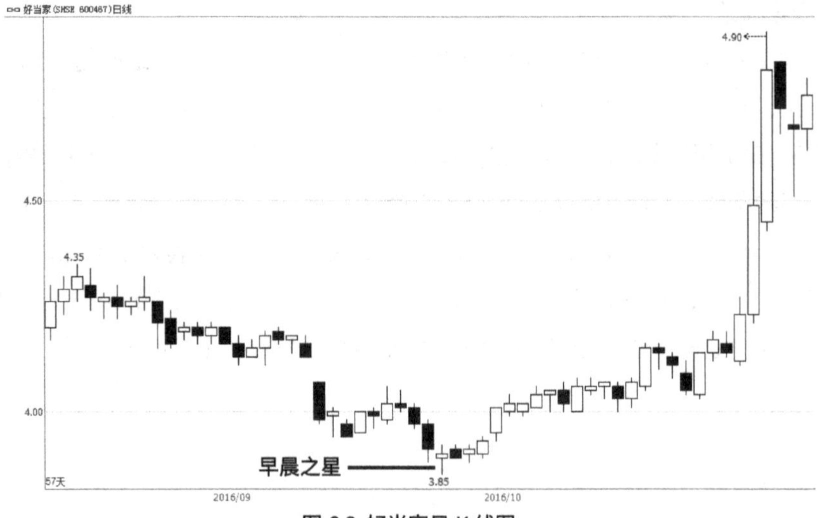


图 6.2 好当家日 K 线图

【结构分析】

早晨之星第一天的阴线意味着下行动力的部分释放；翌日的小 K 线意味着

股价在继续释放下探低点后空头实力衰竭，承接盘转强的多头实力帮助价格回升；第三天重心上移的阳线加大了反攻的基调，因而多头重举上攻大旗，趋势得到成功反转。

早晨之星出现的前期，多根阴线体的重心快速下跌，说明了空头主力出货的急切，早晨之星之后出现的连阳、涨势放缓、价格重心缓慢上移，说明了主力为增强多方实力，在重拾市场信心，壮大多方力量。

### 6.1.2 看涨吞没形态

**【形态概述】**

看涨吞没形态是指在市场处于下降趋势并接近低价终端的时候，下行动力减弱的阴 K 线被翌日出现的阳 K 线包住，即前者的 K 线实体完全在后者的 K 线实体之内，这样形成的 K 线组合即为看涨吞没形态，它的出现即意味着下降行情的结束，具有典型的反转作用。图 6.3 所示为看涨吞没形态示意图。

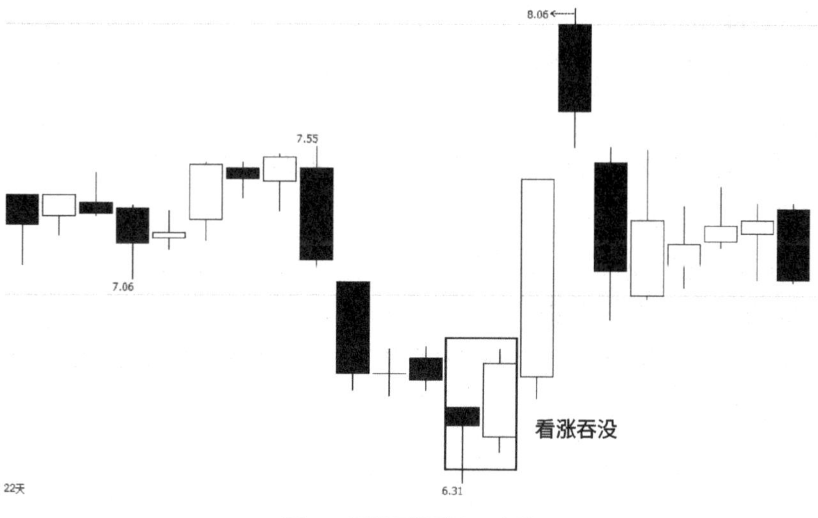


图 6.3 看涨吞没形态示意图

**【K 线实战】**

图 6.4 所示为凤竹纺织（600493）2017 年 1 月 5 日至 2017 年 2 月 10 日走势图中的看涨吞没形态，在前期市场单边的下降行情末端，看涨吞没形态的出现结束了之前的市场趋势，并在短时间内出现了反转行情，之后股价不断攀升，表现了看涨吞没形态在下降趋势的反转实力，投资者在发现该类 K 线形态特征

的个股时应大胆买进。

图 6.4 凤竹纺织日 K 线图

【结构分析】

在看涨吞没形态中，前者 K 线实体越小，后者 K 线实体越大，该形态的反转实力越强。

在看涨吞没形态出现前，单边下降的行情所花时间越长，跌至的价格越低，该形态的反转实力越强。

在看涨吞没形态的第二根阳线形成时，成交量急剧放大，说明承接盘的实力越强，该形态反转实力越强。

在看涨吞没形态的变体中，后者的阳线实体向前吞没的短小 K 线实体越多，该形态反转实力越强。

### 6.1.3 看涨孕线

【形态概述】

孕线的 K 线组合形态与吞没形态相反，即后者的 K 线实体被完全包在前者的 K 线实体内部，因其形似孕妇，因而被称为孕线。前者为阳 K 线、后者为阴 K 线组合的孕线称为阴孕线，一般常出现在上涨行情的高价区。前者为阴 K 线、后者为阳 K 线组合的孕线称为阳孕线，一般出现在下跌行情的低价区。前者为阳 K 线或阴 K 线、后者为十字星组合的孕线称为十字星孕线，意义与前面二者相同。孕线和吞没形态在作用上相近，都对单边趋势有反转力。孕线的两根 K 线可以同为阳线或阴线，图 6.5 所示为看涨孕线示意图。

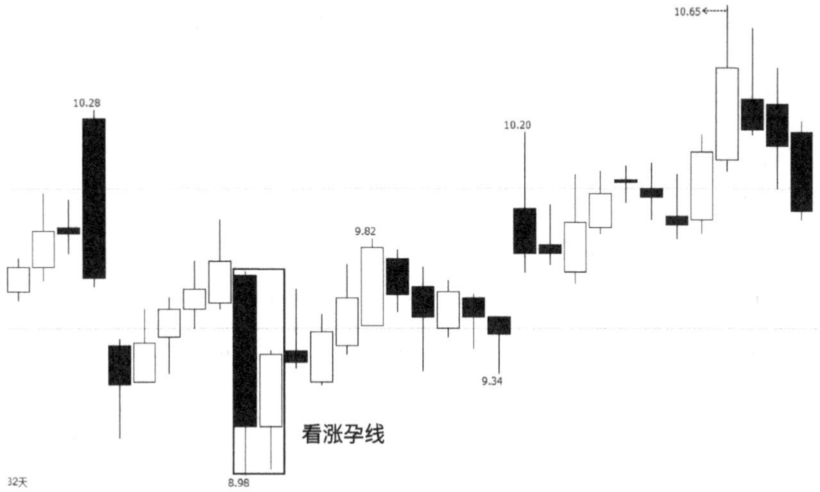


图 6.5 看涨孕线示意图

【K 线实战】

图 6.6 所示为国药股份（600511）2016 年 12 月 7 日至 2017 年 4 月 24 日走势图中的看涨孕线，在前期市场趋势单边下降至低价区时出现了看涨孕线，使得跌势终止，趋势开始由弱转强，各方买盘涌入，因而后市逐渐明朗，体现了看涨孕线在单边下降趋势的反转作用。

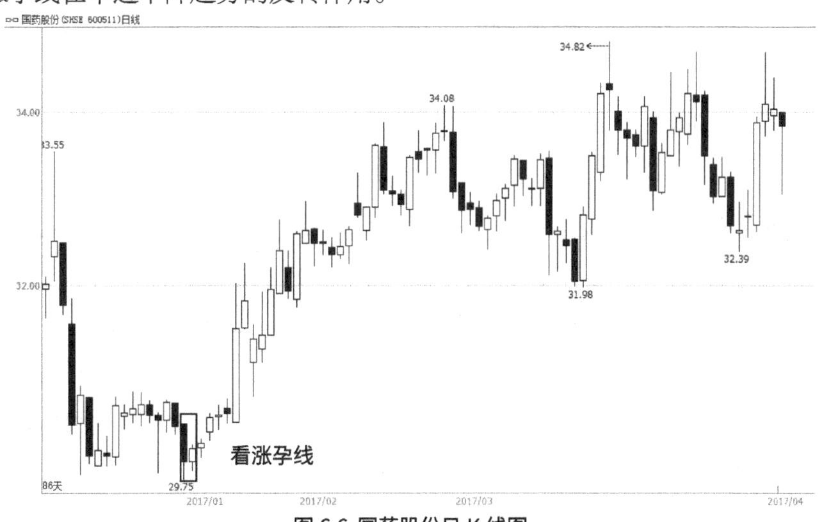


图 6.6 国药股份日 K 线图

【结构分析】

看涨孕线两根 K 线的影线越短，它的反转信号越可靠。

第二根 K 线是阳线的看涨孕线比第二根 K 线是阴线的看涨孕线的反转信号更强。

### 6.1.4 看涨待入形态

【形态概述】

看涨待入形态是指第一根阴线的收盘价高于第二根阳线的收盘价，两者的收盘价（实体）之间有一个间距。看涨待入形态一般出现在下降趋势的底部时意义明显，主要是对趋势有一个反转的作用。图 6.7 所示为看涨待入形态示意图。

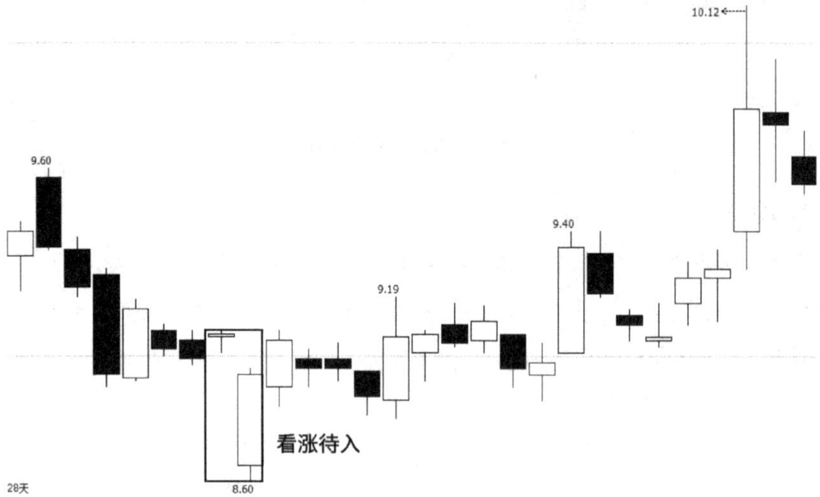


图 6.7 看涨待入形态示意图

【K 线实战】

图 6.8 所示为南京高科（600064）2016 年 8 月 18 日至 2016 年 10 月 27 日走势图中的看涨待入形态，之前在市场趋势下行的途中股票价格节节败退，看涨待入形态在对前日阴 K 线形成一个下行窗口后，自身内部也有一个下行窗口，整个过程对空头能量产生了巨大的消耗，因而该看涨待入形态轻而易举地对前期下降趋势实现反转，翌日出现的小阳 K 线对趋势予以确认，后期市场趋势在震荡中上行，说明了该形态反转实力受翌日确认的 K 线实体大小及形态的影响。

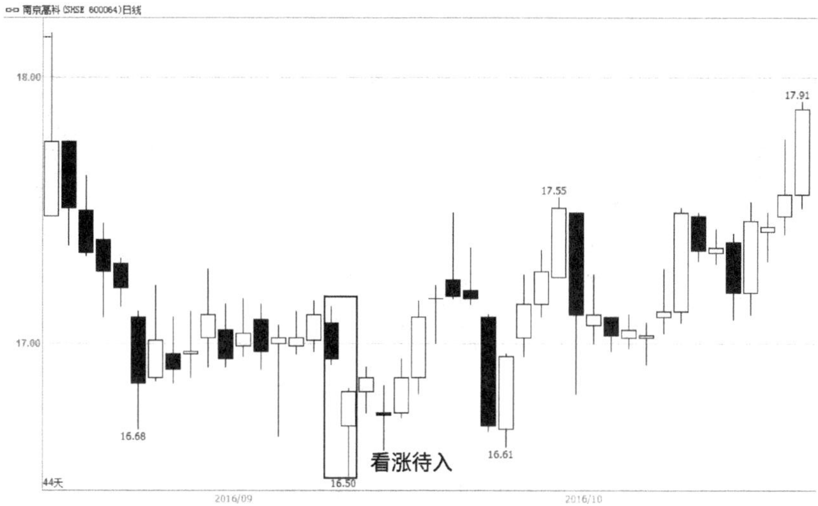


图 6.8 南京高科日 K 线图

**【结构分析】**

看涨待入形态的前一根阴线越短，后一根阳线越长，其反转实力越强。

看涨待入形态两 K 线之间的间距越大，其反转实力越强。

前期市场下行的时间越长，价格跌得越低，该形态反转实力越强。

看涨形态出现后，翌日 K 线的大小及形态对趋势的确认影响到看涨形态的反转实力。

### 6.1.5 看涨切入形态

**【形态概述】**

看涨切入形态是指前一根阴线的收盘价和后一根阳线的收盘价相等，两者收盘价齐平成切入状，该形态一般出现在下降趋势的底部时意义明显，意味着趋势即将反转。图 6.9 所示为看涨切入形态示意图。

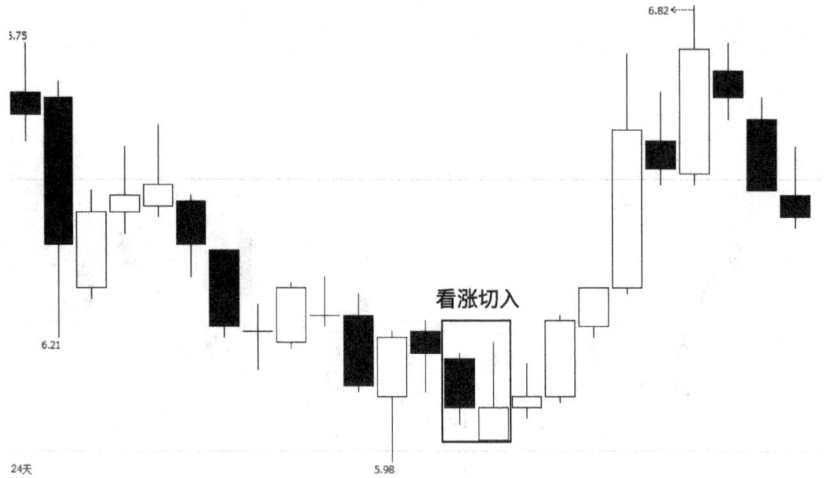


图 6.9 看涨切入形态示意图

【K 线实战】

图 6.10 所示为新疆天业（600075）2017 年 1 月 6 日至 2017 年 4 月 6 日走势图中的看涨切入形态，前期市场震荡下行，看涨切入形态的出现终结了下行行情，翌日出现了阴星 K 线，并未对看涨切入 K 线给出进一步的表态，直至第四日的中阳线，多头反击出现。将前期的看涨切入形态进行了最终确认，因而趋势反转成立，看涨切入形态也成功地发挥了其反转作用。

图 6.10 新疆天业日 K 线图

【结构分析】

前期下降趋势持续的时间越长，跌至的价格越低，看涨切入形态的反转实力越强。

看涨切入形态前一根阴 K 线的下影线越长，后一根阳 K 线的上影线越长，该形态的反转实力越强。

后期只要出现了对趋势进行确认的中阳 K 线形态，反转趋势即得到确认。

### 6.1.6 看涨插入形态

【形态概述】

看涨插入形态是指后日阳K线的实体和上影线插入前日阴K线的实体内部，但不超过前日阴 K 线实体的二分之一而形成的 K 线组合形态。该形态一般出现在下降趋势的底部时，具有反转意义，出现在其他位置时意义不大。图 6.11 所示为看涨插入形态示意图。

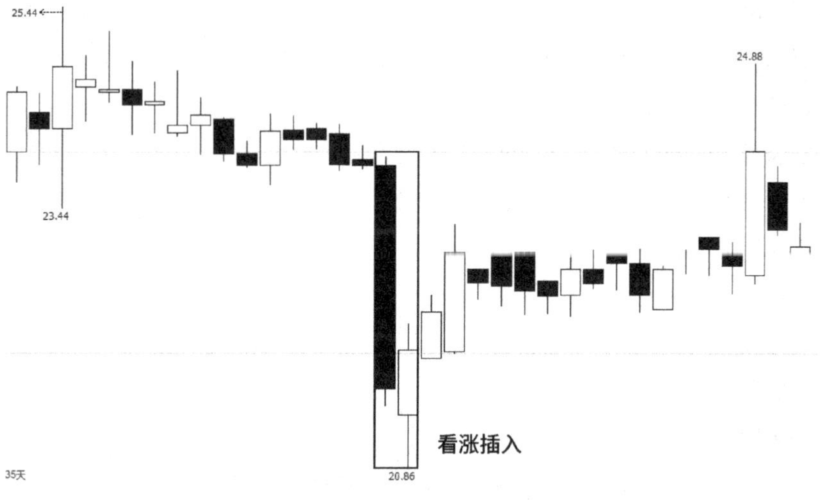


图 6.11 看涨插入形态示意图

【K 线实战】

图 6.12 所示为林海股份（600099）2016 年 12 月 26 日至 2017 年 2 月 13 日走势图中的看涨插入形态，前期市场趋势向下，一路震荡下跌，空头实力较强，看涨插入形态在长期下行后的底部形成，结束了之前的下降趋势，之后市场趋势开始逐渐转好，震荡中上行，因后期多出现小 K 线形态，对趋势的确认性不强，

因而反转实力稍显弱势。

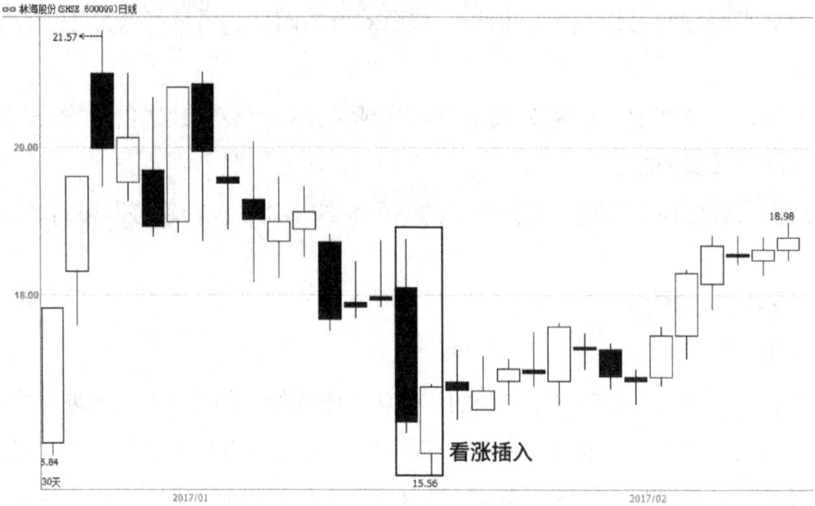


图 6.12 林海股份日 K 线图

【结构分析】

前期下降趋势所持续的时间越长，股价下行坡度越陡，跌至价格越低，看涨插入形态的反转实力越强。

看涨插入形态形成后，对趋势反转进行确认的阳 K 线越大，等待确认的时间越短，该形态的反转实力越强。

看涨插入形态的前一根阴 K 线越短，后一根阳 K 线越长，该形态的反转实力越强。

### 6.1.7 看涨刺透形态

【形态概述】

看涨刺透形态是指后日是一根阳 K 线，并且插入前日的阴 K 线实体内，且后日阳 K 线的收盘价高于前日阴 K 线实体二分之一处的价位，同时后日阳 K 线的开盘价低于前日阴 K 线的收盘价，这样的 K 线组合形态就是看涨刺透形态。看涨刺透形态一般出现在下降趋势的底部，意味着趋势即将反转。图 6.13 所示为看涨刺透形态示意图。

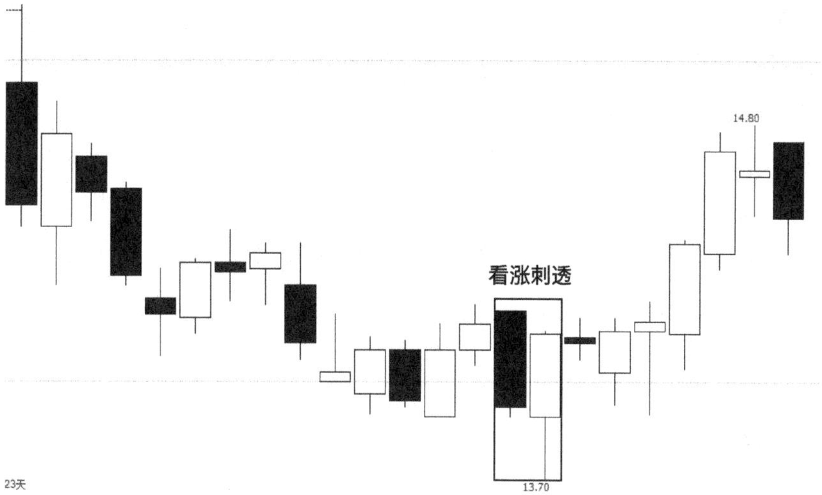


图 6.13 看涨刺透形态示意图

**【K 线实战】**

图 6.14 所示为星宇股份（601799）2016 年 11 月 21 日至 2017 年 1 月 9 日走势图中的看涨刺透形态，此前市场趋势长时间下行，股价进入低价区间，看涨刺透形态的出现结束了前期市场的下行趋势，翌日出现的中心上移小 K 线很快对反转趋势进行了确认，加快了趋势反转的强度，后期市场不断上行，看涨刺透形态成功实现反转。

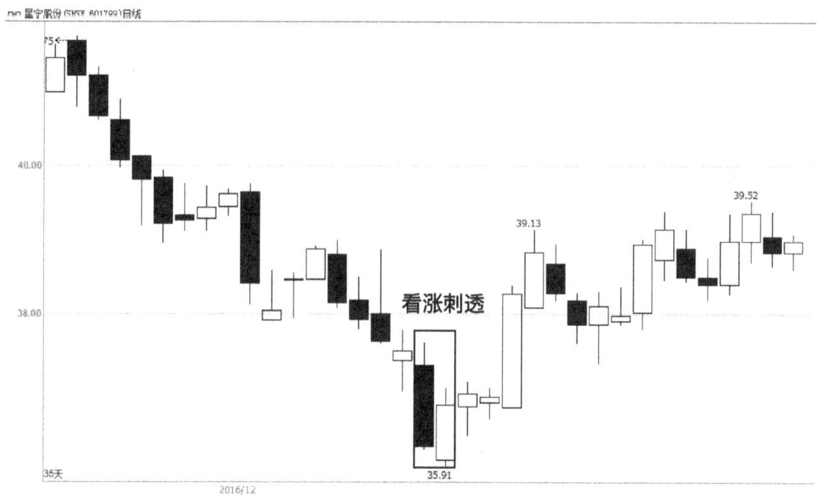


图 6.14 星宇股份日 K 线图

【结构分析】

前期趋势所持续的时间越长，股价下行坡度越陡，跌至价格越低，看涨刺透形态的反转实力越强。

看涨刺透形态形成后，对趋势反转进行确认的阳 K 线越大，等待确认的时间越短，该形态的反转实力越强。

看涨刺透形态的前一根阴 K 线越短，后一根阳 K 线越长，插入前一根阴 K 线实体的内部越深，该形态的反转实力越强。

### 6.1.8 看涨反扑形态

【形态概述】

看涨反扑形态是指后日阳 K 线的开盘价高于前日阴 K 线的开盘价，两者间形成价格间距，这种 K 线形态组合就是看涨反扑形态，一般出现在下行趋势的末端，意味着趋势的反转。图 6.15 所示为看涨反扑形态示意图。

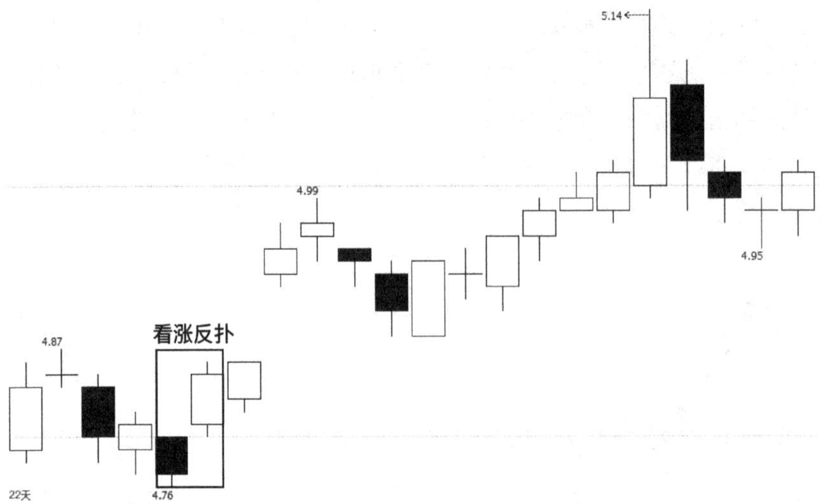


图 6.15 看涨反扑形态示意图

【K 线实战】

图 6.16 所示为南方航空（600029）2016 年 11 月 23 日至 2017 年 1 月 11 日走势图中的看涨反扑形态，前期市场不断下行，而且一度显现疲态，在近期六连阴的下行释放空头力量后，看涨反扑形态在随后几个交易日形成，因为底部小 K 线数量的增加，该形态可看为看涨反扑形态的变体，因近日多个小 K 线的

底部叠加，市场等待信号被加强，该看涨反扑以调控的中阳线结合小阴 K 线，属于强势的看涨反扑形态，翌日出现的长阳 K 线对趋势进行了确认，趋势反转信号被急剧放大，后期该股市场趋势必将节节攀升，在高度和涨速上都有抢眼表现。

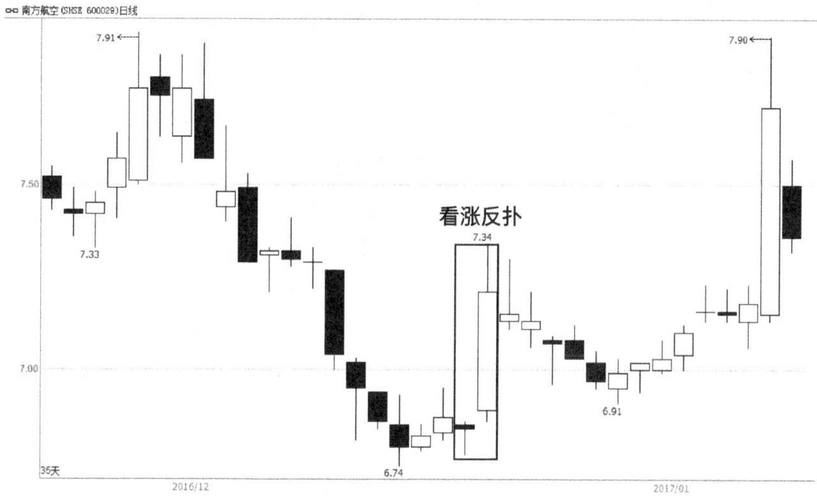


图 6.16 南方航空日 K 线图

**【结构分析】**

看涨反扑形态前一根阴 K 线越小，后一根阳 K 线越大，该形态对趋势的反转实力越强。

看涨反扑形态中，前后两根 K 线之间的价格间距越大，该形态对趋势反转的实力越强。

看涨反扑形态出现后，后期出现的 K 线对反转趋势的确认越快，该形态对趋势反转的实力越强。

市场前期下跌持续的时间越长，股价下行坡度越陡，股价跌至越低，看涨反扑形态对趋势反转的实力越强，之后的市场趋势上行将越急促，股价将升至越高。

**【小节分析】**

K 线实体的不断缩小，意味着趋势的转弱，在下降行情的终端，阴 K 线实体不断减小，意味着下降趋势的不断弱化，阴 K 线实体转为阳 K 线实体，也意味着下降趋势的弱化。

K 线实体的不断放大，意味着趋势的转强，在上涨行情的始端，阳 K 线实体的不断放大，意味着上涨趋势的不断强化，阴 K 线实体转为阳 K 线实体，意味着趋势的不断强化。

K 线重心下移的速度减缓，意味着下降趋势的减缓。K 线重心上移的速度加快，意味着上升趋势的加速。

趋势倾斜的角度越陡，该趋势攻击的力度越大，主力实力越雄厚。

小实体 K 线聚集的时间越长，后期趋势的加速度越大。

K 线分析围绕 K 线的阴阳、K 线实体的大小、趋势倾斜的角度及等重心 K 线的数量来研究 K 线在趋势当中的意义，值得认真思考。

## 6.2 上升中途的 K 线组合

在趋势的上升中途，会出现多个 K 线或许多 K 线在一段时期内经过反复凝结而形成的组合形态。比较典型的 K 线组合有三个白兵，它是主力在多方进攻的中途高举进攻大旗的实力展示；更多常见的 K 线形态有上升三角形、对称三角形、矩形整理形态、下倾楔形和上升旗形这 5 种形态，它们在股市当中都是被众人追捧并且可信度很高的股市法则，各自在趋势当中有着相似却独到的意义。本节将对这些常见的组合形态进行简明且深刻的分析讲解，帮助投资者在充分掌握基础技术的同时了解股市的通用法则。

### 6.2.1 三个白兵形态

**【形态概述】**

三个白兵形态是指三根连续出现的中阳 K 线组合形态，它们的重心节节攀升，严格意义上的三个白兵形态要求后两根阳 K 线的开盘价位于第一根阳 K 线实体内部，但实际差别不大。该形态是多头在趋势转强或强盛之时的实力展示，意在吸引买盘壮大力量。图 6.17 所示为三个白兵形态示意图。

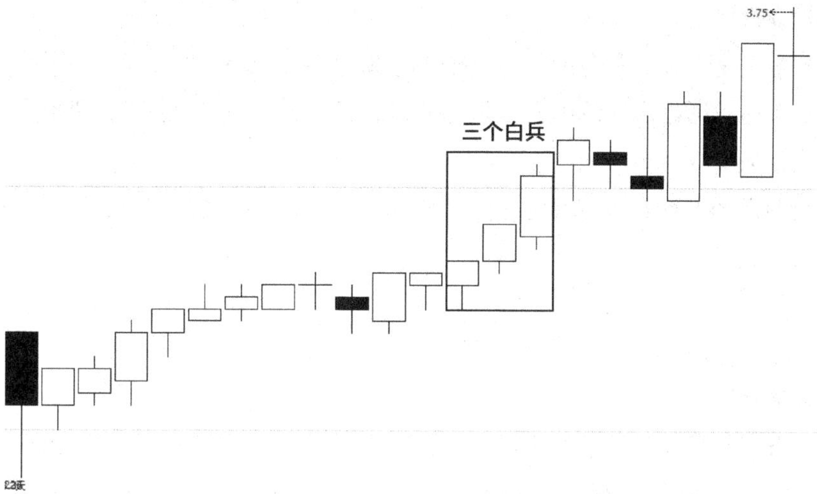


图 6.17 三个白兵形态示意图

【K 线实战】

图 6.18 所示为民生银行（600016）2016 年 10 月 19 日至 2016 年 12 月 24 日走势图中的三个白兵形态，前期趋势长期下行，价格跌至低价位，在前日小 K 线出现空方力量弱化后，三个白兵形态闪亮登场，各方买盘抄底盘涌入，推动着价格回升，三个白兵形态对上涨趋势的认可尤为突出，投资者若见此情形，应积极买进。

图 6.18 民生银行日 K 线图

【结构分析】

三个白兵形态表现了多头上攻的强烈欲望，是多头展示实力吸引买盘的表现。

三个白兵形态内部的阳 K 线形态实体越长，上攻的实力越强，股价上行速度和上行高度越可观。

前期市场下行趋势持续的时间越长，下行的坡度越陡，三个白兵形态的反攻意义越突出。

### 6.2.2 上升三角形

【形态概述】

上升三角形是指股价在上涨途中，多次触碰到某个价位后，都会出现一定的回落，而且股价回落的幅度逐渐缩小，因而上方价格阻力形成一条水平的压力线，同下方回落的低点连成的支撑线共同形成一个三角形状的形态图。上升三角形显示了多空双方在实力较量中，多方已逐渐占据优势，空方每次在同一价位出货，却不急于一时，说明了空方力量的完结，但多方每次在价位短暂回落后就抢先反攻，来不及等待价位回落到前期低点，显示了多方力量的雄厚。图 6.19 所示为上升三角形示意图。

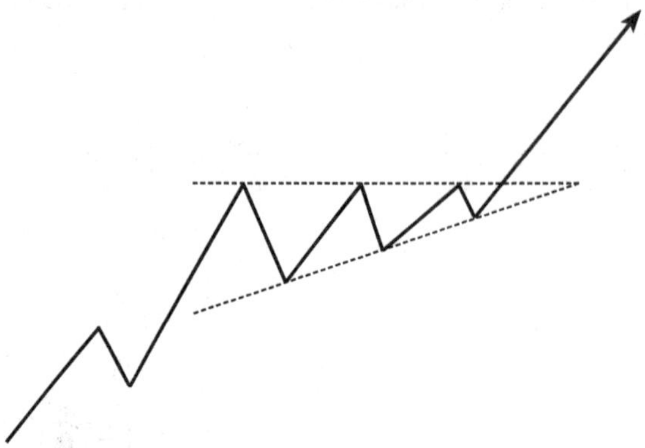

图 6.19 上升三角形示意图

【K 线实战】

图 6.20 所示为康欣新材（600076）2016 年 2 月 24 日至 2016 年 7 月 29 日走势图中的上升三角形，前期趋势在结束下行成功反转后，上升趋势逐渐明朗，但股价在遭遇前期资金密集的 13 元左右处，多次上攻遭阻，第一次触及该股价

13.37 元压力位，随后股价回落，触及 12 元左右的相对低位，之后继续展开上攻行情，主力再次触及 13.37 元左右的阻力价位，并在这一价位附近盘旋数日，随后跌至 12.16 元，成交量极度萎缩，但上升三角形的构建已经接近尾声，趋势在之后的一个月左右窄幅震荡，配合成交量放大，上升三角形得到成功突破，上升趋势大旗节节向上，上升三角形的意义得到验证。

图 6.20 康欣新材日 K 线图

【结构分析】

上升三角形构建的后期，配合成交量的逐渐放大，是趋势即将突破向上的信号。

上升三角形多出现在多头行情的整理阶段，是主力进行调仓整理的阶段，后期趋势不会改变。

股价未来上涨的最小幅度等于上升三角形构建初期形成的第一个低点与上升三角形上沿的垂直距离。

上升三角形在突破后的有效回踩，对上升趋势是有效的确认。

### 6.2.3 对称三角形的突破买点

【形态概述】

对称三角形是指一段时间内，股价因多空主力实力相当，而在某个价位附近进行上下的涨跌震荡，表现的形态是震荡区上方高点价位的连线是一条向下倾斜的斜线，而震荡区下方低点价位的连线是一条向上倾斜的斜线。对称三角形显示了多空主力在各自阵营的一个战略争夺，短暂的分歧结束后，趋势将对前期趋势予以延续。图 6.21 所示为对称三角形示意图。

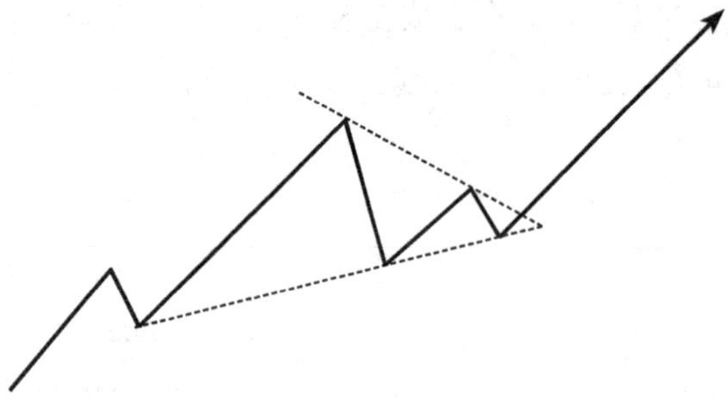

图 6.21 对称三角形示意图

【K 线实战】

图 6.22 所示为特变电工（600089）2016 年 12 月 27 日至 2017 年 4 月 20 日走势图中的对称三角形，前期该股在长期的低价运行后开始了一个反转行情，趋势逐渐趋上，短期上涨后出现的对称三角形经过近两个月的有力争夺，形态构建结束，期间主力通过震荡手段，价位震荡区间不断缩小，获利盘逐渐涌出，主力重新构建了坚实的上攻班底，为后期近 1 个月的上涨行情奠定了良好的基础，在对称三角形构建的尾期，对三角形上沿压力线的突破位是一个好的买点，投资者在观察等待中可积极买进。

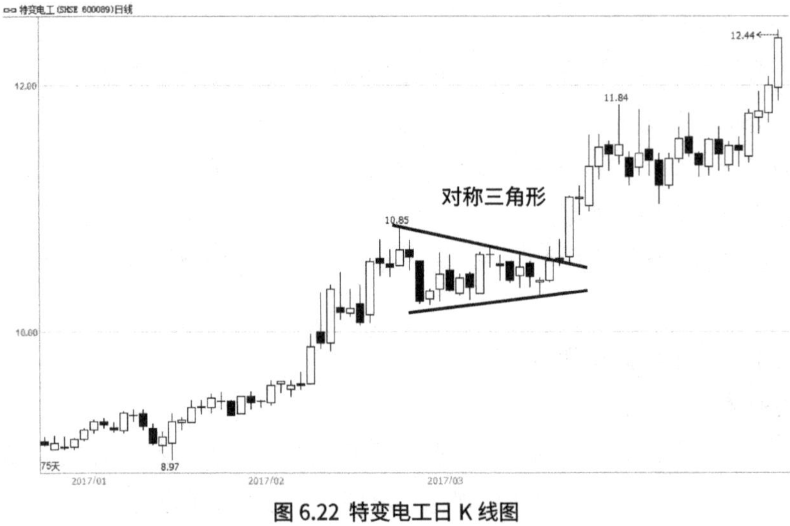


图 6.22 特变电工日 K 线图

【结构分析】

对称三角形构建的尾期，需要足够的成交量对上行的突破进行有效配合。

对称三角形构建前期出现的第一个高点，与三角形低点连线的平行线，将是股价在未来可能遭遇的压力线，在此之前，不会有明显压力位。

对称三角形构建过程中，上升的斜率与未来趋势上涨的斜率将保持一致。

对称三角形构建过程中，成交量会不断萎缩。

### 6.2.4 矩形整理形态的突破买点

【形态概述】

矩形整理形态是指股价在一段区间进行上下的反复震荡，震荡区域股价的高点连线和低点连线都是水平的直线，形似矩形，因而得此名。矩形整理是常见的趋势整理形态，因为多空主力在实力上相当，因而在区域争夺上不相上下，矩形整理后期的突破决定着未来趋势的走向，向上突破有效后，后期趋势将上行。图 6.23 所示为矩形整理形态示意图。

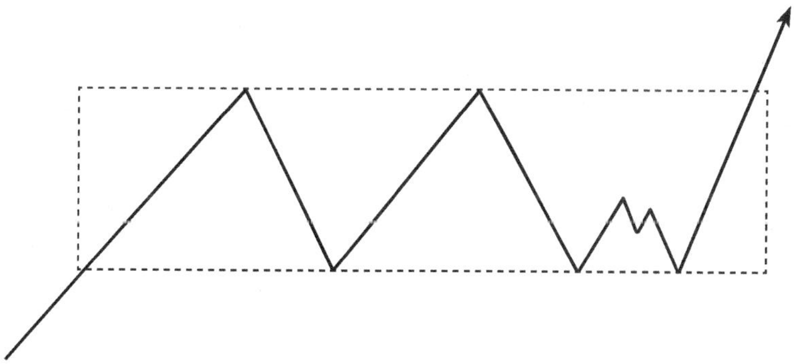

图 6.23 矩形整理形态示意图

【K 线实战】

图 6.24 所示为三峡水利（600116）2016 年 8 月 17 日至 2017 年 4 月 24 日走势图中的矩形整理形态，该形态出现之前，该股价格呈现一鼓作气的上升趋势，之后长达近半年的矩形整理，股价在 8.8 元和 10.57 元之间反复震荡，前期两次意图上行突破压力线，均以失败告终，于是继续窄幅震荡近 5 个月后，股价在多方主力作用下上行突破了矩形的上沿线，取得了多空持久战的胜利，多方对矩形整体形态上沿的有效突破位为有效的买点。

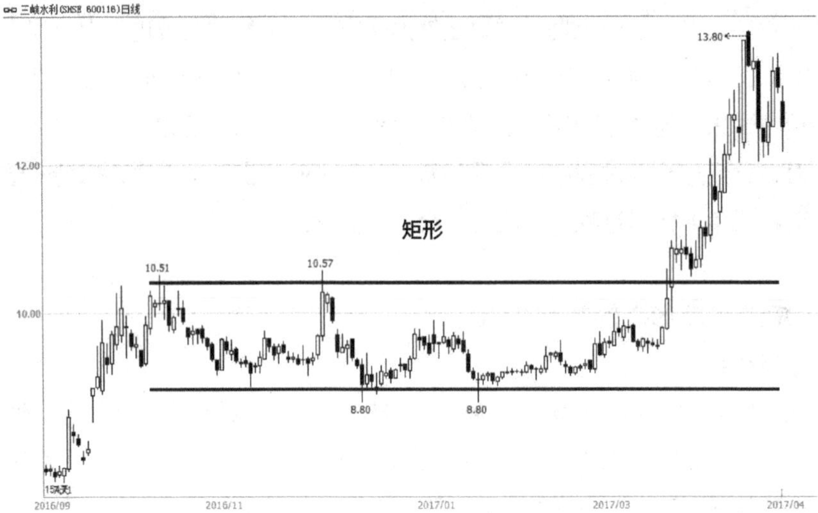


图 6.24 三峡水利日 K 线图

**【结构分析】**

矩形整理形态所耗费的时间越长，对多空双方的力量损耗越大，后期趋势上涨的高度有限。

矩形整理形态上沿得到有效突破后，成交量也得到了完美配合，是良好的买点。

矩形整理形态出现前的股价涨幅等于矩形整理形态被突破后的股价涨幅。

### 6.2.5 下倾楔形

**【形态概述】**

下倾楔形是指股价在一段时间内窄幅震荡，同时震荡区域的高点连线是向下倾斜的，低点连线没有具体的要求。下倾楔形出现在上涨趋势中时，意味着股价短暂的回落，后期股价将继续保持上升态势；下倾楔形出现在下跌趋势中时，意味着股价跌势接近尾声，后期趋势反转的可能性很大。图 6.25 所示为下倾楔形示意图。

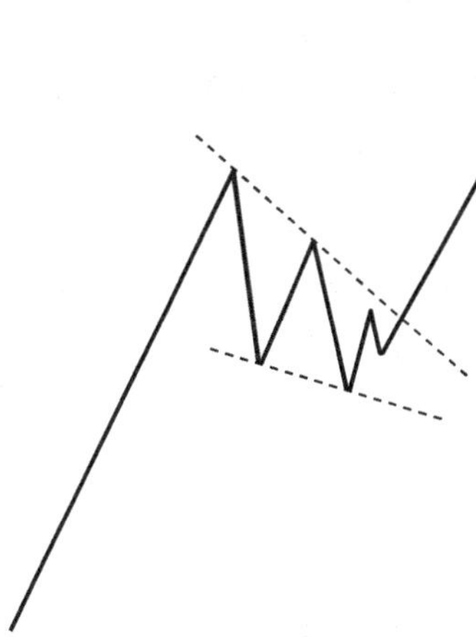

图 6.25 下倾楔形示意图

【K 线实战】

图 6.26 所示为岷江水电 (600131 ) 2016 年 1 月 25 日至 2016 年 8 月 28 日走势图中的下倾楔形，前期趋势节节向上，股价走得意气风发，下倾楔形的出现在趋势的中途扮演着中继向上的角色，股价在之后的行情中一如前期，大势迈步。下倾楔形的形成过程中，股价反复震荡，曾两次上攻楔形上沿，窄幅震荡中成交量逐渐萎缩，下倾楔形构建的尾期，成交量极度萎缩，之后的行情一发不可收拾，股价以七连阳的魄力冲破楔形束缚，高举上攻大旗。

图 6.26 岷江水电日 K 线图

【结构分析】

下倾楔形和对称三角形的不同之处在于对下沿线的定义，两者形似，但意义有所差别。

下倾楔形构建之前的涨幅等于下倾楔形构建结束后的未来涨幅。

下倾楔形构建过程中，成交量不断萎缩，楔形突破后将有巨量伴随。

下倾楔形构建前的涨势斜率等于下倾楔形构建结束后的未来涨势斜率。

### 6.2.6 上升旗形

【形态概述】

上升旗形是指股价在上涨趋势的途中，进行了一段时间的震荡整理，使得震荡区域高价位的连线和低价位的连线相平行，且两条直线向下倾斜，因其形似一面冉冉升起的旗，被命名为上升旗形。该形态的出现，意味着后期趋势将不改前期上涨趋势的生气蓬勃，后期上涨趋势将得以延续。图 6.27 所示为上升旗形示意图。

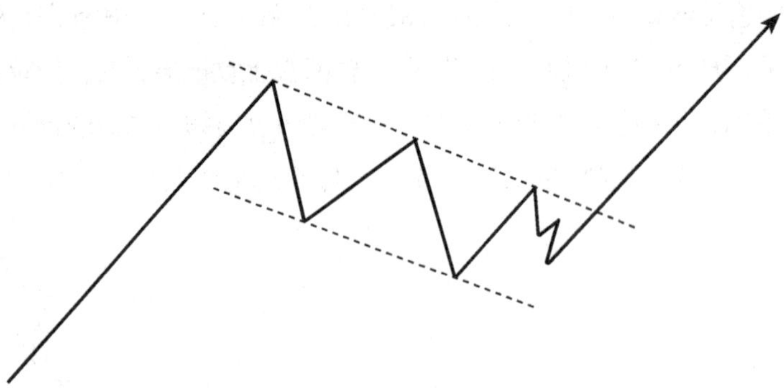

图 6.27 上升旗形示意图

【K 线实战】

图 6.28 所示为卧龙地产（600173)2016 年 2 月 25 日至 2016 年 2 月 21 日走势图中的上升旗形，该股在前期走势中趾高气扬，一路顺风顺水，走上了高价位 9.82 元左右，并形成了在调整趋势中常见的上升旗形，维持了长达一个半月的时间。上升旗形构建后，股价震荡幅度保持了一定的平衡，但震荡重心在不断下移，期间成交量也有一个不断萎缩的形态，后期趋势在旗形整理形态得到有效突破后，继续保持着高调的上升态势。

图 6.28 卧龙地产日 K 线图

【结构分析】

上升旗形出现在上涨趋势的中途，是对涨势的短暂调整，后期将延续涨势。

上升旗形构建过程中，成交量会保持不断萎缩的状态。

上升旗形出现前的股价涨幅会等于上升旗形被突破后的股价升幅。

【小节分析】

上升趋势在进行到 50% 的涨势后，会或大或小地进行一次资金整顿，在 K 线形态中表现为整理。

整理过程的特点是成交量的不断萎缩，萎缩的速度越快，越表明整理行情已趋近尾声。

整理形态的突破有一个共同特征，就是前期缩量后，在突破的一刻却急剧放量。

整理形态出现前，上涨趋势保持的倾斜度，将同整理形态结束和上涨趋势将要维持的倾斜度保持一致。

第 7 章

# 多根 K 线的 16 个卖出点

第 6 章中，我们分析了多根 K 线的买点，本章我们将针对上一章做出重要的补充。在股市当中，很多投资者往往因为对卖出点的时间选择不当，使得曾经获得的收益付诸东流。细读本章，深刻了解 K 线关键位的卖点作用，才能在股市之中立于不败之地。

## 7.1 顶部反转的 K 线组合

该节围绕趋势顶部的多 K 线所构建的形态组合，分析市场行情中具备可信度的反转信息。黄昏之星、看跌吞没形态、看跌孕线、看跌待入形态、看跌切入形态、看跌插入形态、看跌刺透形态和看跌反扑形态这 8 种 K 线组合形态，其共同的特点是以 K 线实体的大小和阴阳来看待趋势弱强的转换。在接下来的各小节中，将会有更为细致的分析，帮助投资者更好地学习。

### 7.1.1 黄昏之星

**【形态概述】**

黄昏之星恰好与早晨之星相反，其同样是由 3 个交易日的 K 线组成：第一天，股价上升途中，出现一根实体较长的阳线；翌日，出现一根开盘价上移的星线；第三天，是一根重心下移的阴线，并且阴线实体较长，下跌时深入第一根阳线实体的价格区间内。这 3 根 K 线形态构成了典型的黄昏之星 K 线组合。黄昏之星一般出现在上升趋势的终端，象征着多头实力的衰竭，趋势将发生反转。同早晨之星一样，图 7.1 所示也是黄昏之星的理想形态，在现实股市中，更多的是相似的变体，其会根据阴阳线的大小、星线的高低和 K 线组合的数量做出微小调整，但其形态的意义与黄昏之星相同。

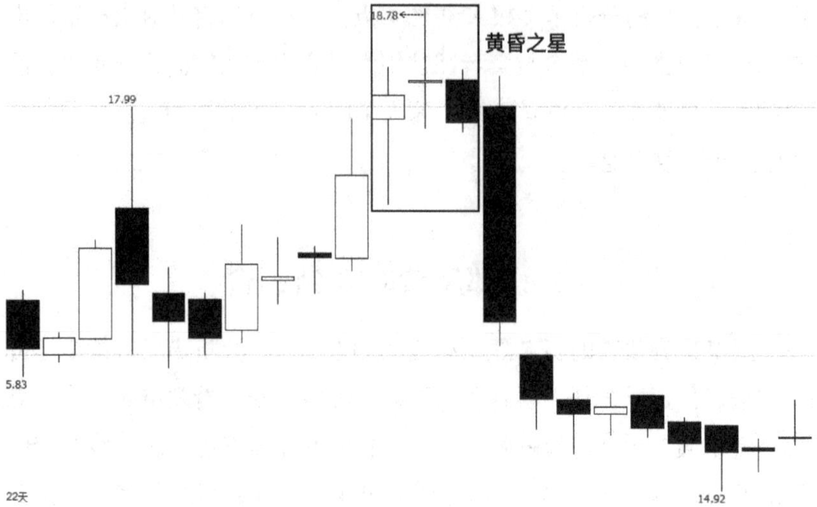


图 7.1 黄昏之星示意图

【K 线实战】

图 7.2 所示为民丰特纸（600235）2016 年 10 月 31 日至 2017 年 4 月 24 日走势图中一个顶部反转的黄昏之星，前期在震荡上行的过程中股价被推至高点，一根实体较长的中阳线创出价格新高，翌日出现的小星线成为趋势的转折点，黄昏之星构建完成后，涨势终止，震荡行情维持了一段时间之后，股价最终选择了下行，上升趋势因而被彻底终结。

图 7.2 民丰特纸日 K 线图

【结构分析】

黄昏十字星第一天的阳线意味着上升动力的部分释放；翌日的十字星意味着股价在继续上探高点后多方实力衰竭，获利盘逐渐涌出，空头实力初步显现；第三天重心下移的阴线为上攻的趋势画上句号，空头力量在数日凝结后选择了下行突破，趋势得到成功反转。

黄昏十字星出现的前期，多根阳线掺杂阴线震荡上行，说明了多头主力拉高出货的行为，黄昏十字星之后出现的震荡行情，为主力高位出货提供了足够的时间(一般是主力还有大量货未出尽,才会选择用时间交换成交量),待空方逐渐强大，主力货出殆尽的时候，便会不加成本地抛售，因而趋势得到最终反转。

### 7.1.2 看跌吞没形态

【形态概述】

看跌吞没形态是指在市场处于上升趋势并接近高价终端的时候，上行动力减弱的阳 K 线被翌日出现的阴 K 线包住，即前者的 K 线实体完全在后者的 K 线实体之内，这样形成的 K 线组合即为看跌吞没形态，它的出现即意味着上涨行情的结束，具有典型的反转作用。图 7.3 所示为看跌吞没形态示意图。

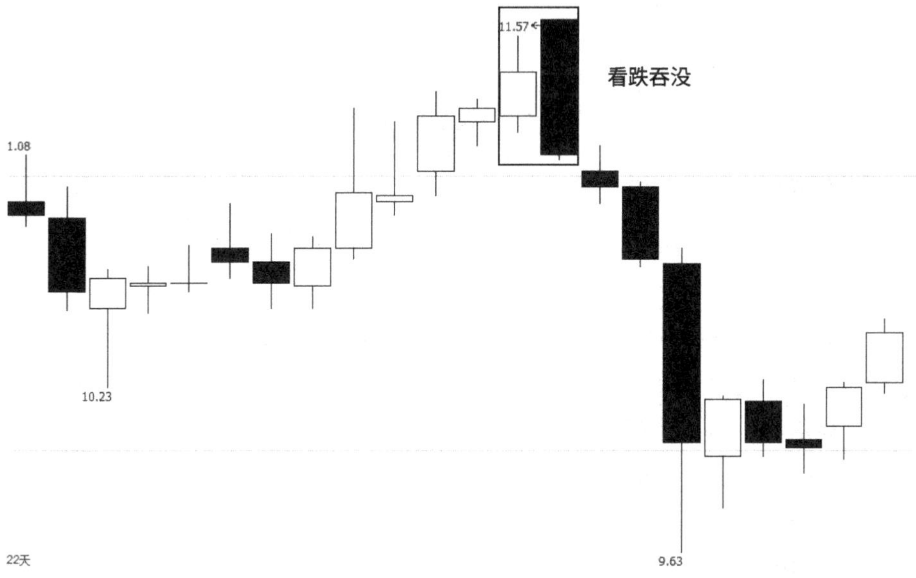


图 7.3 看跌吞没形态示意图

【K 线实战】

图 7.4 所示为天方药业（600253）2016 年 12 月 19 日至 2017 年 4 月 23 日走势图中的看跌吞没形态，在前期市场处于上升趋势的股价不断攀升的同时，获利盘不断累积，在看跌吞没形态形成的时刻疯狂涌出，扮演了强大的空头主力，该阴线向前吞没了两根 K 线的实体，因而下跌动力十足，后期该股股价不断下行，趋势得到成功反转。

图 7.4 天方药业日 K 线图

【结构分析】

在看跌吞没形态中，前者 K 线实体越小，后者 K 线实体越大，该形态的反转实力越强。

在看跌吞没形态出现前，单边上涨的行情所花的时间越长，升至的价格越高，该形态的反转实力越强。

在看涨吞没形态的第二根阴线形成时，成交量急剧放大，说明空头的实力越强，该形态反转实力越强。

在看跌吞没形态的变体中，后者的阴线实体向前吞没的短小 K 线实体越多，该形态的反转实力越强。

### 7.1.3 看跌孕线

【形态概述】

孕线的 K 线组合形态与吞没形态相反，即后者的 K 线实体被完全包在前者的 K 线实体内部，因其形似孕妇，因而被称为孕线。前者为阳 K 线、后者为阴 K 线组合的孕线称为阴孕线，一般常出现在上涨行情的高价区。前者为阴 K 线、后者为阳 K 线组合的孕线称为阳孕线，一般出现在下跌行情的低价区。前者为阳 K 线或阴 K 线、后者为十字星组合的孕线称为十字星孕线，意义与前面二者相同。孕线和吞没形态在作用上相近，都对单边趋势有反转力。孕线的两根 K 线可以同为阳线或阴线，图 7.5 所示为看跌孕线示意图。

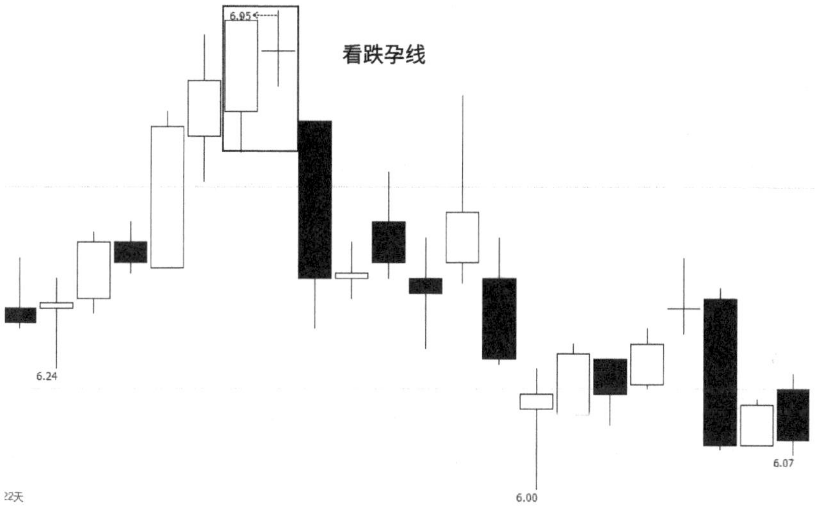


图 7.5 看跌孕线示意图

【K 线实战】

图 7.6 所示为广晟有色（600259）2016 年 9 月 27 日至 2017 年 1 月 26 日走势图中的看跌孕线，前期市场以充足的动力开展着单边的上涨行情，但孕线形成之后，显示了主力做多动力的疲态，单边行情结束，后期在高价区的震荡便于主力出货，之后下行趋势得以显现，看跌孕线成功对单边的上涨行情实现趋势反转。

图 7.6 广晟有色日 K 线图

【结构分析】

看跌孕线两根 K 线的影线越短，它的反转信号越可靠。

第二根 K 线是阴线的看跌孕线比第二根 K 线是阳线的看跌孕线的反转信号更强。

### 7.1.4 看跌待入形态

【形态概述】

看跌待入形态是指第一根阳线的收盘价低于第二根阴线的收盘价，两者的收盘价（实体）之间有一个间距。看跌待入形态一般出现在上涨趋势的顶部时意义明显，主要是对趋势有一个反转作用。图 7.7 所示为看跌待入形态示意图。

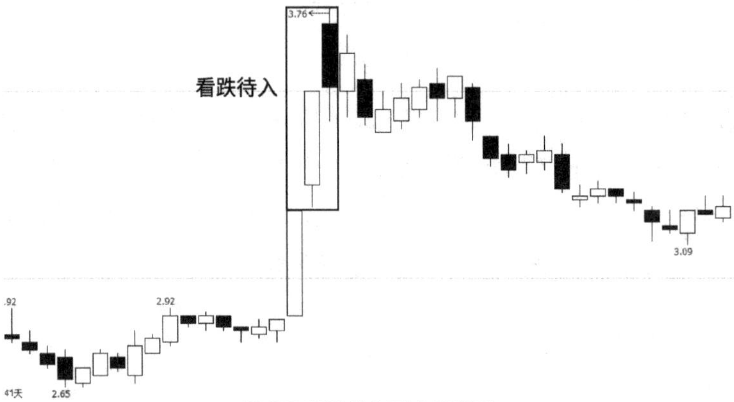


图 7.7 看跌待入形态示意图

【K 线实战】

图 7.8 所示为平高电气（600312）2016 年 5 月 25 日至 2016 年 12 月 29 日走势图中的看跌待入形态，之前市场趋势在成交量逐渐放大的配合下节节攀升，并且看跌待入形态形成时只是触及了近期最高价 18.69 元，之后即出现一个向下跳空的 K 线对趋势予以了确认，并加强了该形态的反转实力，市场趋势后期不断下行，该形态实现成功反转。

图 7.8 平高电气日 K 线图

【结构分析】

看跌待入形态的前一根阳线越短，后一根阴线越长，其反转实力越强。

看跌待入形态两根 K 线之间的间距越大，其反转实力越强。

前期市场上行的时间越长，价格升至越高，该形态反转实力越强。

看跌形态出现后，翌日 K 线的大小及形态对趋势的确认影响到看跌形态的反转实力。

### 7.1.5 看跌切入形态

【形态概述】

看跌切入形态是指前一根阳线的收盘价和后一根阴线的收盘价相等，两者收盘价齐平成切入状，该形态一般出现在上涨趋势的顶部时意义明显，意味着趋势即将反转。图 7.9 所示为看跌切入形态示意图。

图 7.9 看跌切入形态示意图

【K 线实战】

图 7.10 所示为中天科技（600522）2016 年 11 月 23 日至 2017 年 1 月 3 日走势图中的看跌切入形态，在前期市场价格涨而不止的行情中，看跌切入形态的出现为该上涨趋势画上了句号。翌日出现的下行中阴线，成功地对趋势反转予以了确认，后期市场一路下行，看跌切入形态成功实现趋势反转。

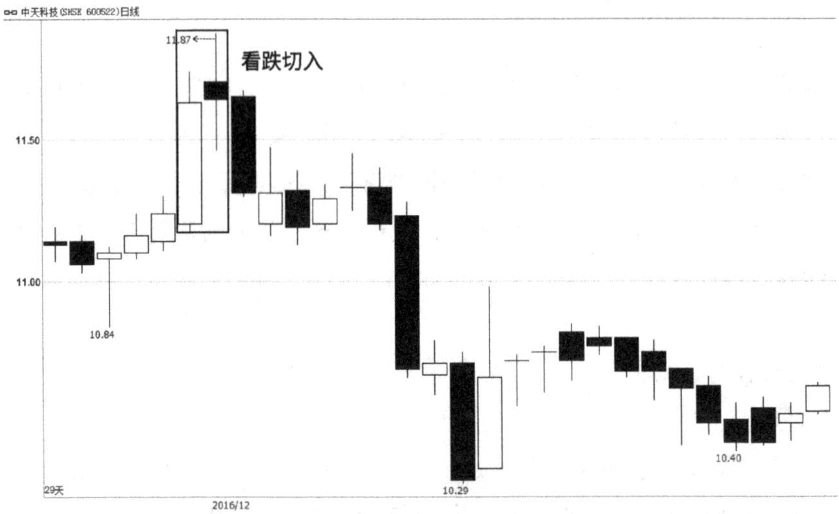


图 7.10 中天科技日 K 线图

**【结构分析】**

前期上升趋势持续的时间越长，升至的价格越高，看跌切入形态的反转实力越强。

看跌切入形态前一根阳 K 线的上影线越长，后一根阴 K 线的下影线越长，该形态的反转实力越强。

后期只要出现了对趋势进行确认的中阴 K 线形态，反转趋势即得到确认。

### 7.1.6 看跌插入形态

**【形态概述】**

看跌插入形态是指后日阴K线的实体和上影线插入前日阳K线的实体内部，但不超过前日阳 K 线实体的二分之一而形成的 K 线组合形态。该形态一般出现在上升趋势的顶部时，具有反转意义，出现在其他位置时意义不大。图 7.11 所示为看跌插入形态示意图。

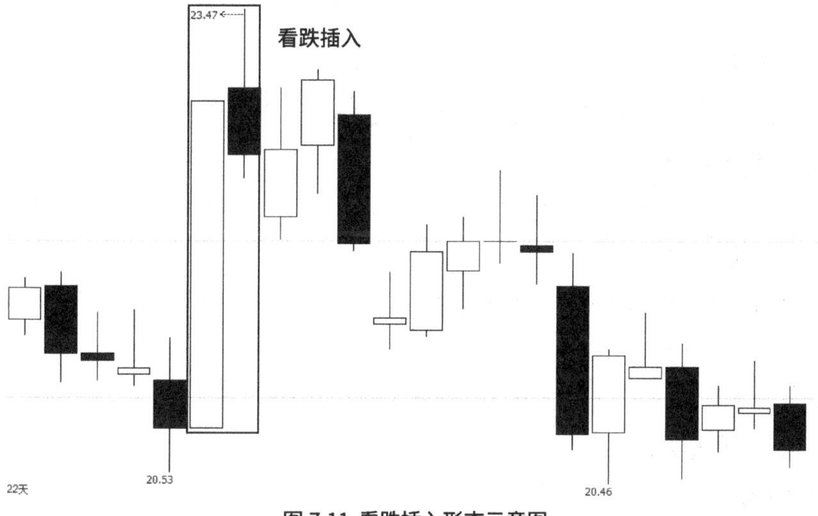


**图 7.11 看跌插入形态示意图**

**【K 线实战】**

图 7.12 所示为皖通高速（600012）2017 年 1 月 11 日至 2017 年 4 月 20 日走势图中的看跌插入形态，前期趋势在短暂的上行后，看跌插入形态的出现结束了之前的上升趋势，两个交易日后的短阴 K 线很快对趋势进行了确认。

图 7.12 皖通高速日 K 线图

【结构分析】

前期趋势所持续的时间越长，股价上行坡度越陡，升至价格越高，看跌插入形态的反转实力越强。

看跌插入形态形成后，对趋势反转进行确认的阴 K 线越大，等待确认的时间越短，该形态的反转实力越强。

看跌插入形态的前一根阳 K 线越短，后一根阴 K 线越长，该形态的反转实力越强。

### 7.1.7 看跌刺透形态

【形态概述】

看跌刺透形态是指后日是一根阴 K 线，并且插入前日的阳 K 线实体内，且后日阴 K 线的收盘价低于前日阳 K 线实体二分之一处的价位，同时后日阴 K 线的开盘价高于前日阳 K 线的收盘价，这样的 K 线组合形态就是看跌刺透形态。看跌刺透形态一般出现在上升趋势的顶部，意味着趋势即将反转。图 7.13 所示为看跌刺透形态示意图。

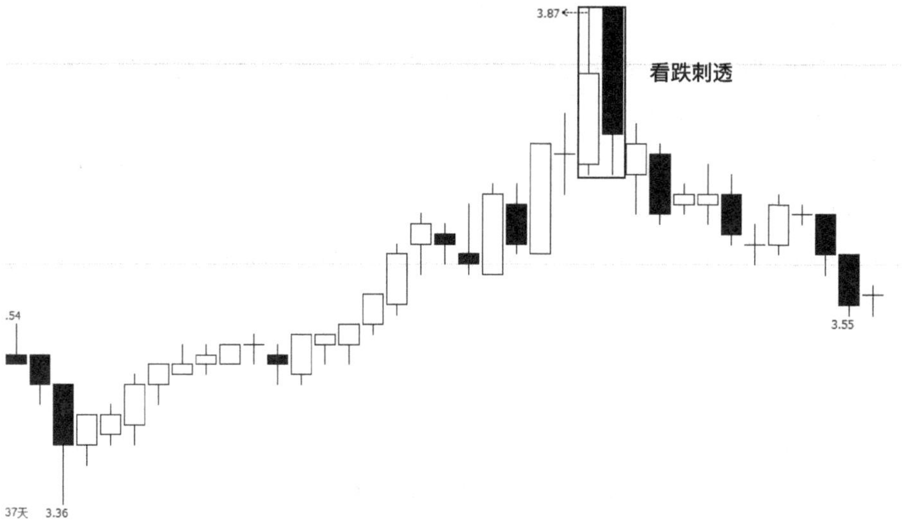


图 7.13 看跌刺透形态示意图

【K 线实战】

图 7.14 所示为楚天高速（600035）2017 年 1 月 19 日至 2017 年 3 月 28 日走势图中的看跌刺透形态，在前期市场迅速拉起，股价挺拔上行的末端，该看跌刺透形态的出现催促了上行趋势的反转，翌日对近日低价的下探，并在后几个交易日趋势得以确认后，市场不断下行，涨势不再。

图 7.14 楚天高速日 K 线图

【结构分析】

前期趋势所持续的时间越长，股价上行坡度越陡，升至价格越高，看跌刺透形态的反转实力越强。

看跌刺透形态形成后，对趋势反转进行确认的阴 K 线越大，等待确认的时间越短，该形态的反转实力越强。

看跌刺透形态的前一根阳 K 线越短，后一根阴 K 线越长，插入前一根阳 K 线实体的内部越深，该形态的反转实力越强。

### 7.1.8 看跌反扑形态

【形态概述】

看跌反扑形态是指后日阴 K 线的开盘价低于前日阴 K 线的开盘价，两者间形成价格间距，这种 K 线形态组合就是看跌反扑形态，一般出现在上升趋势的末端，意味着趋势的反转。图 7.15 所示为看跌反扑形态示意图。

图 7.15 看跌反扑形态示意图

【K 线实战】

图 7.16 所示为凤凰光学（600734）2016 年 5 月 16 日至 2017 年 4 月 24 日走势图中的看跌反扑形态，前期市场在短期的快速上行后，在高价区略显疲态，看跌反扑形态的出现对上行趋势进行了终结，翌日出现的长阴 K 线对趋势进行了确认，之后的股价也快速下跌，看跌反扑形态成功实现反转。

图 7.16 凤凰光学日 K 线图

**【结构分析】**

看跌反扑形态前一根阳 K 线越小，后一根阴 K 线越大，该形态对趋势的反转实力越强。

看跌反扑形态中，前后两根 K 线之间的价格间距越大，该形态对趋势反转的实力越强。

看跌反扑形态出现后，后期出现的 K 线对反转趋势的确认越快，该形态对趋势反转的实力越强。

市场前期上涨持续的时间越长，股价上行坡度越陡，股价升至越高，看跌反扑形态对趋势反转的实力越强，之后的市场趋势下行将越急促，股价将跌至越低。

**【小节分析】**

K 线实体的不断缩小，意味着趋势的转弱，在下降行情的终端，阴 K 线实体不断减小，意味着下降趋势的不断弱化，阴 K 线实体转为阳 K 线实体，也意味着下降趋势的弱化。

K 线实体的不断放大，意味着趋势的转强，在上涨行情的始端，阳 K 线实体的不断放大，意味着上涨趋势的不断强化，阴 K 线实体转为阳 K 线实体，意味着趋势的不断强化。

K 线重心下移的速度减缓，意味着下降趋势的减缓。K 线重心上移的速度加快，意味着上升趋势的加速。

趋势倾斜的角度越陡，该趋势攻击的力度越大，主力实力越雄厚。

小实体 K 线聚集的时间越长，后期趋势的加速度越大。

K 线分析围绕 K 线的阴阳、K 线实体的大小、趋势倾斜的角度及等重心 K 线的数量来研究 K 线在趋势当中的意义，值得认真思考。

## 7.2 下降中途的 K 线组合

在趋势的下降中途，会出现多个 K 线或许多 K 线在一段时期内经过反复凝结而形成的组合形态。比较典型的 K 线组合有三只乌鸦，它是主力在空方进攻的中途高举进攻大旗的实力展示；更多常见的 K 线形态有下跌三角形、扩散三角形、对称三角形、矩形整理形态、上倾楔形、菱形整理形态和下跌旗形这 7 种形态，它们在股市中都是被众人追捧并且可信度很高的股市法则，各自在趋势当中有着相似却独到的意义。本节将对这些常见的组合形态进行简明且深刻的分析讲解，帮助投资者在充分掌握基础技术的同时了解股市的通用法则。

### 7.2.1 三只乌鸦形态

**【形态概述】**

三只乌鸦形态与三个白兵形态相反，是指三根连续出现的中阴 K 线组合形态，它们三者重心不断低移，严格意义上的三只乌鸦形态要求后两根阴 K 线的开盘价位于第一根阴 K 线实体内部，但实际差别不大。该形态是空头在趋势转弱或空头壮大之时的实力展示，各方获利盘蜂拥而出。图 7.17 所示为三只乌鸦形态示意图。

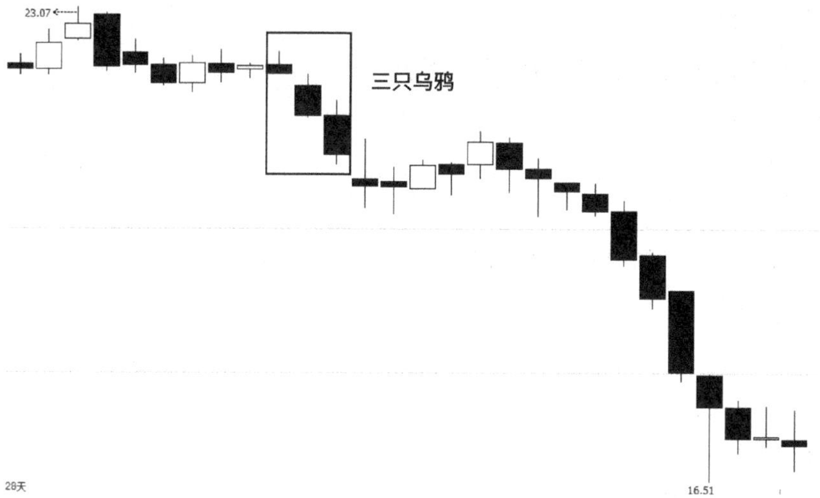


图 7.17 三只乌鸦形态示意图

【K 线实战】

图 7.18 所示为东风科技（600081）2016 年 12 月 21 日至 2017 年 4 月 24 日走势图中的三只乌鸦形态，前期市场呈短暂的上涨趋势，在三只乌鸦形态出现后，市场趋势一路下行，股价不断创出新低，可见三只乌鸦形态在高位所透露的空方意愿和看空意义十分强烈，投资者在遇到此类 K 线形态之时应尽量予以回避，切不可因一时之急盲目买进。

图 7.18 东风科技日 K 线图

【结构分析】

三只乌鸦形态表现了空头下行的强烈欲望，是空头击溃多头，展示实力的表现。

三只乌鸦形态内部的阴 K 线形态实体越长，股价下行的速度和下行深度越可怕。

前期市场上行趋势持续的时间越长，上行的坡度越陡，三只乌鸦形态的反攻意义越突出。

### 7.2.2 下跌三角形

【形态概述】

下跌三角形是指股价在下跌途中，多次触碰到某个价位后，都会出现一定的回升，而且每次股价回升的幅度逐渐缩小，因而上方价格阻力形成一条倾斜向下的压力线，同下方支撑的低点连成的水平线共同形成一个三角形状的形态图。下跌三角形显示了多空双方在实力较量中，空方已逐渐占据优势，多方每次在同一价位进货，却不推动涨势，说明了多方力量的完结，但空方每次在价位短暂回升后就抢先反攻，来不及等待价位回升到前期高点，显示了空方力量的雄厚。图 7.19 所示为下跌三角形示意图。

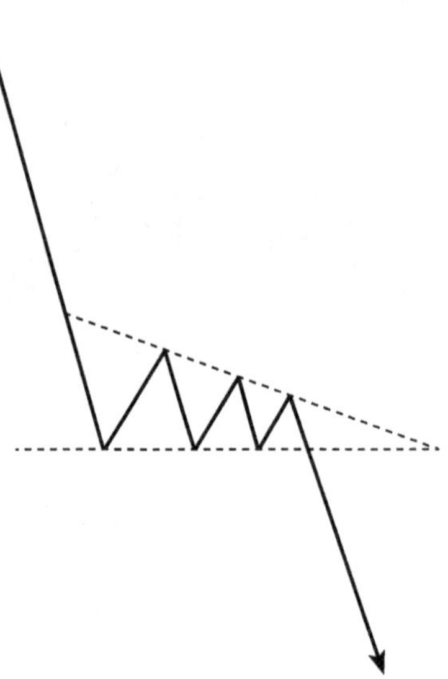

图 7.19 下跌三角形示意图

【K 线实战】

图 7.20 所示为九鼎投资（600053）2016 年 12 月 9 日至 2017 年 4 月 24 日走势图中的下跌三角形，从图中可以明显看出，在股价之初，有一段上升行情抵至近期的历史高位 51.3 元处，因为此段上升态势缺乏足够的成交量加以配合，股价开始逐渐转下行，下行途中成交量一度萎缩，没有明显的规律特性，但在股价多次下探至 41 元左右处，同时后阶段的反弹也逐渐收窄，后期股票价格继续下行，投资者在遇到此类 K 线形态时，应尽量避免买进，以减少不必要的损失。

图 7.20 九鼎投资日 K 线图

【结构分析】

下跌三角形构建的后期，配合成交量的逐渐放大，是趋势即将突破向下的信号。

下跌三角形多出现在弱势格局，是空方力量顽强抛售的结果，后期趋势不会改变。

股价未来下跌的最小幅度等于下跌三角形构建初期形成的第一个高点与下跌三角形下沿的垂直距离。

下跌三角形在突破后的有效回踩，对下跌趋势是有效的确认。

### 7.2.3 扩散三角形

【形态概述】

扩散三角形是指在股价下跌途中，股价上下波动幅度逐渐增大，上沿高点的连线是向上的倾斜直线，下沿低点的连线是向下的倾斜直线。扩散三角形一般出现在股价下跌的中途，对前期下跌趋势具有中继的作用。图 7.21 所示为扩散三角形示意图。

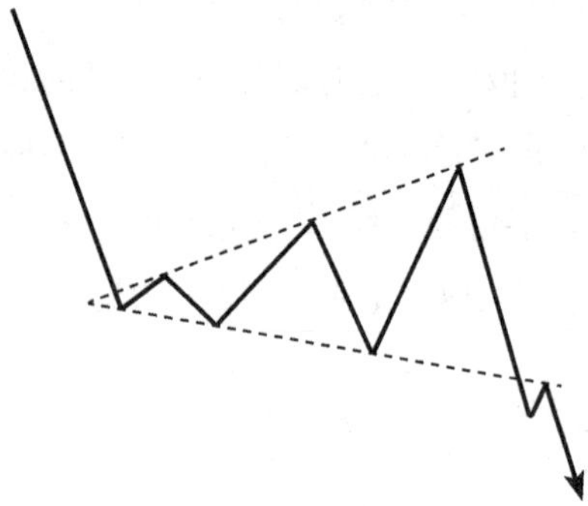

图 7.21 扩散三角形示意图

【K 线实战】

图 7.22 所示为安通控股（600179）2016 年 10 月 26 日至 2017 年 1 月 17 日走势图中的扩散三角形，前期股价在一段上升行情之后达到了近期的历史高位，18.78 元，但在成交量没有足够配合的情况下，股价开始转势下行，下行途中股价以大幅波动的形态特征构建了扩散三角形，在三角形构建的尾部成交量不断放大，使得股价下跌的动力被市场氛围强化，后期股价进一步下行，延续了股价前期的下跌趋势，也证实了扩散三角形对下跌趋势的中继作用。

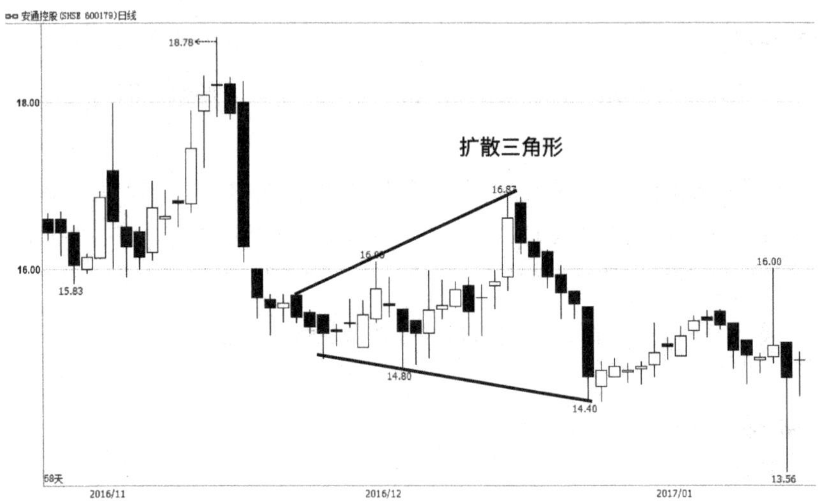


图 7.22 安通控股日 K 线图

【结构分析】

扩散三角形的形态特征一般是由于过度的投资导致的，这类形态的股票风险很大，应尽量规避。

扩散三角形对下跌趋势的中继作用远远强于对上涨趋势的中继作用。

### 7.2.4 对称三角形的突破卖点

【形态概述】

对称三角形是指一段时间内，股价因多空主力的实力相当，而在某个价位附近进行上下的涨跌震荡，表现的形态是震荡区上方高点价位的连线是一条向下倾斜的斜线，而震荡区下方低点价位的连线是一条向上倾斜的斜线。对称三角形显示了多空主力在各自阵营的一个战略争夺，短暂的分歧结束后，趋势将对前期趋势予以延续。图 7.23 所示为对称三角形示意图。

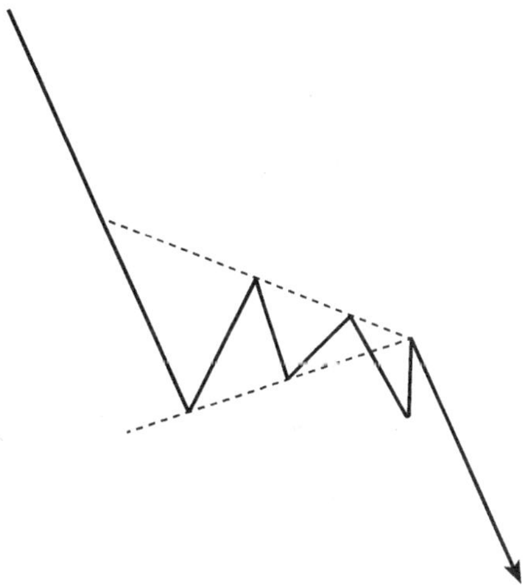

图 7.23 对称三角形示意图

【K 线实战】

图 7.24 所示为西藏药业（600211）2016 年 9 月 30 日至 2017 年 1 月 20 日走势图中的对称三角形，前期股价在冲高至 59.45 元后，成交量开始萎缩，其后股价也随之下行，并在下行中途构建了对称三角形，整个构建过程中成交量不断萎缩，到三角形构建末期，一根长阴 K 线向下突破三角形，后期股价也随之出现一段时间的跌幅，因而可以看出，对称三角形在下跌途中也会扮演中继角色，

而对三角形向下突破的 K 线往往是上佳卖点，投资者应该准确把握，及时规避风险。

图 7.24 西藏药业日 K 线图

**【结构分析】**

对称三角形构建的尾期，需要足够的成交量对下行的突破进行有效的配合。

对称三角形构建前期出现的第一个高点，与三角形低点连线的平行线，将是股价在未来可能遭遇的压力线，在此之前，不会有明显压力位。

对称三角形构建过程中，下跌的斜率与未来趋势下跌的斜率将保持一致。

对称三角形构建过程中，成交量会不断萎缩。

### 7.2.5 菱形整理形态的突破卖点

**【形态概述】**

菱形整理是指由扩散三角形和收敛三角形合并之后形成的类似钻石的整理图形，绝大多数时候，菱形是一种看跌的 K 线形态，它通常出现在市场构筑短期或者中长期头部的时候，偶尔也会在下跌过程以持续形态出现。图 7.25 所示为菱形整理形态示意图。

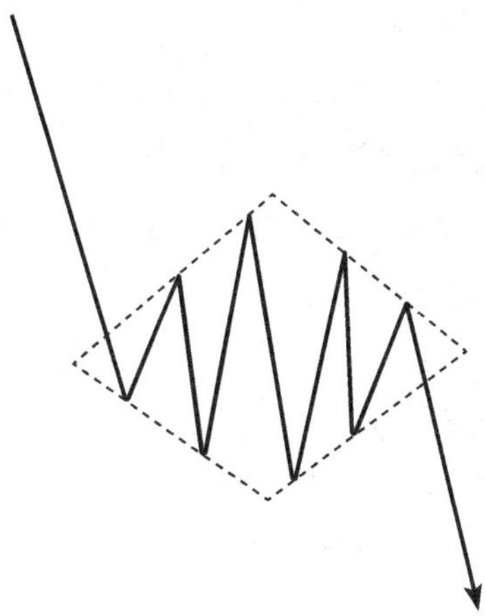

图 7.25 菱形整理形态

【K 线实战】

图 7.26 所示为南方股份（600250）2016 年 10 月 25 日至 2017 年 4 月 24 日走势图的菱形整理形态，该形态构建过程中，伴随成交量先逐渐萎缩、后逐渐放大的特征，同时在形态构建的尾声，向下突破的 K 线伴随着巨量，延续了前期股价下行的趋势，也证实了菱形整理形态在股价下跌的中途具有中继作用，投资者在遇到此类 K 线形态时应当尽量规避。

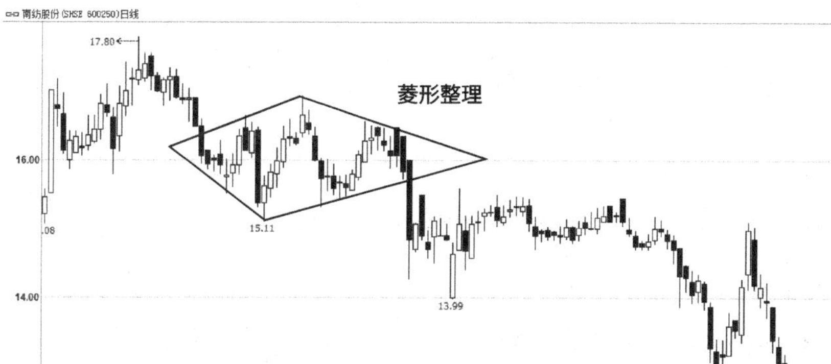


图 7.26 南方股份日 K 线图

【结构分析】

菱形最高点与最低点的距离，将是后期股价跌幅的最小幅度。

菱形两对平行线将是后期趋势的上下压制线。

菱形整理形态构建的前期成交量逐渐萎缩，后期成交量逐渐放大，同时对菱形整理形态的突破会伴随巨额成交量。

### 7.2.6 矩形整理形态的突破卖点

【形态概述】

矩形整理形态是指股价在一段区间进行上下的反复震荡，震荡区域股价的高点连线和低点连线都是水平的直线，形似矩形，因而得此名。矩形整理是常见的趋势整理形态，因为多空主力在实力上相当，因而在区域争夺上不相上下，矩形整理后期的突破决定着未来趋势的走向，向下突破有效后，后期趋势将下行。图 7.27 所示为矩形整理形态示意图。

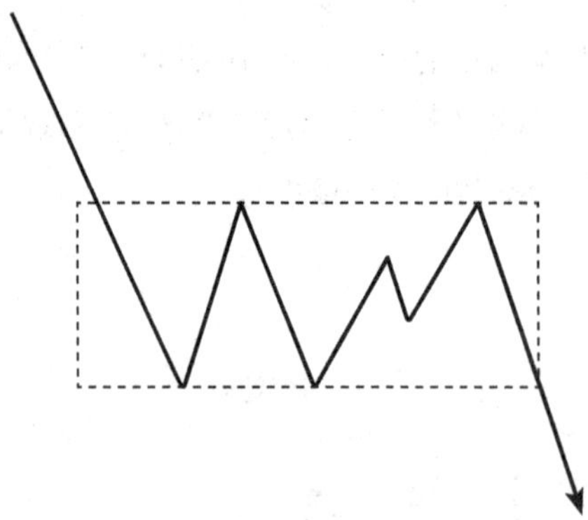

图 7.27 矩形整理形态示意图

【K 线实战】

图 7.28 所示为嘉化能源（600273）2017 年 2 月 24 日至 2017 年 3 月 31 日走势图的矩形整理形态，前期股价在短期探顶至 9.63 元后，开始一路下行，股价开始在前期资金密集的 9.3 元左右反复震荡，并构建了矩形整理形态，期间成交量保持适度萎缩，后期在矩形整理形态被向下突破时，有略微的成交量予以配合，因而也证实了矩形整理形态对趋势的中继作用。

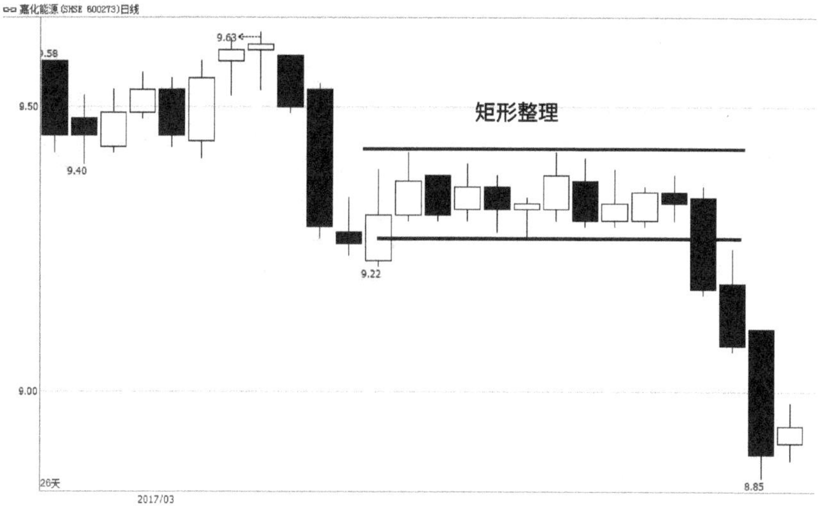


**图 7.28 嘉化能源日 K 线图**

**【结构分析】**

矩形整理形态所耗费的时间越长，对多空双方的力量损耗越大，后期趋势上涨的高度有限。

矩形整理形态下沿得到有效突破后，成交量也得到了有效的配合，是明显的卖点。

矩形整理形态出现前的股价跌幅等于矩形整理形态被突破后的股价跌幅。

### 7.2.7 上倾楔形的卖点

**【形态概述】**

上倾楔形是指股价在一段时间内窄幅震荡，同时震荡区域的高点连线是向上倾斜的，低点连线没有具体的要求。上倾楔形出现在下跌趋势中时，意味着股价短暂的反弹，后期股价将继续保持下跌态势；上倾楔形出现在上涨趋势中时，意味着股价涨势接近尾声，后期趋势反转的可能性很大。图 7.29 所示为上倾楔形示意图。

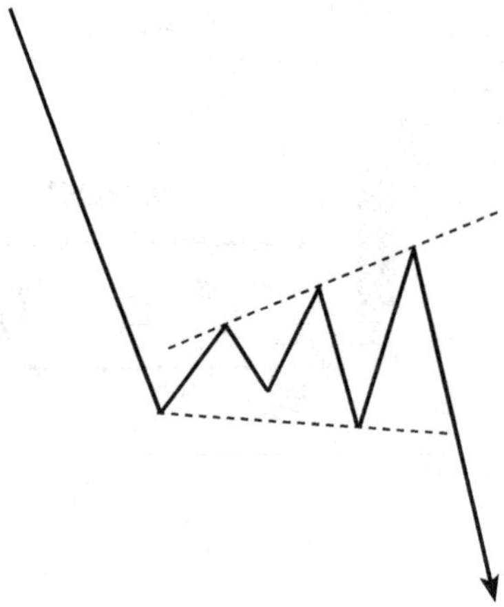

图 7.29 上倾楔形示意图

【K 线实战】

图 7.30 所示为江苏舜天（600287）2016 年 7 月 6 日至 2017 年 4 月 24 日走势图中的上倾楔形，前期股价在构建双顶形态完成后开始下跌，但在上倾楔形构建的初期，该股票成交量出现了明显的萎缩，随着楔形整理的逐步展开，成交量逐渐放大，之后的大阴 K 线对楔形整理的向下突破结束了整理行情，股价对前期下降趋势予以延续，因而也证实了上倾楔形只是下降趋势途中的一个短暂的小反弹。

图 7.30 江苏舜天日 K 线图

**【结构分析】**

上倾楔形和对称三角形的不同之处在于对上沿线的定义，两者形似，但意义有所差别。

上倾楔形构建之前的跌幅等于下倾楔形构建结束后的未来跌幅。

上倾楔形构建过程中，成交量先萎缩后放大，楔形突破后也有巨量伴随。

上倾楔形构建前的跌势斜率等于上倾楔形构建结束后的未来跌势斜率。

### 7.2.8 下跌旗形

**【形态概述】**

下跌旗形是指股价在下降趋势的途中，进行了一段时间的震荡整理，使得震荡区域高价位的连线和低价位的连线相平行，且两条直线向上倾斜，因其形似一面旗，被命名为下跌旗形。该形态的出现，意味着后期趋势将不改前期下跌趋势的低迷，后期下跌趋势将得以延续。图 7.31 所示为下跌旗形示意图。

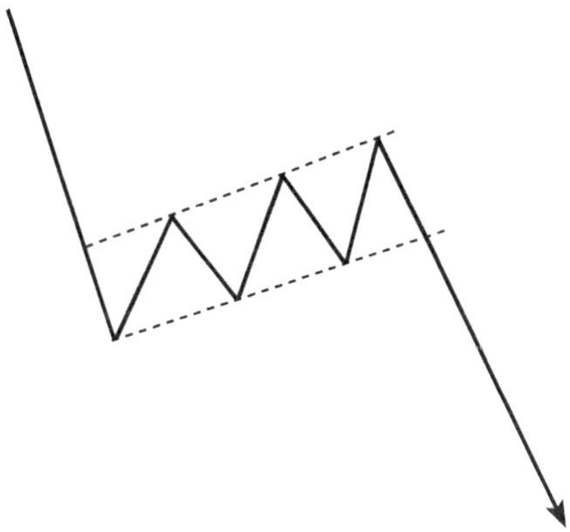

图 7.31 下跌旗形示意图

**【K 线实战】**

图 7.32 所示为远达环保 (600292)2016 年 12 月 30 日至 2017 年 4 月 24 日走势图中的旗形整理，期间成交量先缩后增，与楔形类似，之后股价一如前期下降趋势，一泻千里。下跌旗形在整理形态中属于小规模的反弹，因而给予了投资者充足的出货空间，投资者在遇到此类 K 线整理形态时应快速清仓，保证资金的安全。

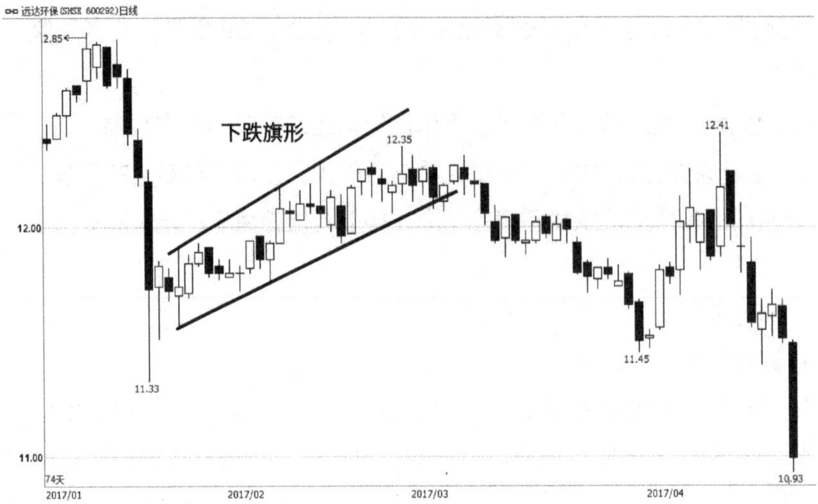


图 7.32 远达环保日 K 线图

**【结构分析】**

下跌旗形出现在下降趋势的中途，是对跌势的短暂调整，后期将延续涨势。

下跌旗形构建过程中，成交量会保持先萎缩后放量的状态。

下跌旗形出现前的股价跌幅会小于或等于下跌旗形被突破后的股价跌幅。

**【小节分析】**

下降趋势在进行到 50% 的跌势后，会或大或小地进行一次资金整顿，在 K 线形态中表现为整理。

整理过程的特点是成交量的先萎缩后放大，成交量越大，表明整理行情越趋近尾声。

整理形态的突破有一个共同特征，就是前期缩量后，在突破时刻却急剧放量。

整理形态出现前，下降趋势保持的倾斜度将同整理形态结束和下降趋势将要维持的倾斜度一致。

第 8 章

# 底部反转形态的 5 个买入点

底部反转形态是集合西方技术流派分析理论中最为常见的 V 形底、双重底、头肩底、三重底和圆形底等形态理论，在股市投资生涯当中，这些经典的 K 线形态将会成为我们重要的投资伙伴，并且帮助我们在资本市场不断获利。本章将对这些有趣的底部反转 K 线形态进行分析，为投资者抓住底部反转的上佳买点做好准备。

## 8.1 V 形底

**【形态概述】**

V 形底是指股价在下挫过程中以快速激烈的方式构建底部，形成 V 字形态，之后急速反转，这类底部形态在所有底部形态中最为凶悍，也最难把握，因此投资者在技术分析手段还不成熟时应尽量避免。图 8.1 所示为 V 形底示意图。

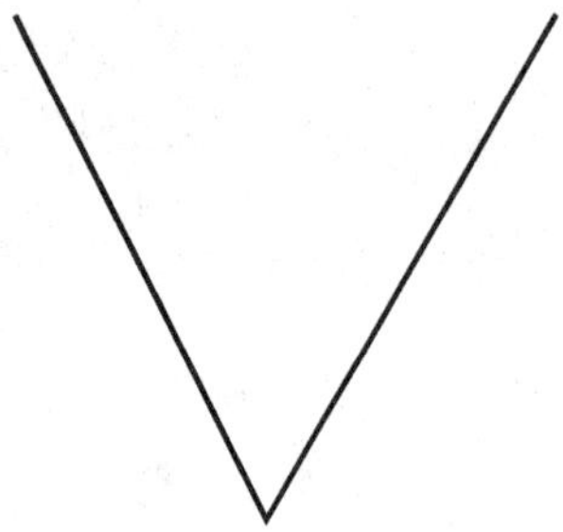

图 8.1 V 形底示意图

**【K 线实战】**

图 8.2 所示为上海家化（600315）2016 年 11 月 23 日至 2017 年 3 月 15 日走势图中的 V 形底，在 V 形底部形成的前期，股价开始缩量下跌，并在底部快速构建了一个底部看涨吞没形态。之后成交量不断快速放大，股价也连续上行，V 形底部反转成功。

图 8.2 上海家化日 K 线图

**【结构分析】**

V 形底部的左半部分，在形成过程中股价呈现快速下行并且不断缩量的形态，持续时间很短，常常令投资者措手不及。

V 形底部的右半部分，在形成过程中股价快速拉起，伴随不断放大的成交量，持续时间也很短。

## 8.2 双重底

**【形态概述】**

双重底又称 W 底，是指股价在第一次下行构建底部形态完成后只做了一个短暂的小反弹，之后股价继续下行，并在前期股价底部附近再次构建底部，因而构成双底。之后股价实现彻底反转，开启向上攻击形态。图 8.3 所示为双重底示意图。

图 8.3 双重底示意图

【K 线实战】

图 8.4 所示为瀚蓝环境（600323）2016 年 11 月 11 日至 2017 年 3 月 14 日走势图中的双重底，在该形态构建之前，股价以长期的横盘消耗着空方力量，但在 K 线向下突破后，成交量依旧不断放大，空方力量不减。双重底部构建期间，成交量也形成了 W 形，但该股价第二个底低于第一个底，显示了股价仍处于弱势，因而需要更大的动力才能实现趋势的最终反转。

图 8.4 瀚蓝环境日 K 线图

【结构分析】

双重底是低价底部形态，投资者遇到时应积极买入。

双重底的第二个底高于第一个底时，说明此底对趋势的反转力将很强势。

如果第二个底持平于或低于第一个底时，说明此底对趋势的反转力将很弱，属于弱势底。

双重底部在向上突破时有成交量与之配合，在下跌时同样有成交量配合，表示有新资金注入。

## 8.3 头肩底

**【形态概述】**

头肩底是指在股价下行过程中，股价多次下探底部而形成 3 个底部形态，同时第一个底部形态的低点和第三个底部形态的低点很接近，而第二个底部形态的低点是最低点。因其左右两个底形似肩部，而第二个底形似头部，所以被称为头肩底。图 8.5 所示为头肩底示意图。

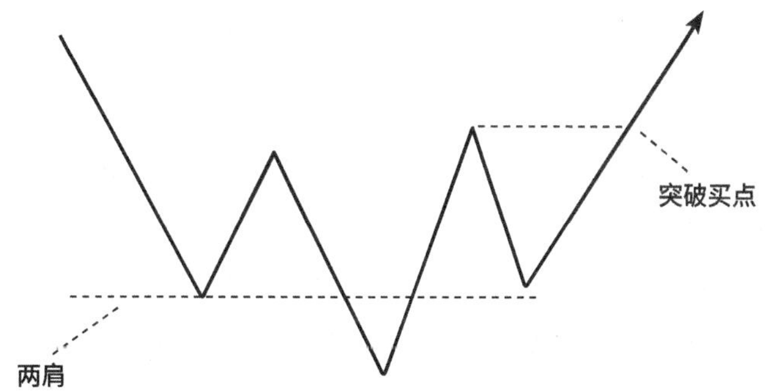


图 8.5 头肩底示意图

**【K 线实战】**

图 8.6 所示为天房发展（600322）2016 年 4 月 11 日至 2016 年 9 月 13 日走势图中的头肩底，前期该股票价格一路下挫，成交量随之不断萎缩，并快速构建了第一个底部形态。之后股价疲弱反弹，因缺乏成交量的有效配合，股价开始再次下行，并探至近期最低点 4.15 元处，此时成交量急剧萎缩。在众多小 K 线底部形态构建结束后，股价开始回升，但爬行速度趋缓，显示了做多动力的不足，在探到前期脊位附近后，股价再次掉头下行，构建了头肩底的最后一部分。之后股价开始回升，成交量开始不断放大，虽然上涨手法不够快速，但成交量已经说明拉升只是时间问题，至此头肩底形态构建结束。

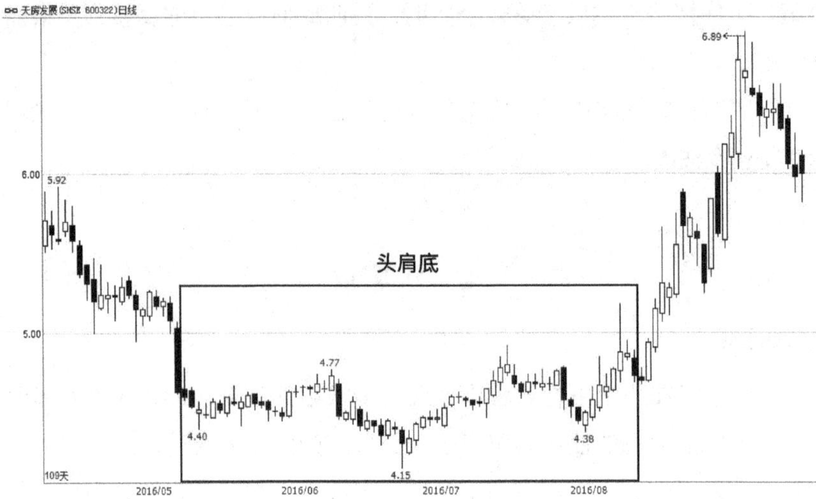


图 8.6 天房发展日 K 线图

**【结构分析】**

头肩底形态构建的底部都是缩量形态，说明了空方力量继续向下的动力逐渐弱化。

头肩底形态的第二个肩底高于第一个肩底时，说明市场做多动力的强化，否则股价还依然处于弱势。

头肩底形态构建中的小反弹往往缺乏成交量的有效配合，但后期反转时，成交量会不断放大，说明了参与资金的不断增加，市场看多氛围不断强化。

头肩底形态中，第二个脊位高点往往位于第一个脊位高点附近，头肩底形态构建的尾声，对两个脊位进行有效突破后，底部形态反转将确认。

## 8.4 三重底

**【形态概述】**

三重底是指股价在前期下降趋势不断减缓后，开始多次下探底部低位而形成 3 个低点相近的底部形态，被称之为三重底。三重底在多次探底反弹时形成的脊位高点，往往是后期趋势得到彻底反转的阻力线，在对该阻力位进行有效突破时往往需要成交量的有效配合。图 8.7 所示为三重底示意图。

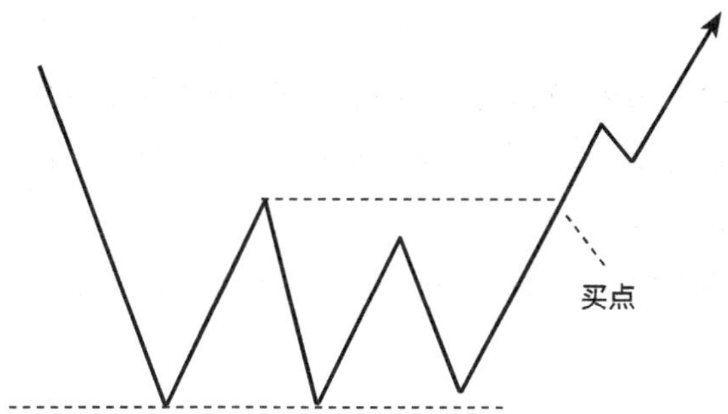


图 8.7 三重底示意图

【K 线实战】

图 8.8 所示为中文传媒（600373）2016 年 11 月 1 日至 2017 年 3 月 24 日走势图中的三重底，股价前期一路下行，并下探至 19.82 元附近，是近期股价的最低点。之后股价反转向上，但缺乏成交量的有效配合，于是继续调转而下，并下探至前期股价低点附近。在成交量极度萎缩后，股价开始反转，但至前期脊位高点附近后，又因缺乏足够的成交量配合而下行，并再次下探至前期股价低点附近。可以看出，在整段股价底部形态构建过程中，都因成交量的缺乏而不能完全实现股价的有效反转。但在此形态中，可以发现后两个底部均高于第一个底部低点，也说明了股价在长期调整过程中开始逐渐转强，只是转强速度略慢。

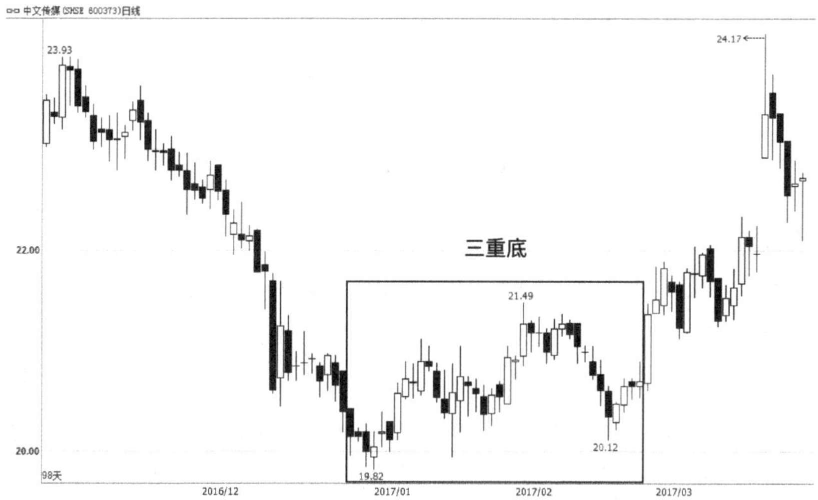


图 8.8 中文传媒日 K 线图

**【结构分析】**

三重底往往消耗时间周期较长，常出现在弱势的牛市格局。

三重底在形成过程中，下跌至低点时缩量越厉害，之后的反弹高度越高，反弹过程中成交量越放大，反弹时间和高度越大。

三重底适合中期投资者参与，不适合短线参与，因其耗时很长。

## 8.5 圆形底

**【形态概述】**

圆形底是股价在下行过程中形成的一个平滑的底部形态，因为整个底部形态没有明显的波动幅度，因而被称为圆形底。圆形底的构成往往是主力耐心构建底部形态导致的，表达了主力在吸筹的过程中缓慢而有效，在充分消耗投资者耐心的同时不跌不涨，是主力后期有充分准备的表现。图 8.9 所示为圆形底示意图。

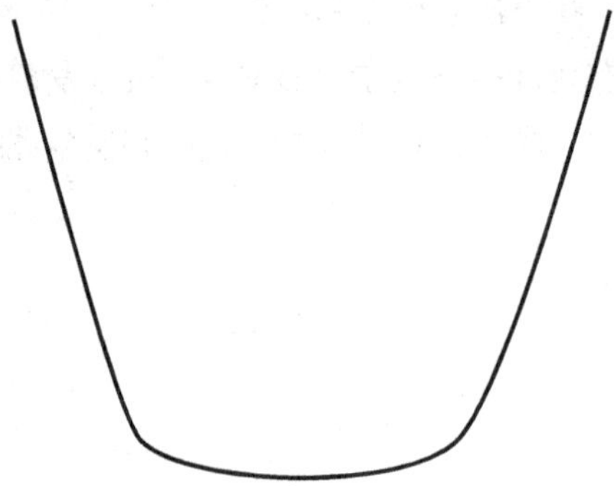

图 8.9 圆形底示意图

**【K 线实战】**

图 8.10 所示为粤泰股份（600393）2016 年 8 月 15 日至 2017 年 1 月 17 日走势图的圆形底，从前期股价走势可以看出，该股票一直在进行调整，且波动性不断增大。在圆形底部形态中，左侧股价不断下行，成交量不断萎缩且阴 K 线密度很高，右侧股价节节攀升，阳线密度很高，而且有相当大的成交量放大跟随，因而促成了之后股价一口气地向上冲刺，圆形底部形态至此也构建完成。

图 8.10 粤泰股份日 K 线图

【结构分析】

圆形底的构成往往透露着主力对吸筹行为的耐心，显示着主力对后期做多的目的性。

圆形底部形态左侧股价上涨对前期脊位的突破往往是有效的买点。

强势的股价反转往往有密集的阳 K 线形态做依托。

第 9 章

# 顶部反转形态的 5 个卖出点

前面的章节我们研究了底部反转形态的一些常见内容，本章较前章的内容具有明显的反向对称性，在股价运行趋势当中，两者往往有很多相似之处，运行原理大体雷同，因而本章的顶部形态对投资者而言将更容易理解，接下来我们将一一介绍倒 V 形顶、双重顶、头肩顶、三重顶和圆形顶这 5 种形态。

## 9.1 倒 V 形顶

**【形态概述】**

倒 V 形顶是指股价在上涨过程中以快速激烈的方式构建顶部，形成倒 V 字形态，之后急速反转，这类顶部形态在所有顶部形态中最为凶悍，也最难把握，因此投资者在技术分析手段还不成熟时应尽量避免使用。图 9.1 所示为倒 V 形顶示意图。

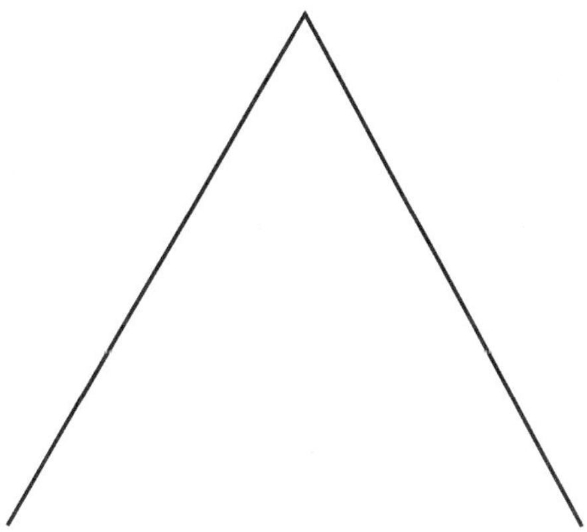

图 9.1 倒 V 形顶示意图

**【K 线实战】**

图 9.2 所示为湘电股份（600416）2017 年 3 月 9 日至 2017 年 4 月 24 日走势图中的倒 V 形顶，在倒 V 形顶部形成的前期，在顶部快速构建了一个复合的顶部看跌吞没形态。之后股价连续下行，倒 V 形顶部反转成功。

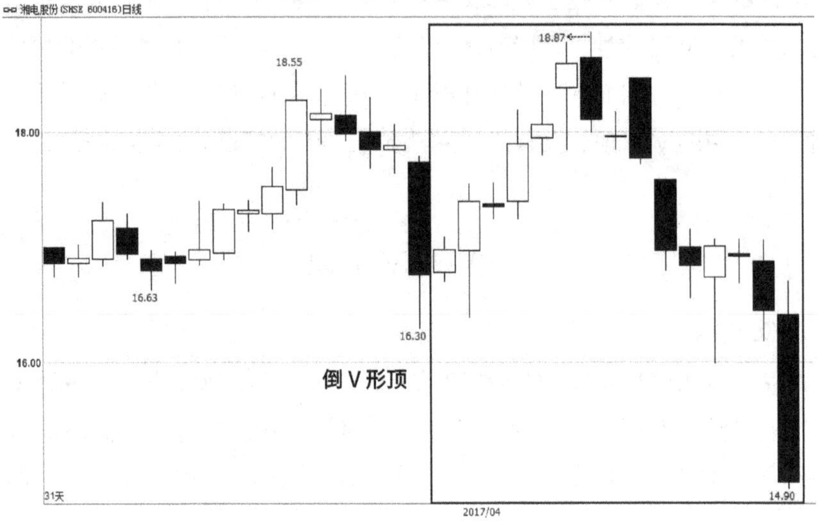


图 9.2 湘电股份日 K 线图

**【结构分析】**

倒 V 形顶部的左半部分，在形成过程中股价呈现快速上行并且不断放量的形态，持续时间很短，常常令投资者措手不及。

倒 V 形顶部的右半部分，在形成过程中股价快速下跌，伴随不断萎缩的成交量，持续时间也很短。

## 9.2 双重顶

**【形态概述】**

双重顶又称 M 顶，是指股价在第一次上行构建顶部形态完成后只做了一个短暂的回踩，之后股价继续上行，并在前期股价顶部附近再次构建顶部，因而构成双顶。之后股价再次实现彻底反转，开启向下攻击形态。图 9.3 所示为双重顶示意图。

图 9.3 双重顶示意图

【K 线实战】

图 9.4 所示为中远海特（600428）2017 年 3 月 9 日至 2017 年 4 月 24 日走势图中的双重顶，在该形态构建之前，股价以长期的缓慢爬升消耗着多方力量。但在 K 线向上快速进攻后，空方力量不断增强。双重顶部构建期间，该股价第二个顶低于第一个顶，显示了股价逐渐转向弱势，因而股价趋势离实现最终反转将越来越近。

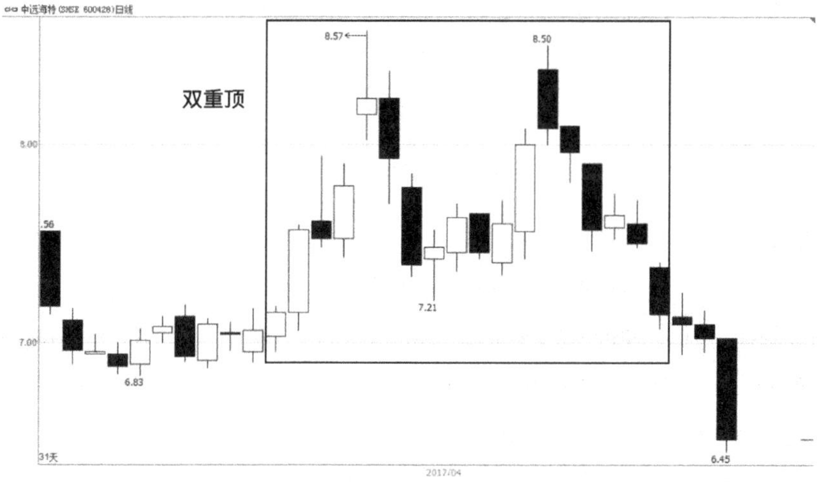


图 9.4 中远海特日 K 线图

【结构分析】

双重顶是高价顶部形态，投资者遇到时应谨慎。

双重顶的第二个顶高于第一个顶，说明此顶对趋势的反转力将很弱。如果第二个顶持平于或低于第一个顶，说明此顶对趋势的反转力将很强。

双重顶部在向下突破时有成交量与之配合，在上涨时同样有成交量配合，表示有大量获利盘涌出。

## 9.3 头肩顶

**【形态概述】**

头肩顶是指在股价上行过程中，股价以多次上探顶部而形成 3 个顶部形态，同时第一个顶部形态的高点和第三个顶部形态的高点很接近，而第二个顶部形态的高点是最高点，因其左右两个顶形似肩部，而第二个顶形似头部，所以被称为头肩顶。图 9.5 所示为头肩顶示意图。

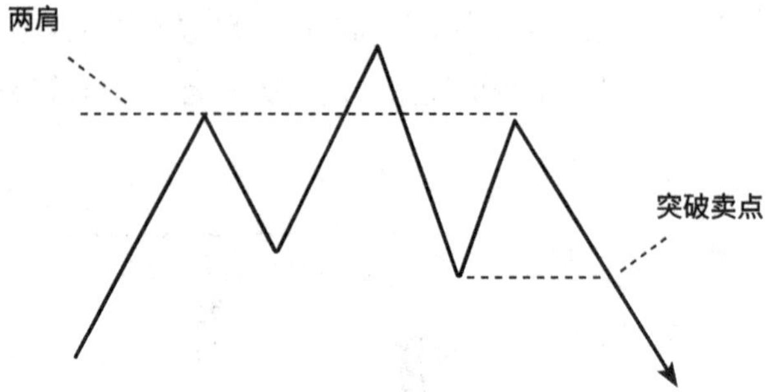


图 9.5 头肩顶示意图

**【K 线实战】**

图 9.6 所示为宝钛股份（600456）2017 年 2 月 13 日至 2017 年 4 月 24 日走势图中的头肩顶，前期该股票价格一路上升，成交量随之不断放大，并快速构建了第一个顶部形态。之后股价短暂回落，接着股价开始再次上攻，并探至近期最高点 26.28 元处。在众多阴阳 K 线顶部形态构建结束后，股价开始回调，但下行速度很快，显示了做空动力的充足。在探至前期放量高价位附近后，股价再次掉头上行，构建了头肩顶的最后一部分，之后股价开始反转。

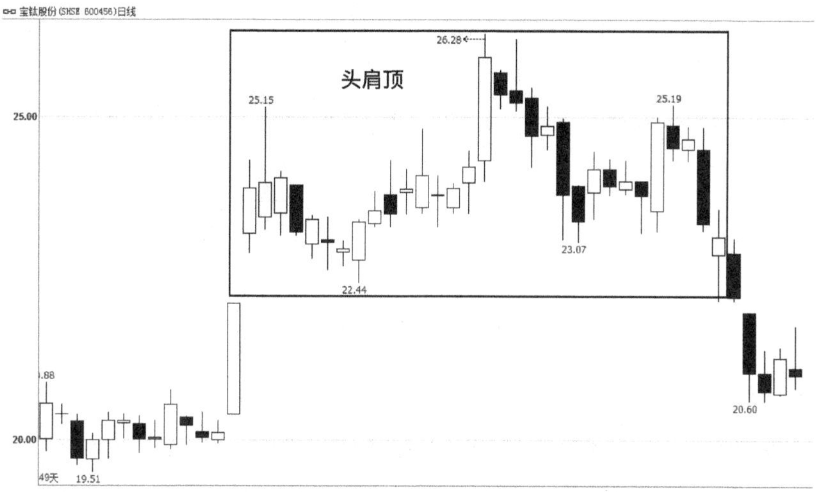


图 9.6 宝钛股份日 K 线图

【结构分析】

头肩顶形态构建的顶部都是放量形态，说明了空方力量转势向下的动力逐渐强化。

头肩顶形态的第二个肩顶高于第一个肩顶时，说明市场做空动力的弱化，否则股价还依然处于强势。

头肩顶形态构建中的回落往往意味着成交量会萎缩，但后期上攻时，成交量也会萎缩，说明了参与资金的不断减少，市场看空氛围不断强化。

头肩顶形态中，第二个回落低点往往位于第一个回落低点附近，头肩顶形态构建的尾声，对两个低点进行有效突破后，顶部形态反转将确认。

## 9.4 三重顶

【形态概述】

三重顶是指股价在前期上升趋势不断减缓后，开始多次上探顶部高位而形成 3 个高点相近的顶部形态。三重顶在多次探底反弹时形成的脊位高点，往往是后期趋势得到彻底反转的阻力线，在对该阻力位进行有效突破时往往需要成交量的有效配合。图 9.7 所示为三重顶示意图。

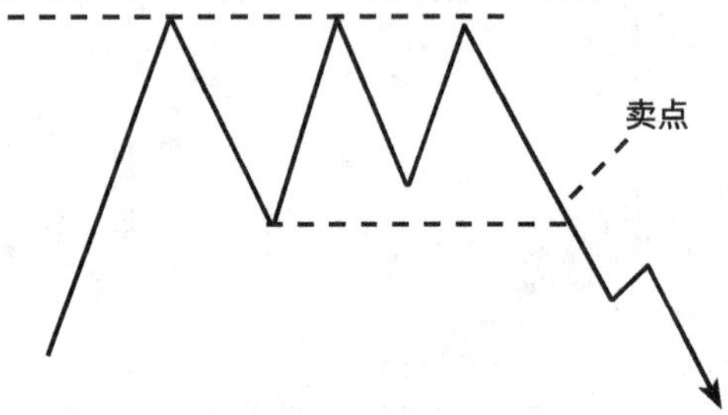


图 9.7 三重顶示意图

【K 线实战】

图 9.8 所示为巨化股份（600160）2017 年 2 月 16 日至 2017 年 3 月 31 日走势图中的三重顶，股价前期一路上行，并上探至 12.34 元附近，转而向下后，再次向上至 12.38 元。后继续转而向下，至前期下跌低点处止跌企稳，并再次向上至 12.45 元。三次上攻皆无功而返，一鼓作气，再而衰，三而竭，走势转而下跌，三重顶形态形成。

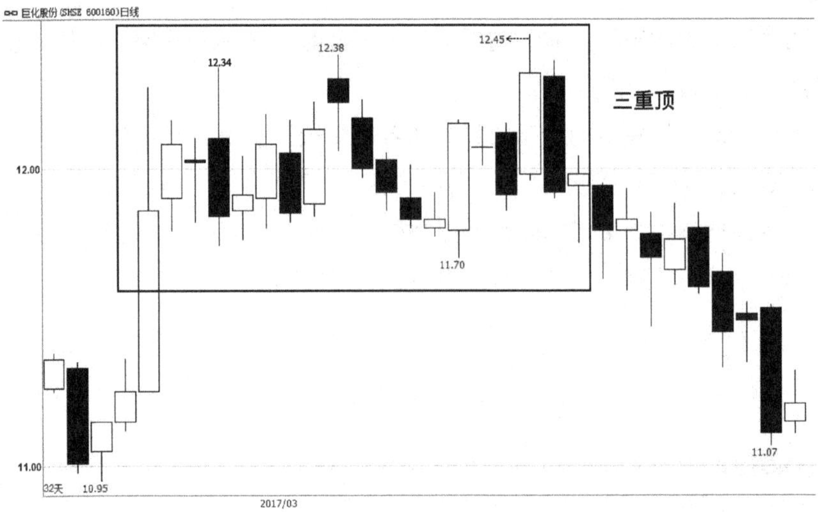


图 9.8 巨化股份日 K 线图

【结构分析】

三重顶往往消耗时间周期较长，常出现在弱势的牛市格局。

三重顶在形成过程中，下跌至低点时缩量越厉害，之后的反弹高度越高，反弹过程中成交量越放大，反弹时间和高度越大。

三重顶适合短期投资者参与，不适合中长线参与，应尽量规避风险。

## 9.5 圆形顶

**【形态概述】**

圆形顶是股价在上行过程中形成的一个平滑的顶部形态，因为整个顶部形态没有明显的波动幅度，因而被称为圆形顶。圆形顶的构成往往是主力耐心构建顶部形态导致的，表达了主力在出货的过程中缓慢而有效，在充分吸引投资者的同时不跌不涨，是主力在前期已经充分出货的表现。图 9.9 所示为圆形顶示意图。

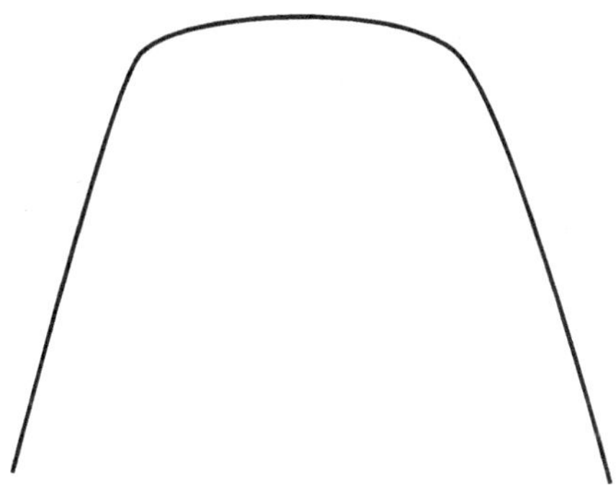

图 9.9 圆形顶示意图

**【K 线实战】**

图 9.10 所示为铜峰电子（600237）2016 年 7 月 21 日至 2017 年 1 月 19 日走势图中的圆形顶，从前期股价走势可以看出，股价暴涨，必定是有突出的利好消息。在圆形顶部形态中，左侧股价不断快速上行，且开始出现阴 K 线，右侧股价缓慢下行，阴 K 线密度很高，因而促成了之后股价的疲弱态势，圆形底部形态至此也构建完成。

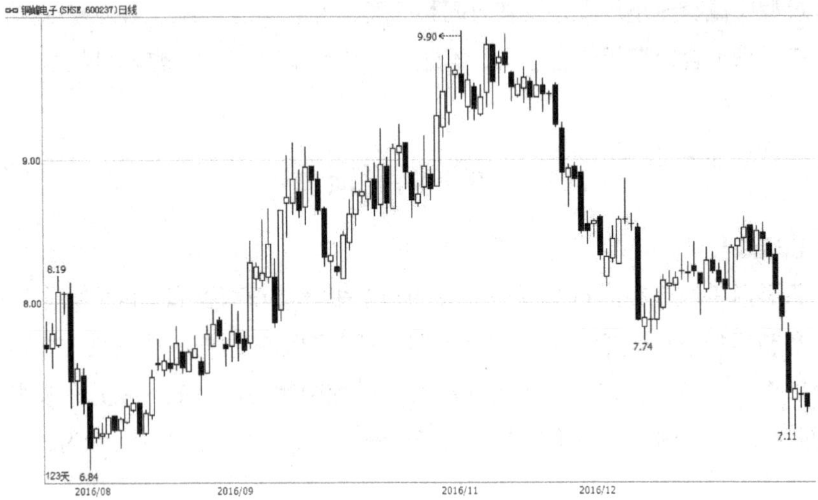


图 9.10 铜峰电子日 K 线图

**【结构分析】**

圆形顶的构成往往透露着主力对出货行为的耐心，显示着主力前期已经大笔出货。

圆形顶部形态左侧股价上涨的调整位置，往往是有效的买点，右侧资金密集区往往是卖出信号。

强势的股价反转，往往有密集的阳 K 线形态做依托。

下篇

# K线与其他指标配合

第 10 章

# K 线与移动平均线配合

K 线指标分为很多类，而其中针对股价运行趋势的移动平均线是应用得最为广泛的一种。而大部分股民也恰是利用这一指标的黄金交叉和死亡交叉进行严格的买进和卖出，从而稳健地保证了自己的收益率，本章我们将针对移动平均线在股票技术领域的巧妙作用进行细致的分析。

## 10.1 移动平均线的分类

移动平均线是以不同周期为计算基础的技术指标，其中短期移动平均线因其灵敏性而深受短期投资者的偏好，而中长期投资者往往追求的是更为稳健的投资手段，这样中长期移动平均线也开始被大量投资者追捧，本节我们将针对移动平均线的具体类别做细致分析。

### 10.1.1 短期移动平均线

**【形态概述】**

短期移动平均线是指在短期内股价平均价格的连线，因为周期偏短，所以对股价未来运动方向具有灵敏的反映，但同时也因为周期选择得偏短，其对股价的支撑和压力作用小于长期移动平均线。常被短期投资者使用的有 5 日均线、10 日均线、20 日均线和 30 日均线。图 10.1 所示为短期移动平均线示意图。

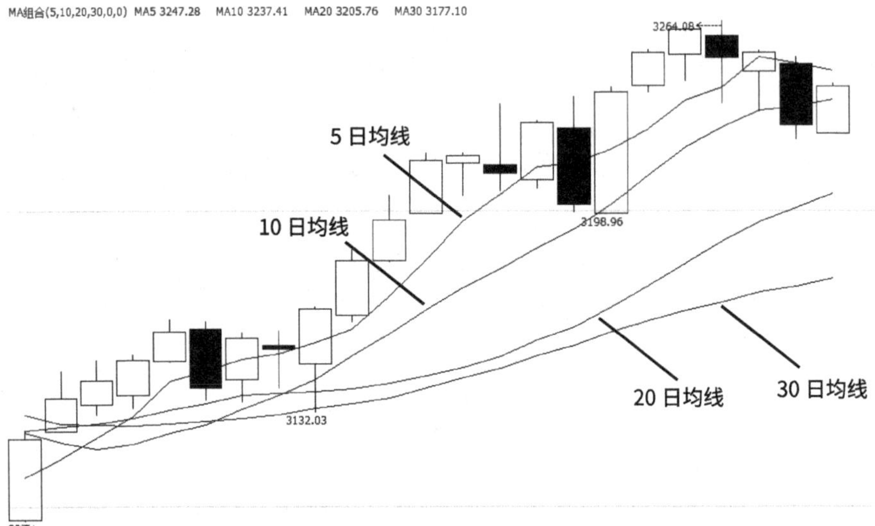


图 10.1 短期移动平均线示意图

【K 线实战】

图 10.2 所示为浦发银行（600000）2017 年 3 月 15 日至 2017 年 4 月 25 日走势图中阴 K 线对短期移动平均线的向下突破，正如前文所说，短期移动平均线往往对趋势有灵敏的反应，但对股价趋势的作用力也往往缺乏足够的支撑力，股价向下快速突破之后，短期平均线也快速调整角度弯曲向下排列，进一步确认了短期移动平均线的特征。

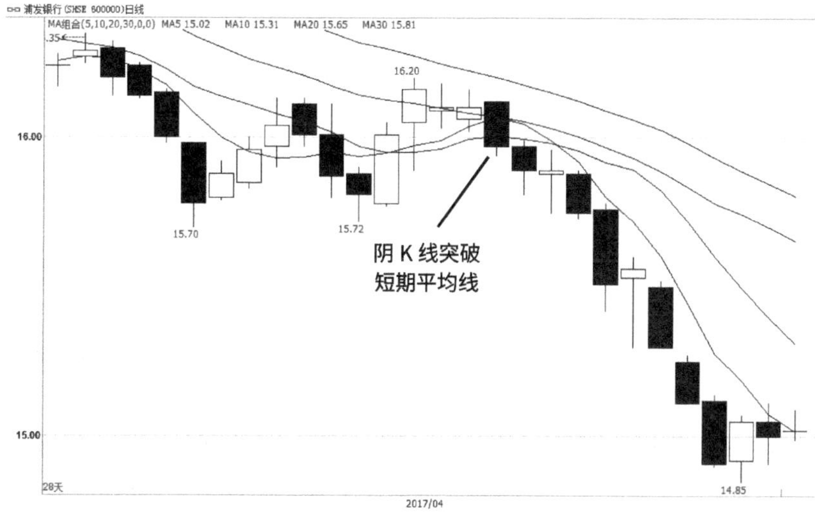


图 10.2 浦发银行日 K 线图

【结构分析】

短期移动平均线因其反映灵敏，往往被用作短期投资的利器，但其过于灵活，有时反而作用不佳。

短期移动平均线对股价的支撑和压力作用较弱，股价若在接近短期移动平均线支撑位或压力位时，即可反弹或回落，则说明该股票的强劲或疲弱。

在观察 K 线对短期移动平均线的突破时，也应注意成交量的变化。

### 10.1.2 中长期移动平均线

【形态概述】

中长期移动平均线是指在中长期的股价平均价格的连线，因为周期较长，所以对股价未来运动方向的反映稍显迟钝，但其对股价的支撑和压力作用往往强于短期移动平均线。常被中长期投资者使用的有 30 日均线、60 日均线、120

日均线和 250 日均线。图 10.3 所示为中长期移动平均线示意图。

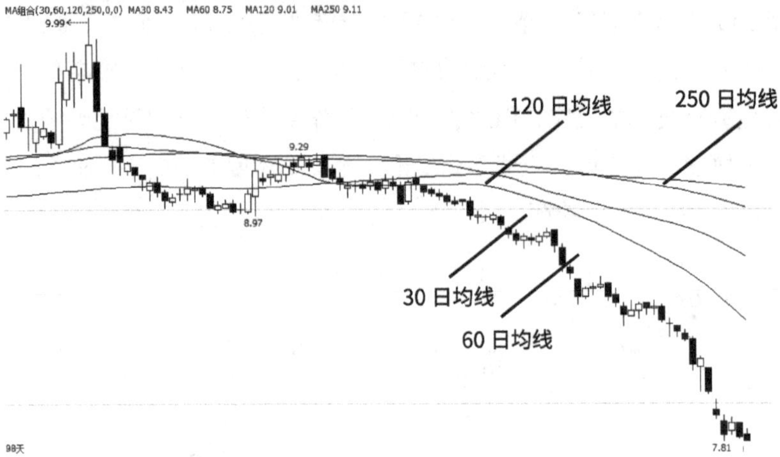


图 10.3 中长期移动平均线示意图

【K 线实战】

图 10.4 所示为浦发银行（600000）2016 年 12 月 13 日至 2017 年 4 月 26 日走势图中股价对中长期移动平均线的向下突破，在第一个方框中，有大量密集的 K 线进行横盘调整，也正是因为此处有 120 日均线作为强有力的支撑，在近 15 日的调整后，股价最终才选择对 120 日均线进行突破，之后股价又遭遇 60 日均线的围困，并围绕 60 日均线进行上下波动整理，在近 7 日的整理调整后，股价才开始继续下攻，这显示了中长期移动平均线在股价运行趋势中较短期移动平均线更强的支撑作用。

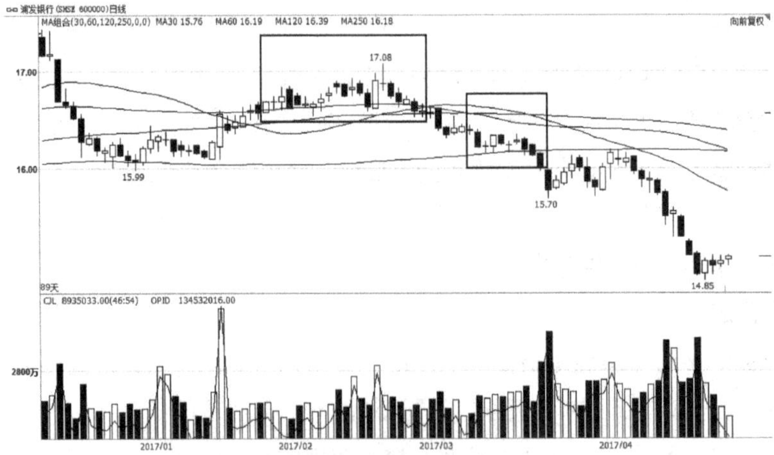


图 10.4 浦发银行日 K 线图

**【结构分析】**

中长期移动平均线因其反映迟钝，往往被用于稳健的中长期投资，其所具备的技术意义相对短期移动平均线更加强烈。

中长期移动平均线对股价的支撑和压力作用较强，股价在接近中长期移动平均线支撑位或压力位时，往往会进行一段时间的震荡整理，整理时间越长，则说明该股票的趋势动力越弱。

在观察 K 线对中长期移动平均线的突破时，也应注意成交量的变化。

## 10.2 移动平均线的买点

技术指标对趋势的动向往往有很大的指向性，在移动平均线构建的技术含义中，帮助投资者获利的极佳武器就是移动平均线的买点信号，而这类信息往往需要投资者在对移动平均线有充分了解之后才能透彻地掌握其运行规律，本节将针对移动平均线的买点做具体的实例探讨。

### 10.2.1 低位移动平均线的黄金交叉

**【形态概述】**

股价在前期下挫后会使得移动平均线进行调整排列，而之后趋势开始反转，短期移动平均线开始掉头上攻，与反应迟钝的长期平均线会有交叉点，而这种短期移动平均线向上同长期移动平均线进行的交叉就被称为黄金交叉（金叉）。图 10.5 所示为低位移动平均线的黄金交叉示意图。

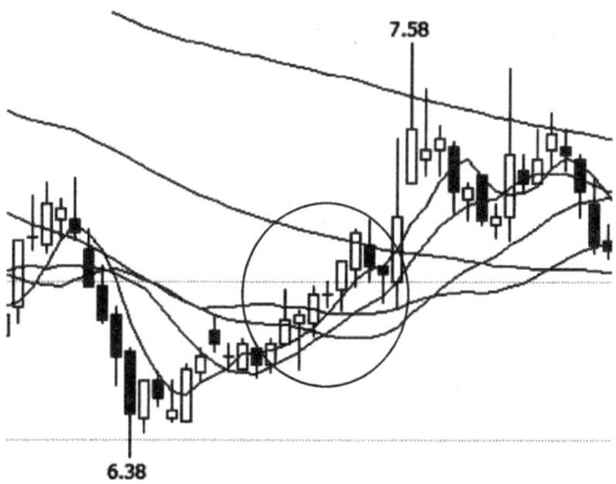


图 10.5 低位移动平均线的黄金交叉

【K 线实战】

图 10.6 所示为新疆天业（600075）2016 年 12 月 1 日至 2017 年 2 月 27 日走势图中的低位移动平均线的黄金交叉，在黄金交叉实现后，股价明显摆脱了疲弱的底部，不断上行，成交量也给予了积极的配合。

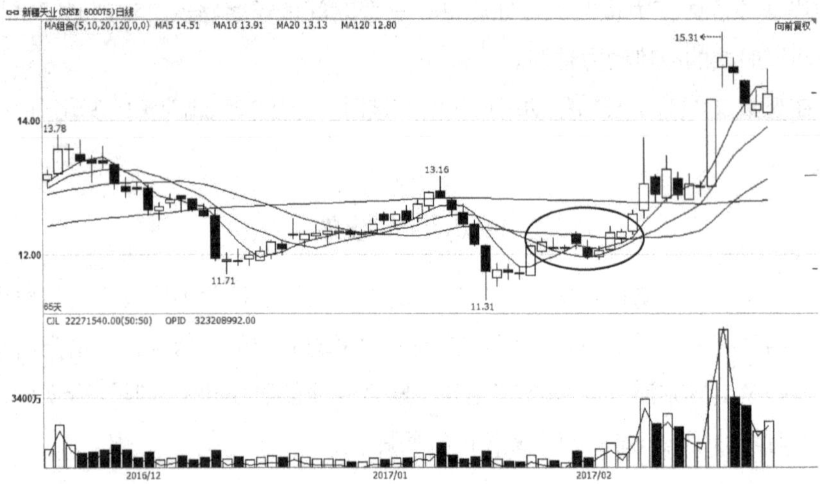


图 10.6 新疆天业日 K 线图

【结构分析】

黄金交叉的移动平均线如果是短期移动平均线，表示股价向上有短暂的冲力，如果是中长期的移动平均线，表示股价向上有中长期的冲力。

股价出现黄金交叉的同时，伴随成交量的黄金交叉，这往往是股价上涨的健康态势。

前期下跌趋势越持久，股价跌至越低，后期移动平均线向上的黄金交叉越强劲。

### 10.2.2 上涨中途移动平均线的多头排列

【形态概述】

在股价上涨途中，多条移动平均线在实现黄金交叉之后，往往开始向上倾斜，并排列成平行的曲线，这就是上涨途中移动平均线的多头排列。移动平均线的多头排列往往象征着股价之后有一个长期的向上涨势，整个涨势将平滑且畅达。图 10.7 所示为上涨中途移动平均线的多头排列示意图。

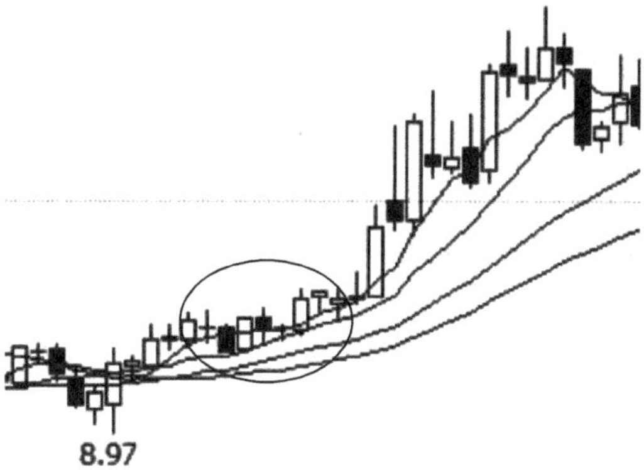


图 10.7 上涨中途移动平均线的多头排列示意图

【K 线实战】

图 10.8 所示为广州发展（600098）2016 年 11 月 1 日至 2017 年 2 月 21 日走势图中的上涨中途移动平均线多头排列形态，整个上涨阶段快速拉升，以 10 日均线作为顽强的支撑线向上行走，同时成交量也健康放大，但后期因为成交量的滞涨牵制了股价继续向上爬行，之后成交量的萎缩使得股价开始进入疲弱的整理形态，移动平均线也开始走坏，上涨行情也随之告一段落。

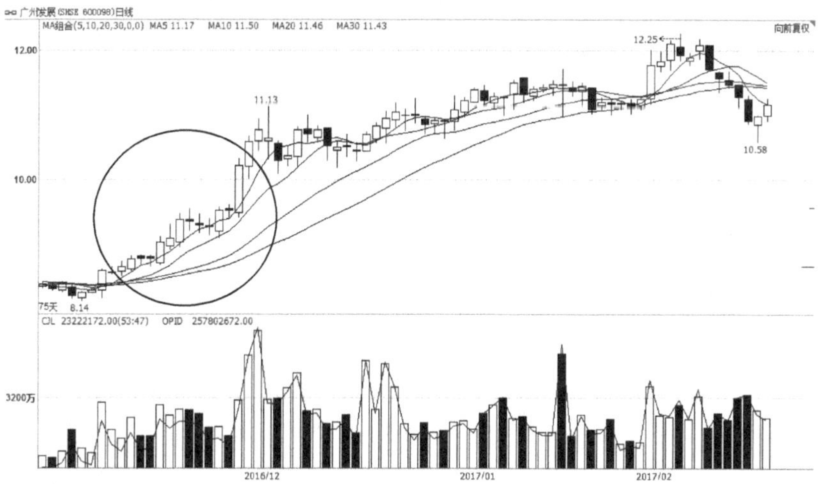


图 10.8 广州发展日 K 线图

【结构分析】

移动平均线多头排列意味着股价上涨趋势的强势展开，周期越短的移动平均线向上倾斜的角度越陡。

当移动平均线趋缓且开始弯曲时，意味着股价即将进入调整或反转的弱势形态，投资者此时应该予以规避。

成交量的不断放大，往往是对多头排列平均线进行支撑的有力砝码，当成交量增长幅度逐渐收窄后，股价上行的动力也随之萎缩。

### 10.2.3 低位移动平均线的重叠收敛

**【形态概述】**

股价在进入长期的弱势横盘整理格局后，易使得移动平均线收窄缠绕，并且拧做一团，这类形态就是移动平均线的重叠收敛致使的。在之后的股价趋势当中，往往会出现向上发散的移动平均线排列，或是短暂的假意下跌，之后同样跟随完美的多头排列形态。图 10.9 所示为低位移动平均线的重叠收敛示意图。

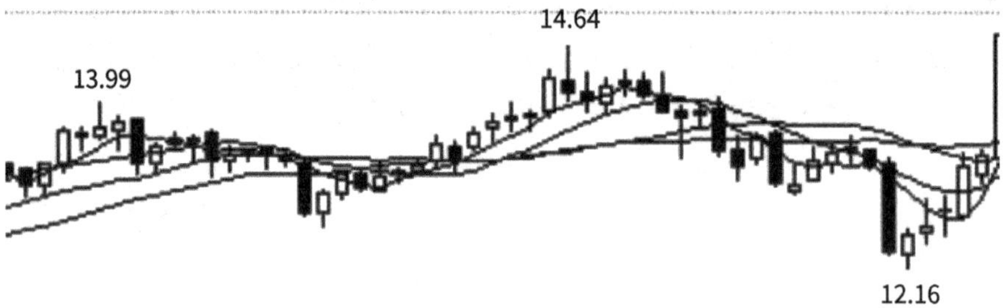


图 10.9 低位移动平均线的重叠收敛示意图

**【K 线实战】**

图 10.10 所示为三峡水利（600116）2016 年 11 月 9 日至 2017 年 4 月 20 日走势图中的移动平均线的重叠收敛，前期股价在长期下跌之后，空头力量得到逐渐释放，股价开始进入漫长的调整周期，在这近 5 个月的横盘中，股价形成重心近乎齐平的大量小 K 线，但可以注意到，与此同时，成交量却在不规则地缩放，移动平均线也开始逐渐重叠，并收敛得越发密集，随着横盘整理接近尾声，股价开启了稳健的上涨行情，成交量也随之放大，构建了健康的上升态势。

图 10.10 三峡水利日 K 线图

【结构分析】

股价跌至低位时，移动平均线的重叠往往意味着后期行情的强势性，移动平均线重叠区域的长度等于后期股价上行的高度。

移动平均线重叠收敛时，往往会有一根小 K 线突发性地跳到所有移动平均线之上，这意味着这段调整行情的结束和上升行情的开启。

在移动平均线重叠时，成交量往往会出现不规则的放缩变化，这意味着股价在横盘期间依然有很大的活力，也意味着股价并非长期疲弱无力。

## 10.3 移动平均线的卖点

前一节我们针对移动平均线在股价运行的趋势间透露的买点信息进行了分析，本节我们将针对移动平均线的卖点进行分析，帮助投资者在购买股票之后选择好的卖出时机。在选择买点时，投资者往往可以很好地把握，但在股市中，大部分投资者都无法很好地掌握股票的卖点信号，因为这涉及对操作原则的遵守，还可能触及投资者内心的贪婪。

### 10.3.1 高位移动平均线的死亡交叉

【形态概述】

股价在前期上涨后会使得移动平均线进行调整排列，而之后趋势开始反转，短期移动平均线开始掉头下攻，与反应迟钝的长期平均线会有交叉点，而这短期移动平均线向下同长期移动平均线进行的交叉就被称为死亡交叉（死叉）。图 10.11 所示为高位移动平均线的死亡交叉示意图。

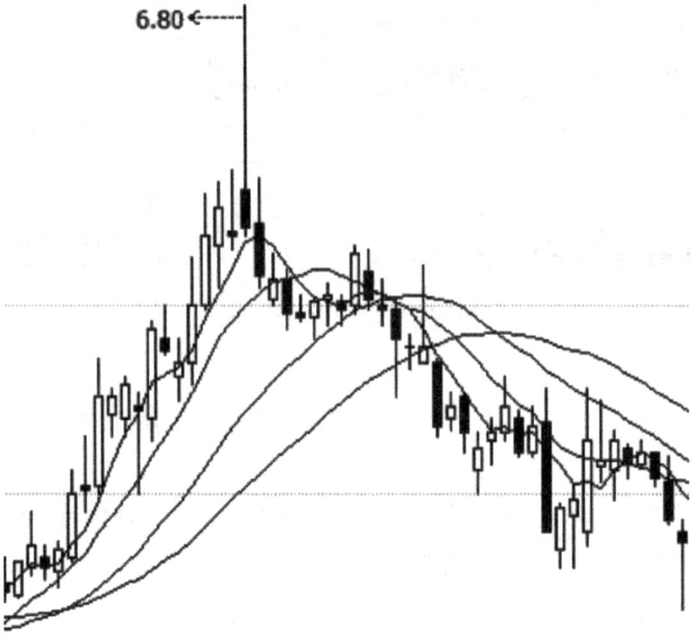


图 10.11 高位移动平均线的死亡交叉示意图

【K 线实战】

图 10.12 所示为浙江东方（600120）2015 年 9 月 28 日至 2017 年 4 月 21 日走势图中的高位移动平均线的死亡交叉，前期股价在上行动力衰竭、成交量也逐渐萎缩之后，开始选择下行，短期移动平均线也快速调转势头开始下攻，并在短期之内很快同下方的中长期平均线形成死亡交叉，之后的股价一路下行，也证实了死亡交叉在帮助投资者规避损失上有着举足轻重的作用。

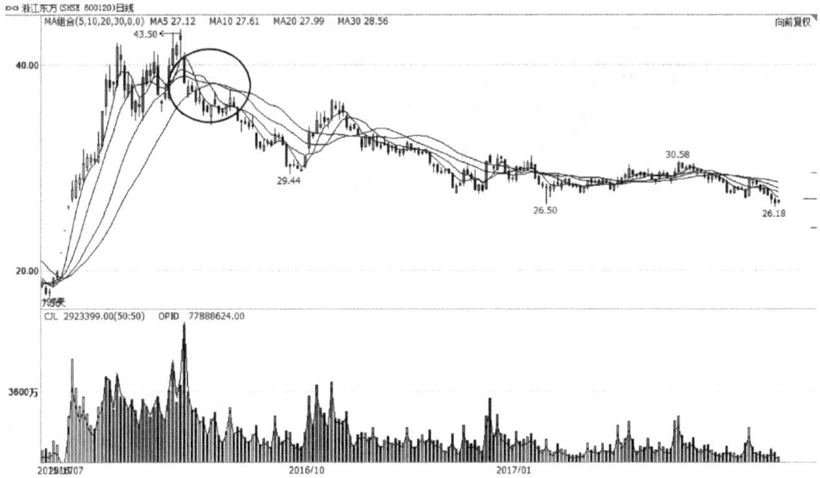


图 10.12 浙江东方日 K 线图

**【结构分析】**

死亡交叉的移动平均线如果是短期移动平均线，表示股价向下有短暂的冲力，如果是中长期移动平均线，表示股价向下有中长期的冲力。

股价出现死亡交叉的同时，伴随成交量的死亡交叉，更加强了股价下跌的信号。

前期上涨趋势越持久，股价升至越高，后期移动平均线向下的死亡交叉越强劲。

### 10.3.2 下降中途移动平均线的空头排列

**【形态概述】**

在股价下跌途中，多条移动平均线在实现死亡交叉之后，往往开始向下倾斜，并排列成平行的曲线，这就是下降途中移动平均线的空头排列。移动平均线的空头排列往往象征着股价之后有一个长期的向下跌势，整个跌势凶悍且持续。图 10.13 所示为下降中途移动平均线的空头排列示意图。

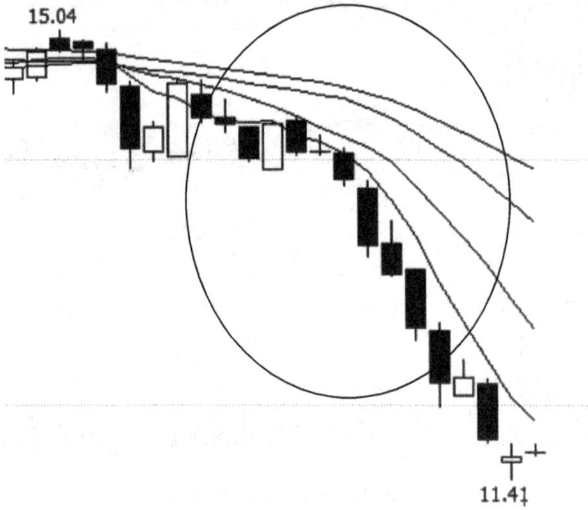


图 10.13 下降中途移动平均线的空头排列示意图

【K 线实战】

图 10.14 所示为西部资源（600139）2015 年 12 月 24 日至 2016 年 8 月 24 日走势图中的下降中途移动平均线的空头排列，前期股价在横盘调整了一段时间后开始向下进攻，同时伴随的是众多移动平均线向下的弯曲，并很快形成了空头排列的形态，使得股价在长达两个月的时间中不断下跌，甚至没有出现略显强势的反弹，因而移动平均线空头排列的出现往往意味着股价趋势的弱化，后期股价不容乐观。

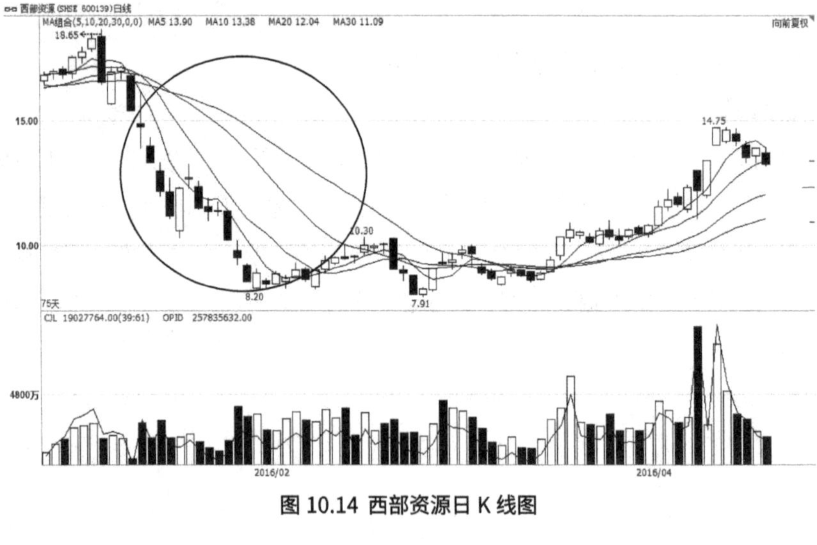


图 10.14 西部资源日 K 线图

【结构分析】

移动平均线空头排列意味着股价下跌趋势的强势展开，周期越短的移动平均线向下倾斜的角度越陡。

当移动平均线趋缓且开始弯曲时，意味着股价即将进入调整或反转的弱势形态，投资者此时应该予以规避。

成交量的不断放大，往往是对空头排列平均线进行支撑的有力砝码，当成交量不断收缩后，股价下行的动力也随之萎缩。

### 10.3.3 高位移动平均线的过分发散

【形态概述】

股价在形成多头排列后，因为移动平均线的过度发散，使得股价上行的趋势不够持续，往往意味着股价上涨的动力开始趋于弱化，随时都有调整的可能。投资者在遇到此类 K 线形态时，应该多加注意并观望，遏制住参与的热情，待态势明朗后再考虑参与。图 10.15 所示为高位移动平均线的过分发散示意图。

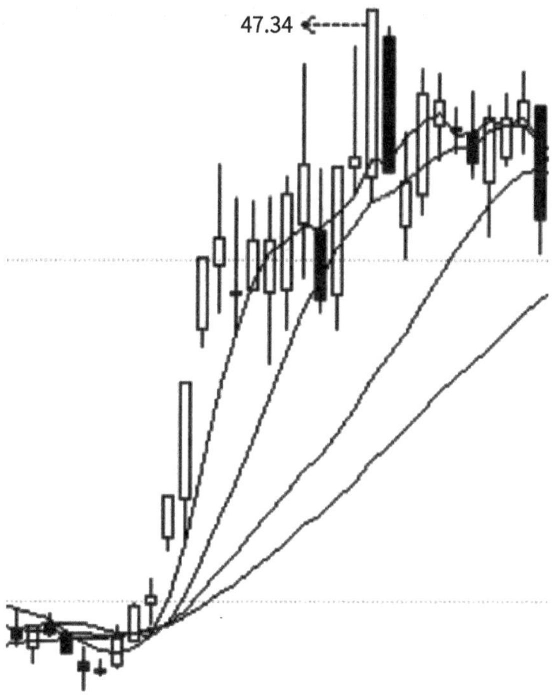


图 10.15 高位移动平均线的过分发散示意图

**【K 线实战】**

图 10.16 所示为航天机电（600151）2016 年 5 月 11 日至 2016 年 9 月 29 日走势图中的高位移动平均线的过分发散，从图中可以看出，股价在整理后的上行初期，移动平均线已经过分发散，也正因如此，股价上行的动力不够强劲，因而在此类移动平均线过分发散的 K 线图中，只适合短暂参与，不能过分追高。

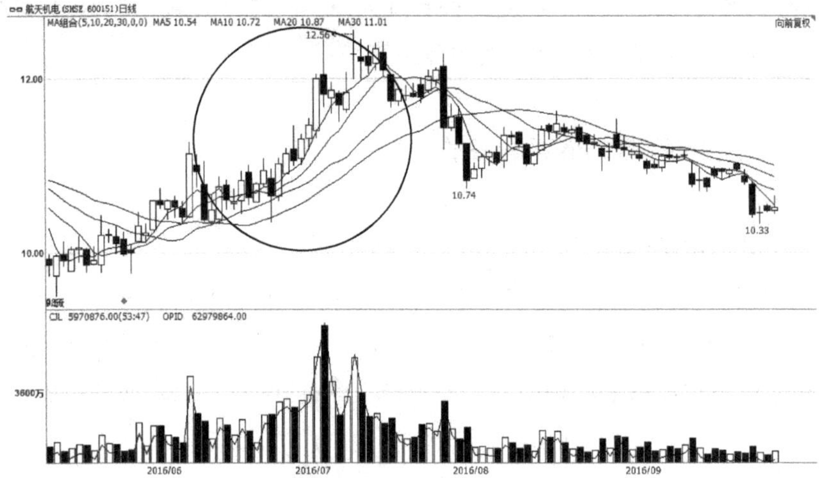


图 10.16 航天机电日 K 线图

**【结构分析】**

移动平均线的多头排列越发散，说明股价的涨势越接近尾声。

过分发散的移动平均线，往往意味着股价上行的动力有限，股价上涨的高度也有限。

越发散的移动平均线，股价后期回调的力度越大，回调所耗时间越长。

第 11 章

# K 线与成交量配合

11

K 线与成交量之间的配合往往被认为是市场运行的根本，它们是各类指标的源头，也是判断股价运行趋势的最基本依据。很多投资者在进入股市之后，会投入大量的精力研究各类指标，过高地评估指标的重要性，殊不知，K 线与成交量已足够清晰地透露股市动向。本章将针对 K 线与成交量配合进行分析，帮助投资者掌握上佳的买点和卖点，认清股市运行的真实规律。

## 11.1 成交量的两种形态

成交量是对股价运行思想的深度表现，成交量的典型变化分为放量和缩量。在传统意义上，放量意味着对趋势的助推，而缩量则意味着对趋势的缓解。但随着市场投资者技术分析能力的不断提高，更多的逆向逻辑渗入到成交量的意义当中，伴随而来的股市也显得虚实相合，因此对待基本的成交量信息应该结合当时的情境做更深层次的分析。

### 11.1.1 缩量

**【形态概述】**

缩量是指市场在一段周期内交易十分清淡，因此成交量极度萎缩。从成因上看，缩量可以分为两类，一类是股价大幅上扬，并且市场极度看好，因而主动性卖盘甚少，导致成交量很小；二是股价大幅下跌，整个市场氛围很弱，普遍不看好个股，因而主动性买盘甚少，导致成交量很低。上涨中的缩量，后期股价向上的趋势短期内不会改变，放量后需谨慎。下降中的缩量没有明显的战略意义。图 11.1 所示为缩量示意图。

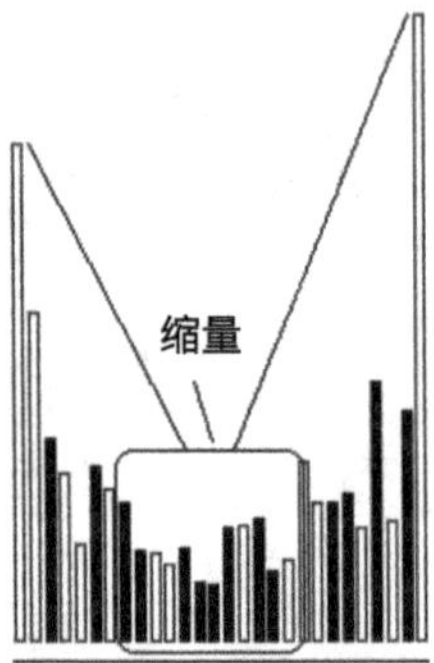


图 11.1 缩量示意图

【K 线实战】

图 11.2 所示为时代万恒（600241）2016 年 5 月 13 日至 2016 年 9 月 7 日的缩量，在前期成交量放大时，高达 44 万手，但在股价下行后成交量长期保持在 4 万手左右。

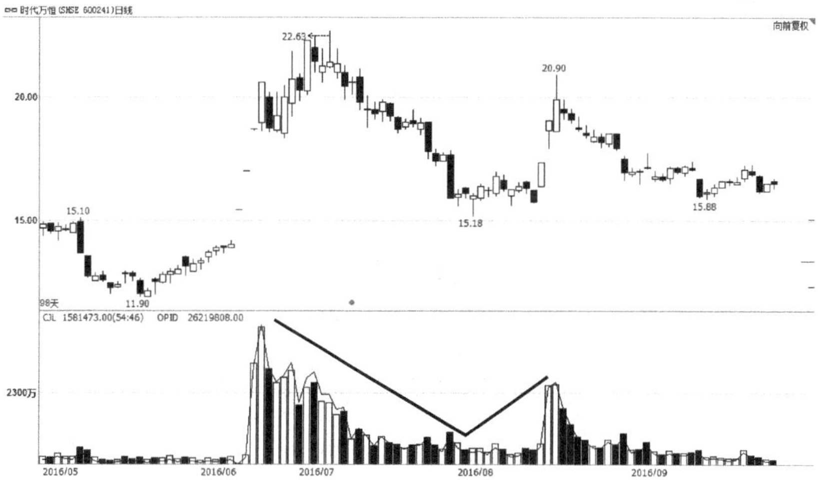


图 11.2 时代万恒日 K 线图

【结构分析】

上涨趋势中，缩量往往意味着主力对市场份额的高度控制，因而缩量显买点，放量显卖点。

在股价趋势上涨过程中，回调分为下降回调和横盘回调，两者分别是以牺牲价格和时间为代价，但缩量往往是对回调手法的确认，因而此类个股后期往往有大涨行情爆发。

### 11.1.2 放量

【形态概述】

放量是指成交量急速放大，放量可分为持续放量和相对放量，持续放量是指在一段时期内，股价不断以高成交量的形态出现，远远大过前期某段时期的成交量，这段时期内的成交量就属于持续放量。相对放量是指与最近的几个成交量相比之下呈现放大的特征。放量因股价所处位置和后期预示作用的不同可以分为 3 类：一是高位放量，价格会呈现出滞涨或快涨的特点，属于不同手法的出货行为；二是上涨中途的放量，主要是因为投资者在所处趋势中带来的局限性，往往会被上涨趋势中的震荡走势吓跑，具体形态上往往与出货行为相似；三是下跌放量，往往显示着承接盘和抄底盘的强劲力量或是下跌突破后的市场氛围转弱，大量空头出现，因下跌时成交量的不稳定特征，不予过多研究。图 11.3 所示为放量示意图。

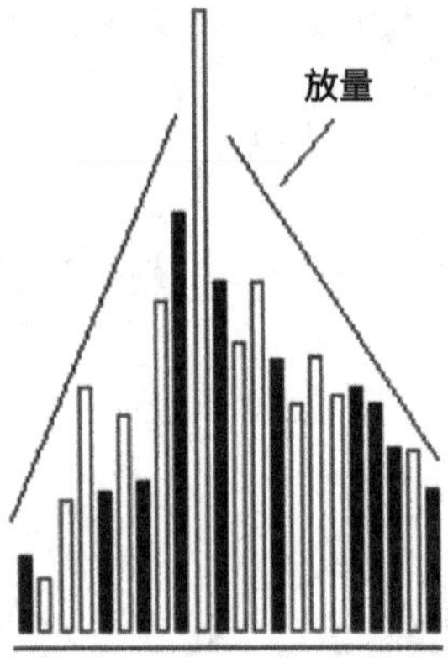


图 11.3 放量示意图

【K 线实战】

图 11.4 所示为上海医疗（601607）2016 年 12 月 24 日至 2017 年 3 月 22 日走势图中的放量，之前成交量一直保持四五万手，而这段时期内频繁地出现在 20 万手以上。

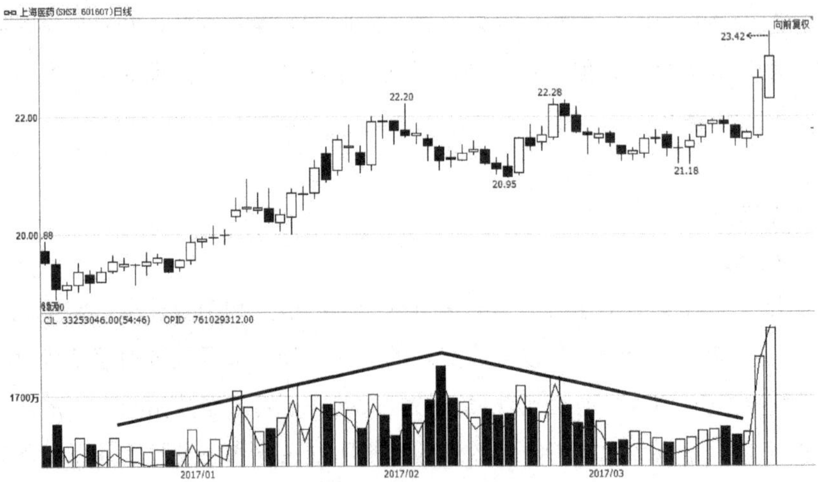


图 11.4 上海医疗日 K 线图

【结构分析】

放量往往意味着盘内主动性买卖盘的放大，而这一特性往往是由于市场氛围过度看多或看空，具体需要配合更多的指标综合观察。

市场氛围过分看多时，自然会有蜂拥的买盘参与，市场氛围过分看空时，就会有大量的抛压盘涌出。

## 11.2 K 线与成交量的买点

K 线与成交量配合往往是股市中最正确的信息源，针对 K 线与成交量配合所透露的买点信号，我们对低位量增价涨、上涨中途缩量回调和上涨中途量缩价涨这 3 类经典的形态进行分析，帮助投资者透过主力的操作手法对趋势进行正确的判断。

### 11.2.1 低位量增价涨

【形态概述】

低位量增价涨是指股价处在低位区域时，往往在准备发动一波上涨行情时不得不在成交量上流露出行迹，而这时候恰恰就是股价开始从底部向上拉升的起点，后期往往会带来大额的利润回报，投资者在遇到此类股票时，应该积极参与，中长线持有。图 11.5 所示为低位量增价涨示意图。

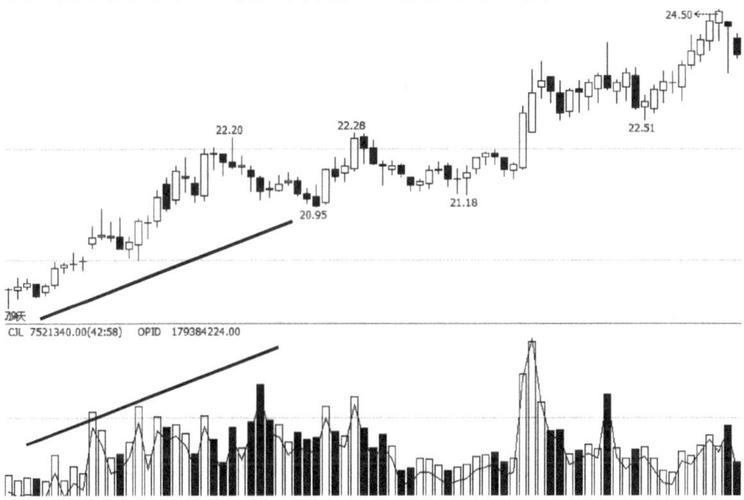


图 11.5 低位量增价涨示意图

【K 线实战】

图 11.6 所示为立霸股份（603519）2016 年 1 月 8 日至 2016 年 12 月 22 日走势图中的低位量增价涨，此时立霸股份已经在近 10 个交易日内处于 20 元左右的低价位，成交量在短暂的极度萎缩后开始快速放量，与此同时股价也不断上行，形成了一个健康的上升形态，此时往往是股价一波上涨行情的开始，投资者如若看到个股出现此类情况，可大胆抄底，后期盈利必然可观。

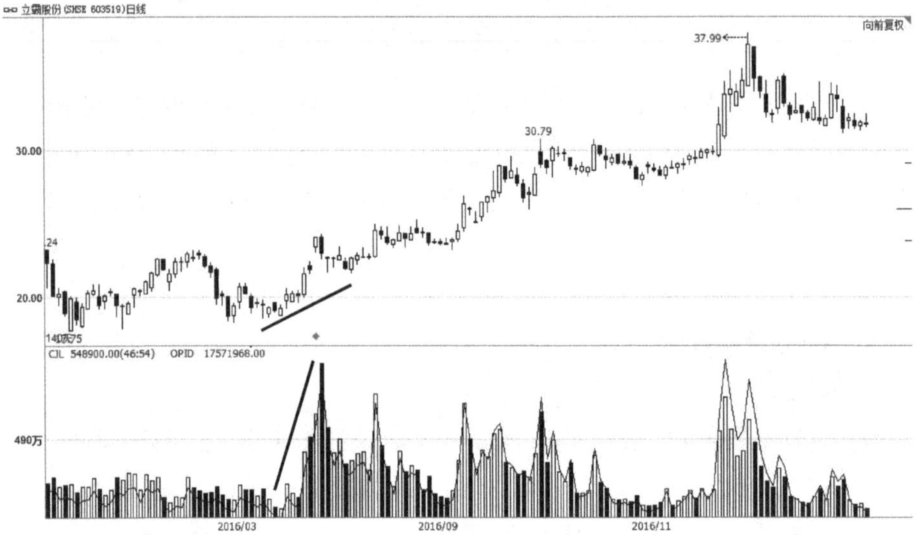


图 11.6 立霸股份日 K 线图

【结构分析】

股价处于低位时，往往伴随着抛压盘的逐渐释放，而此时成交量会突发性地快速放大，投资者应该大胆参与。

健康的上涨形态往往伴随的是股价不间断的重心上移，同时成交量呈持续温和放大状。

## 11.2.2 上涨中途缩量回调

【形态概述】

在上涨途中的缩量回调，短期不会改变后期股价向上的趋势，放量后需谨慎。上涨中途的缩量回调分为横盘调整的缩量回调和短期下跌的缩量回调，两者分别以牺牲时间和股价为代价。图 11.7 所示为上涨中途缩量回调示意图。

图 11.7 上涨中途缩量回调示意图

【K 线实战】

图 11.8 所示为连云港（601008）2016 年 9 月 20 日至 2017 年 4 月 20 日走势图中的两次缩量回调，可以清晰地发现股价在上涨中途进行回调时，成交量有明显的萎缩，此时的调整周期和调整幅度也很小，这往往是主力不愿过分失去跟风盘的行为，也表现了当前只有少数的浮筹，在两次短暂回调后，股价快速拉涨，后期出现天量后，股价涨势才逐渐被反转。投资者明晰主力手法之后，可以在股价短暂回调时积极买进，后期成交量的放大是卖点。

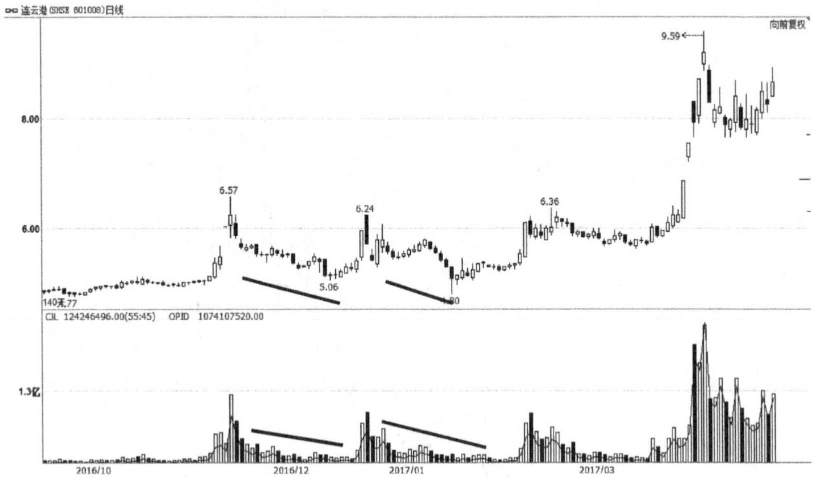


图 11.8 连云港日 K 线图

【结构分析】

主力选择整理，往往会选择次高点，但在后期趋势没有完全出现时，往往判断不了当时所处位置，此时应该结合个股和大盘的相关性，观察是否能通过大盘做推测。

在技术指标都钝化时，往往应该倾注更多的精力于基本面。

主力常常以中小盘低价股作为参与对象，比如经常把 6 元股价推至 20 元左右，整个涨幅超过 200%。

### 11.2.3 上涨中途量缩价涨

【形态概述】

上涨途中的量缩价涨，往往被认为是由于惜售而没有大量卖盘出现的行为造成的，后期股价向上的趋势短期不会改变，放量后需谨慎。投资者在遇到此类个股时应当大胆参与，短线内必有大额收获。图 11.9 所示为上涨中途量缩价涨示意图。

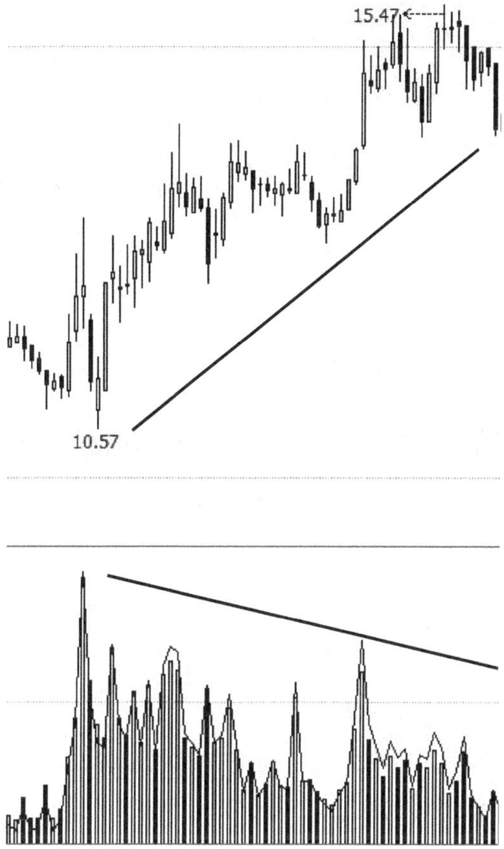


图 11.9 上涨中途量缩价涨示意图

【K 线实战】

图 11.10 所示为亿阳信通（600289）2016 年 7 月 7 日至 2017 年 4 月 25 日走势图中的上涨中途量缩价涨，在所选区域中，可以明显地看到股价在上涨的同时成交量却不断萎缩，在后期成交量放出天量后，可以明显发现，主力在大力出货后，随之而来的是股价的反转下行。在遇到此类个股时，投资者应积极参与，待成交量急剧放大后，便是逃离之时。

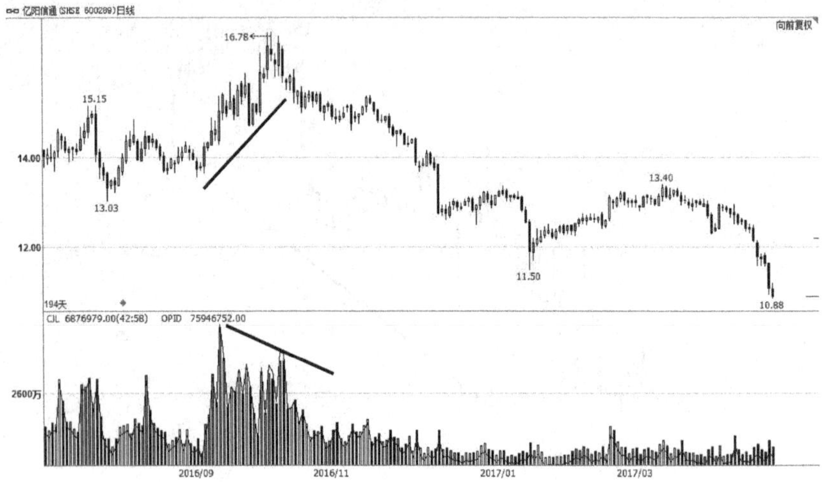


图 11.10 亿阳信通日 K 线图

**【结构分析】**

当主力手中控制了近 60% 的筹码时，市场当中的浮筹往往很有限，与此同时，若主力短期并不打算停止对股价的拉升，往往会使得涨势当中没有足够的卖盘，因而容易出现上涨缩量的形态特征。

在此类形态出现后，后期天量的出现往往预示着主力拉涨行情的结束，投资者此时应该谨慎卖出所持股份，以保证资金的安全。

## 11.3 K 线与成交量的卖点

上一节透过 K 线和成交量我们可以很好地选择股价的买点，与之相反，本节选择了两类形态帮助投资者选择卖点信号，以避免不必要的损失或者实现止盈，本节内容包括对高位量增价平和高位量增价跌两类形态进行分析，以提高投资者的操作水准。

### 11.3.1 高位量增价平

**【形态概述】**

高位量增价平是指股价在一段时间的大幅上扬后，开始在高价区域以横盘放量的形式为主力在高位出货提供良好的平台，这种形态往往同吸筹很像，但因所处价位的不同，两者表现的意义也不同。投资者在遇到此类个股时，应加以警惕并快速平仓，因为股价随时都有崩盘的可能，这属于高风险低收益的投资品种。图 11.11 所示为高位量增价平示意图。

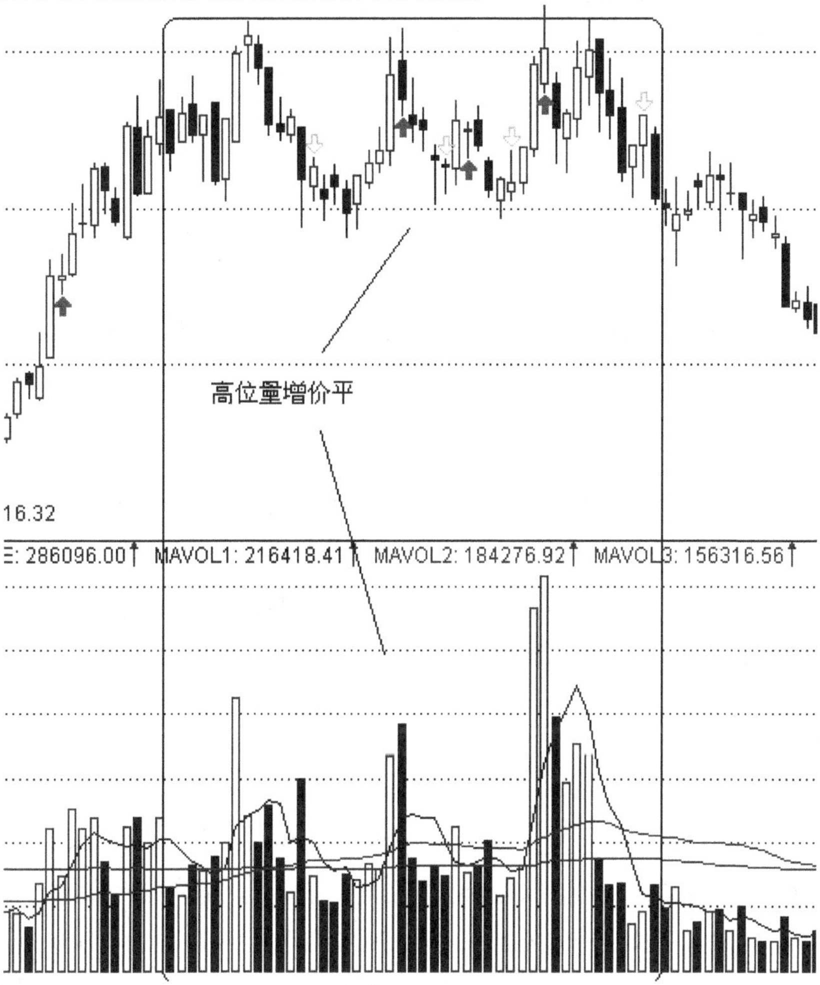


图 11.11 高位量增价平示意图

【K 线实战】

图 11.12 所示为北巴传媒（600386）2016 年 4 月 20 日至 2017 年 2 月 10 日走势图中的高位量增价平，可以看出在该区域成交量呈现出一个持续放量的状态，每天成交量高达 40 万手左右，但股价以横盘的形式滞涨。投资者在持有此类股票时应立即平仓，以避免不必要的损失。

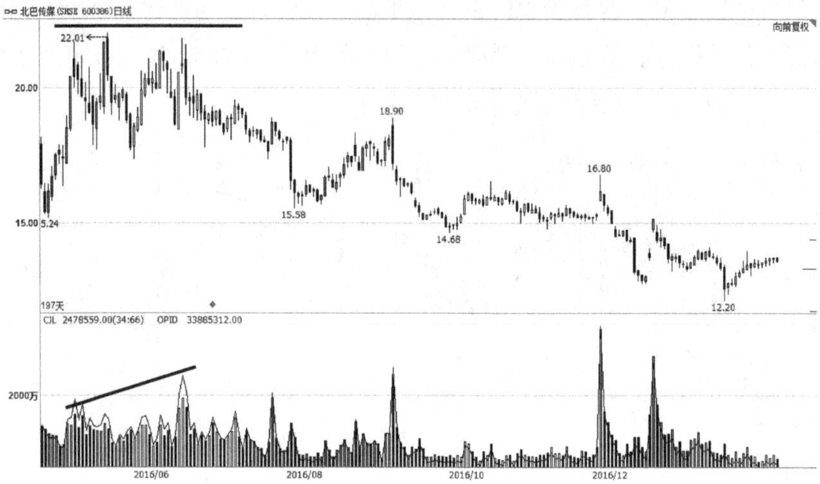


图 11.12 北巴传媒日 K 线图

**【结构分析】**

选择用成交量来吸引买盘时，主力往往拥有大量的筹码，与此同时其若选择与价格配合，则意味着主力已经吸筹完毕，虽未完全饱和，却已经准备开始以拉升的手法进行阶段性出货盈利。而没有价格进行配合时，往往意味着主力不愿继续投入成本去进行拉升，也意味着主力已经处于出货的尾声。

### 11.3.2 高位量增价跌

**【形态概述】**

高位量增价跌是指股价在一段时间的大幅上扬后，开始在高价区域反转向下，此时成交量不断放量，以显示空方力量的强悍，此类形态的出现往往会归咎于突发性的利空使得空方力量保持一致或者主力已经决心大举出货，不顾及技术支撑位和大盘的作用力。投资者在遇到此类个股时，应加以警惕并快速平仓止损，因为股价下行的速度很快，往往会带来大额损失。图 11.13 所示为高位量增价跌示意图。

图 11.13 高位量增价跌示意图

【K 线实战】

图 11.14 所示为金花股份（600080）2017 年 1 月 3 日至 2017 年 4 月 26 日走势图中的高位量增价跌，在前期股价横盘于高位后，股价开始选择下行，并如图中所示出现了价跌量增的形态，一方面显示了市场对短期底部的预期判断，使得买盘数量增加，成交量也随之放大，另一方面也显示了卖盘并未完全减弱，但此时投资者应加速平仓，以减少不必要的损失。

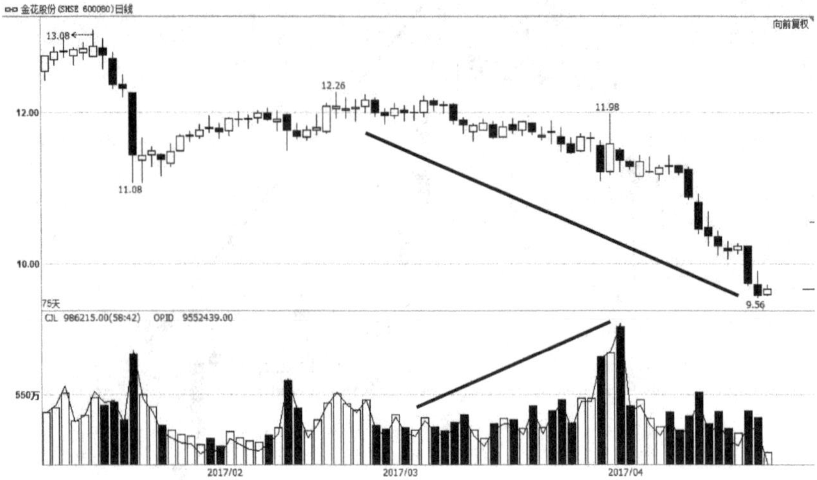


图 11.14 金花股份日 K 线图

【结构分析】

量增价跌处于相对高位时，意味着行情已经接近尾声，此时主力往往借着人气高涨不断出货，而随之而来的是跟风的抛压盘，投资者此时应该尽快斩仓，以避免损失。

量增价跌处于整理形态位时，意味着因突发性利空引发的大量抛压盘，使得股价快速下行。

量增价跌处于相对低位时，或已大幅下跌一段时间，则有可能是主力进行最后的吸筹所致。

第 12 章

# K 线与 MACD 线配合

MACD 指标源于期货市场，被应用于股票市场是因为该指标具备稳健的信号指示性，在大部分顶部底部和行情启动时，往往可以通过背离和金叉进行有效捕捉。在资本市场中，MACD、KDJ、BOLL、RSI 和 OBV 等都是常用的经典指标类型，本章将 MACD 在股票投资中所表现出的独特参考性进行细致分析，也希望投资者能够好好把握。

## 12.1 MACD 的基本概念

本节是以 MACD 的基本概念为核心内容进行分析的，为了帮助投资者更为深刻地理解 MACD 的指示作用，了解 MACD 的计算原理，明确其构成部分也尤为重要，接下来我们将全面诠释 MACD 指标的基本知识，帮助投资者巩固投资技术。

### 12.1.1 MACD 的指标构成

**【形态概述】**

MACD 又称平滑异同移动平均线，该指标的结构分为 3 个部分：DIF 线、DEA 线和 MACD 线。DIF 线是收盘价短期指数平滑移动平均线与收盘价长期指数平滑移动平均线的差值，即小周期的 EMA 减去大周期的 EMA；DEA 线是 DIF 线的 M 日指数平滑移动平均线；MACD 线是 DIF 线与 DEA 线的差值，也就是 MACD 指标中的柱状线。图 12.1 所示为 MACD 指标示意图。

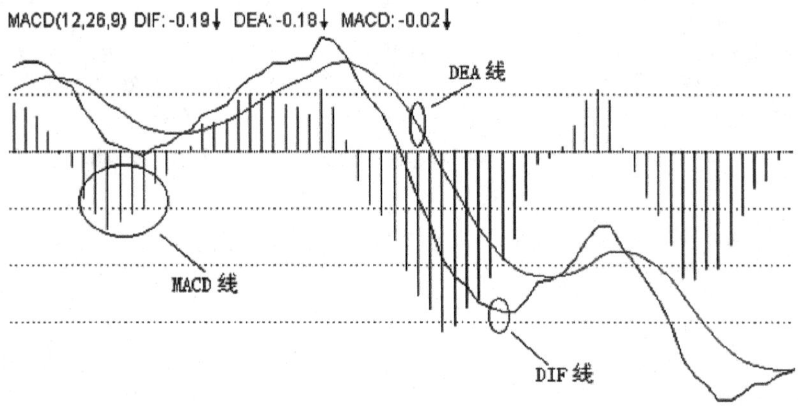


图 12.1 MACD 指标示意图

**【K 线实战】**

图 12.2 所示为智慧农业（000816）2017 年 3 月 28 日至 2017 年 4 月 25 日的 MACD 指标，从图中可以看出 EMA 指标和 MACD 指标的短中周期都是（12，26），当日 EMA1 为 6.68，EMA2 为 6.75，因而可以准确地算出 DIF=EMA1 − EMA2= − 0.07。同时昨日的 DEA 为 0.05，因而今日的 DEA= 今日的 DIF × 0.2+ 昨日的 DEA × 0.8=（ − 0.07 ）× 0.2+0.05 × 0.8=0.026≈0.03。因而今日的 MACD 柱状线 BAR=2 ×（DIF − DEA）=2 × [（ − 0.07 ）− 0.03 ] = − 0.20，与图中案例显示的数值相同。

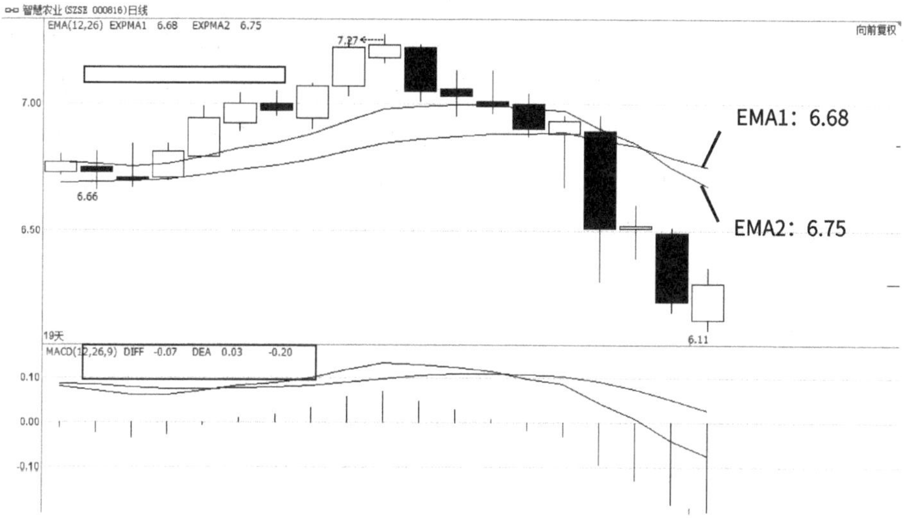


**图 12.2 智慧农业日 K 线图**

**【结构分析】**

MACD 作为趋势性指标，其本身对趋势变更的灵敏性有所欠缺，但对切换周期进行综合性研判往往具备很准确的指向性。

### 12.1.2 MACD 应用的基本原则

**【形态概述】**

当 DIF 和 DEA 处于 0 轴以上时，意味着此时的市场气氛良好，属于多头市场；当 DIF 和 DEA 处于 0 轴以下时，意味着此时的市场气氛很差，属于空头市场。当市场处于牛市调整格局时，DIF 和 DEA 显示的指标意义不具备参考性，

MACD 指标此时容易失真。图 12.3 所示为 MACD 的应用示意图。

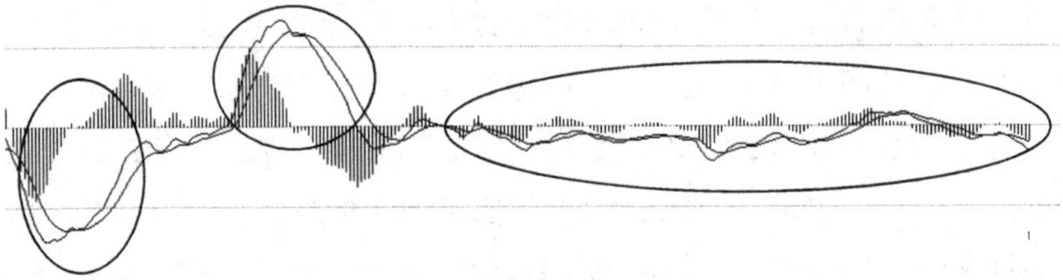

图 12.3 MACD 的应用示意图

【K 线实战】

图 12.4 所示为首创股份（600008）2015 年 12 月 8 日至 2017 年 4 月 25 日走势图中的 3 类形态，最先股价以疲弱的调整姿态俯卧于低价区域，此时 MACD 指标呈现反复上下交叉的形态，已经失去了真实的可靠性。其次，股价进入上涨行情之后，以高涨的势头一度冲向高价区域，此时 MACD 指标呈现出明显的多头市场形态，DIF 和 DEA 在 0 轴之上同股价一起向上冲刺。最后，股价涨升形态转弱，开始反转直下进入弱势格局，此时 MACD 指标也在区域 0 轴之下开始了漫长的低迷动荡。

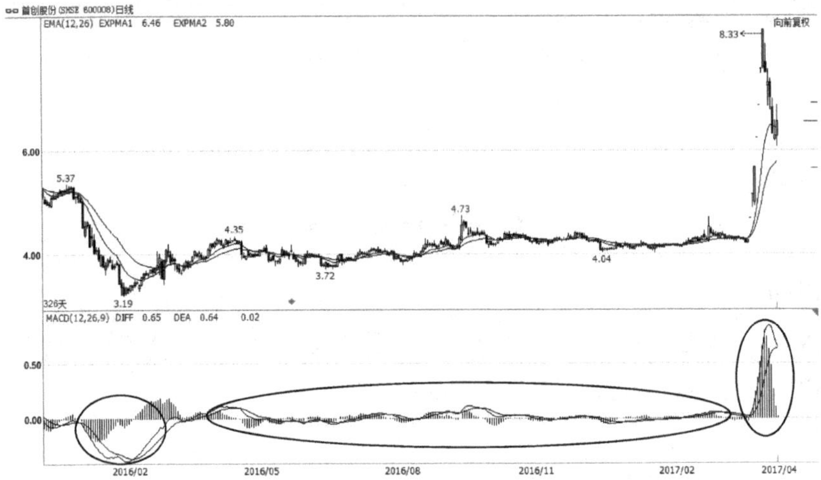


图 12.4 首创股份日 K 线图

【结构分析】

DIF 和 DEA 运行区域往往显示着股价所处趋势的强弱性，当其在 0 轴以上运行时，意味着股价处于强势的多头市场，当其在 0 轴以下运行时，意味着股价处于弱势的空头市场，当其围绕 0 轴进行反复震荡时，说明股价处于疲弱的调整格局。

股价运行趋势活跃时，DIF 会长时间处于 DEA 之上，股价运行趋势低迷时，DIF 会长时间处于 DEA 之下，股价运行趋势疲软时，DIF 和 DEA 会反复交缠，DIF 在 DEA 之上的时间等于 DIF 在 DEA 之下运行的时间。

## 12.2 MACD 指标的买点

本节将针对投资者在把握股票投资原理的同时选择好上佳买点进行有效的提点，利用 MACD 选择买点要依靠 3 类信号：MACD 的黄金交叉、低位 MACD 柱状线的萎缩和 MACD 的底背离形态。

### 12.2.1 MACD 黄金交叉

**【形态概述】**

MACD 黄金交叉是指 DIF 线由下向上快速运行，同 DEA 线形成的交叉，被称为黄金交叉（金叉）。此时 DIF 线和 DEA 线形成交点，因而 MACD 柱状线近乎没有，当黄金交叉处于 0 轴以下时，会出现空头市场接近尾声的信号。如果黄金交叉处于 0 轴以上，则是底部反转或是涨势中途回落结束的标志，此时进入市场往往是上佳选择。图 12.5 所示为 MACD 黄金交叉示意图。

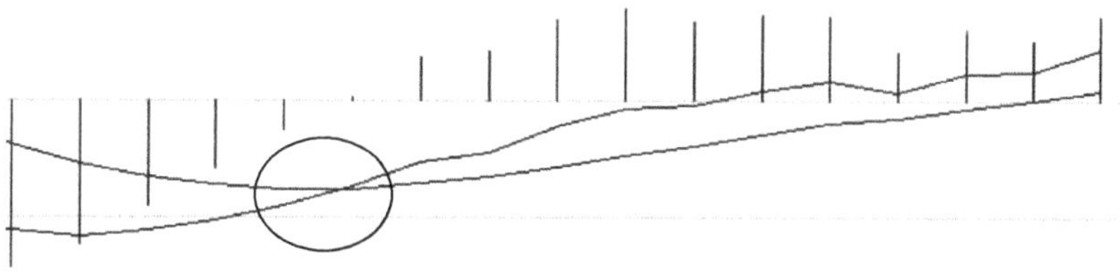

图 12.5 MACD 黄金交叉示意图

**【K 线实战】**

图 12.6 所示为日照港（600017）2017 年 1 月 20 日至 2017 年 2 月 23 日走势图中 0 轴之下的 MACD 黄金交叉，此时股价以多个星线进行重心平铺的短暂整理。随之而来的是股价进入一波上涨行情，顺利实现了对前期跌势的反转。因而 0 轴之下的 MACD 黄金交叉往往意味着股价的阶段性买点已经出现，投资者在遇到此类形态时应果断买进，赚取利润。

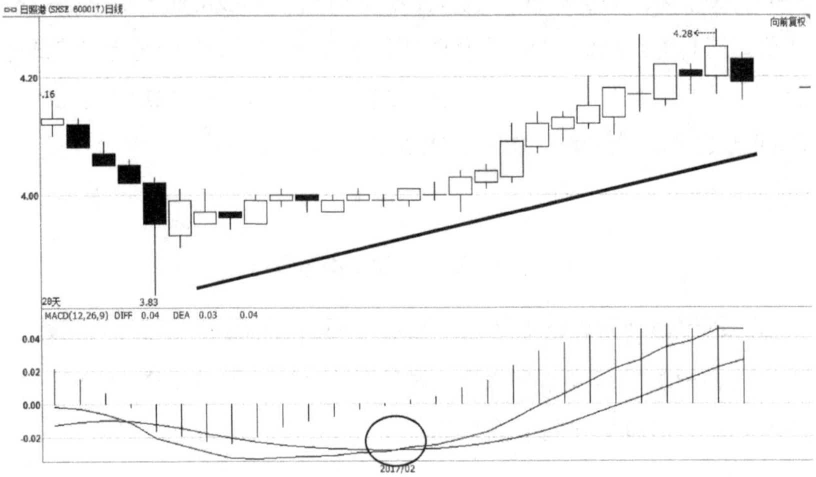


图 12.6 日照港日 K 线图

【K 线实战】

图 12.7 所示为福建高速（600033）2017 年 1 月 16 日至 2017 年 4 月 13 日走势图中 0 轴之上的黄金交叉，可以看出前期股价早已进入上涨趋势，只是短暂的回落整理使得 MACD 指标在 0 轴之上形成了一个更为强势的黄金交叉，之后股价快速拉升，短暂冲高实现了股价的最后冲刺。投资者在遇到此类形态时，可以快速买进做短线投资。

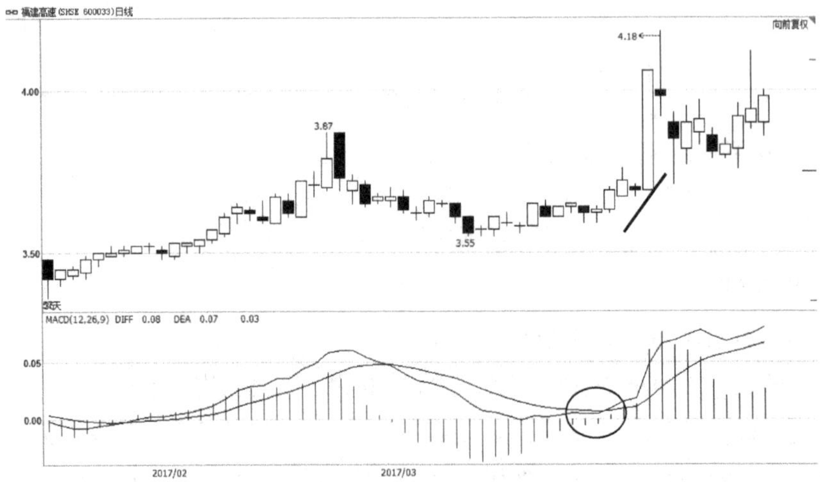


图 12.7 福建高速日 K 线图

【结构分析】

MACD 指标在 0 轴之下容易形成多个短暂的黄金交叉，但最后一个黄金交叉往往意味着趋势的反转，市场趋势会逐渐转强，但此类黄金交叉带动的上涨行情不算最坚挺。

MACD 指标在 0 轴之上形成的黄金交叉，更多是股价上涨趋势中途的回落调整，调整的幅度越浅、时间越短，意味着短期内将越容易产生大行情或是涨势尾声的冲高行情。

MACD 在进行 0 轴之上的回落调整时，前期 MACD 顶部时段 K 线多在小阳线出现时更具参考意义，若频繁出现中大阳线，则有阶段性见顶的可能，之后的强势黄金交叉更趋向于是趋势反转之后的小反弹。

### 12.2.2 MACD 柱状线的买点

【形态概述】

MACD 指标中的 MACD 线以柱状形态表现着 DIF 与 DEA 之差，显示着股价在运行过程中的动能力量。根据邻近的柱状线之间的连线，可以清晰地看出动能运行的速率，掌握股价在趋势上所处的位置。投资者认识了这类形态，可以有效地把握股价的变化规律，提高收益率。图 12.8 所示为 MACD 柱状线的买点示意图。

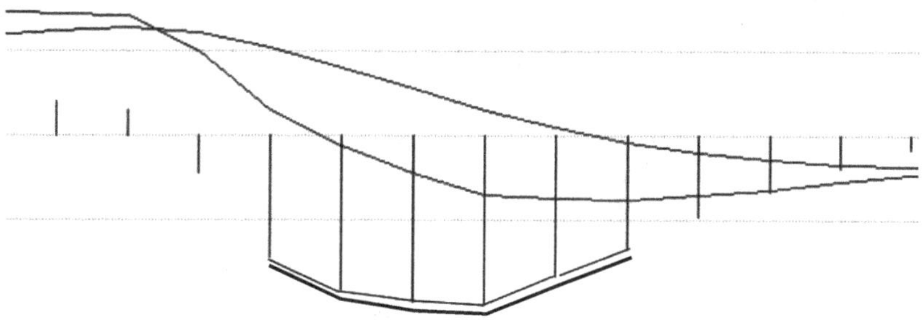

图 12.8 MACD 柱状线的买点示意图

【K 线实战】

图 12.9 所示为万东医疗（600055）2017 年 1 月 5 日至 2017 年 4 月 25 日走势图中弱势 MACD 柱状线的买点，这类买点往往是底部反转形态，因而拉涨力度往往略显弱势。但是可以明显发现，作为一个中线持有的个股，此类买点的

出现，往往可以给投资者带来不错的收益，因此投资者在遇到此类个股时应该适当参与，以待收益。

图 12.9 万东医疗日 K 线图

【K 线实战】

图 12.10 所示为保利地产（600048）2017 年 3 月 6 日至 2017 年 4 月 14 日走势图中强势 MACD 柱状线的买点，可以看出当 MACD 柱状线不断萎缩时，DIF 和 DEA 均位于 0 轴之上，此时股价在前期涨势之后中途形成短回落，之后必然有一波快涨行情，因而出现此类形态时，短线买进会有大额回报。

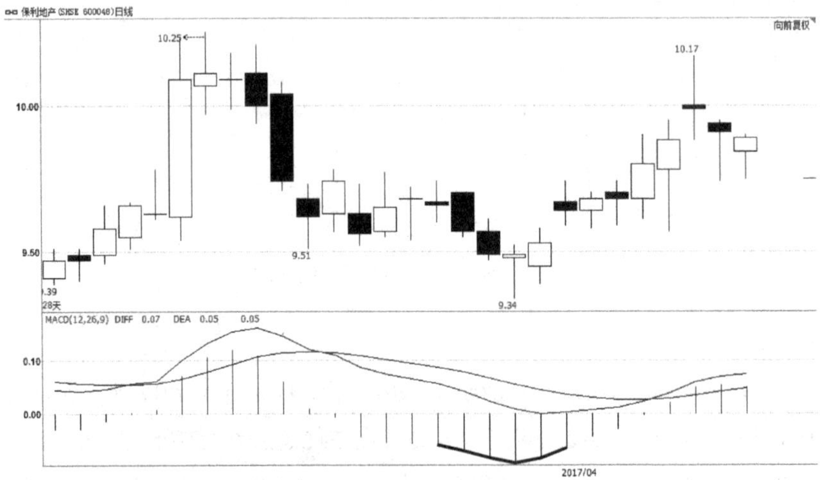

图 12.10 保利地产日 K 线图

【结构分析】

MACD 线萎缩形成的买点位于 0 轴之下属于弱势买点，位于 0 轴之上属于强势买点，位于 0 轴附近属于介于弱势和强势之间的买点。

MACD 线萎缩形成的买点，往往会先进行温和的萎缩，之后再进行快速萎缩，显示了萎缩速率的变化，之后在 0 轴附近再次出现平缓萎缩时可以作为第二买点，之后很可能会出现第二次快速放大的阳 K 线。

### 12.2.3 低位 MACD 指标与股价运行趋势形成的底背离

【形态概述】

低位 MACD 指标与股价趋势形成的底背离是指股价在长期不断下跌探至低价区域后，MACD 指标开始形成和股价走势相反的形态，底背离分为 3 类：MACD 双曲线与股价运行趋势形成的底背离，MACD 柱状线与股价运行趋势形成的底背离，MACD 双曲线、柱状线都与股价运行趋势形成的底背离。图 12.11 所示为 MACD 指标与股价运行趋势形成的底背离示意图。

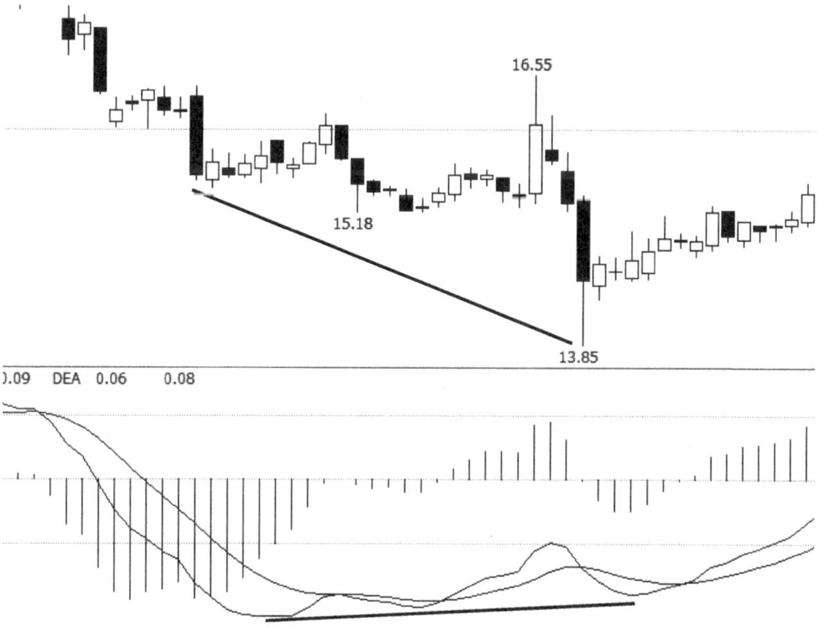


图 12.11 MACD 指标与股价运行趋势形成的底背离示意图

【K 线实战】

图 12.12 所示为长江投资（000528）2016 年 10 月 26 日至 2017 年 4 月 25 日走势图中 MACD 双曲线与股价运行趋势形成的底背离，可以很明显地看出，此时股价处在下跌通道，并且下跌不止，同时每一波下跌的长度都在不断递减，MACD 指标中的 DIF 线形成的底部趋势恰与股价运行趋势相反，呈现出明显的底部背离，此时 MACD 柱状线未发生背离，底背离的出现往往意味着股价已经接近底部或即将反转向上，投资者在遇到此类形态时，应该密切关注，随时准备买进。

图 12.12 长江投资日 K 线图

图 12.13 所示为西部资源（600139）2016 年 10 月 12 日至 2017 年 4 月 12 日走势图中 MACD 柱状线与股价运行趋势形成的底背离，此时股价形成了明显的下降趋势，在 MACD 柱状线形成的两底倾斜向上时，MACD 的双曲线与股价没有出现背离，此时股价开始逐渐转强，底部形态构建结束并被成功反转，因而投资者在遇到此类个股形态时应果断买进。

**图 12.13 西部资源日 K 线图**

图 12.14 所示为太原重工（600169）2016 年 11 月 7 日至 2017 年 2 月 27 日走势图中 MACD 指标与股价运行趋势形成的底背离。从图中可以明显看出股价在不断下行，但同时 MACD 指标中 DIF 和 MACD 柱状线构建的底部却呈现不断上升的形态。此时的底背离正是 MACD 与股价运行趋势的底背离中最为强劲的，因而后期出现的反转行情维持了 9 个月之久，投资者可选择此类品种中长线持有。

**图 12.14 太原重工日 K 线图**

【结构分析】

MACD 指标在股价不断下降的趋势中容易出现连续的底背离，此时 MACD 指标会出现多个不断上升的底部，一般当出现第三个底部时，是获取利润的上佳位置。

MACD 双曲线与股价运行趋势形成的底背离的可信度弱于 MACD 柱状线与股价运行趋势形成的底背离，底背离信号最强的是 MACD 指标中的双曲线、MACD 柱状线都与股价运行趋势形成的底背离。

当 MACD 柱状线与股价运行趋势形成的底背离时，柱状线逐渐萎缩，接近 0 轴，此时往往是短线上佳买点。

## 12.3 MACD 指标的卖点

在上一节中，我们针对 MACD 指标的买点进行了有效分析，而本节则为投资者提供了经典的卖点信息。在本节中，我们将对 MACD 的死亡交叉、高位 MACD 柱状线的萎缩和 MACD 顶背离进行全面详解，帮助投资者掌握合适的卖点，实现止盈的目标。

### 12.3.1 MACD 死亡交叉

【形态概述】

MACD 死亡交叉是指 DIF 线由上向下快速运行同 DEA 线形成的交叉。此时 DIF 线和 DEA 线形成交点，因而 MACD 柱状线近乎没有，当死亡交叉处于 0 轴以上时，会出现多头市场接近尾声的信号。如果死亡交叉处于 0 轴以下，则是下降趋势中途反弹结束的标志，此时离开市场往往是上佳选择。图 12.15 所示为 MACD 死亡交叉示意图。

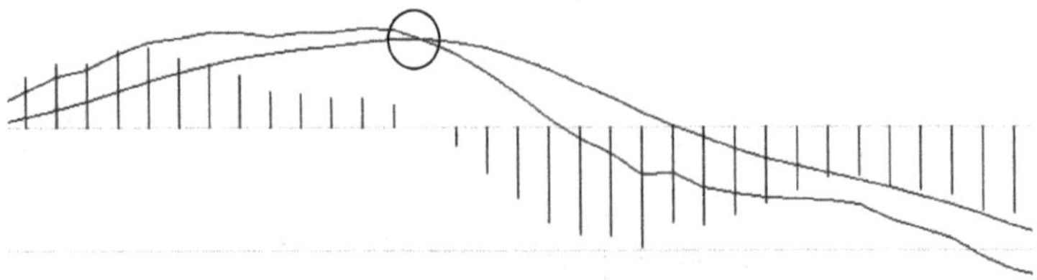

图 12.15 MACD 死亡交叉示意图

【K 线实战】

图 12.16 所示为莲花健康（600186）2017 年 1 月 19 日至 2017 年 4 月 25 日走势图中的 MACD 死亡交叉，从图中可以看出前期股价处于下降通道，在实现小反弹后股价继续拐点向下，同时 MACD 双曲线也在 0 轴之下由 DIF 向下对 DEA 形成死亡交叉，预示着股价反弹的彻底结束，投资者在此时应该果断斩仓，以规避风险。

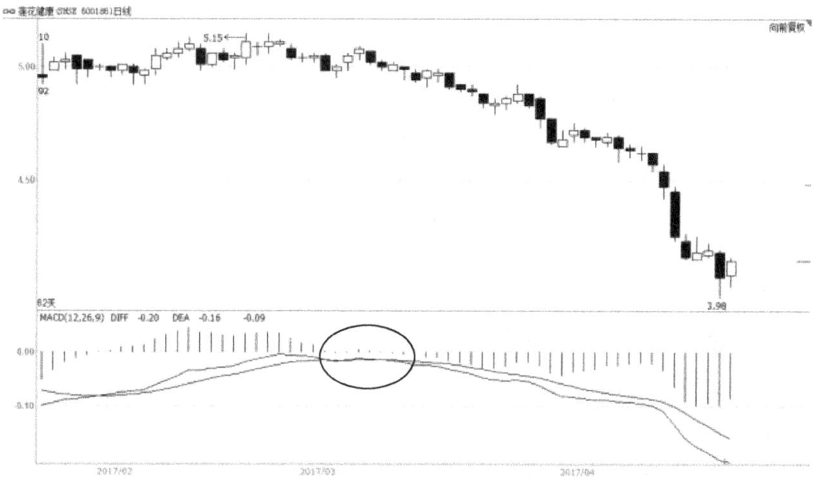

图 12.16 莲花健康日 K 线图

【K 线实战】

图 12.17 所示为华资实业（600191）2016 年 8 月 19 日至 2017 年 4 月 25 日走势图中的两个死亡交叉，从图中可以清晰地看出两个死亡交叉形态分别出现在股价上涨趋势的中途和尾声，而且两个死亡交叉都出现在 0 轴之上。在第一个死亡交叉出现之后，MACD 柱状线开始变绿，短暂的 4 天调整后，股价调整结束继续上行；第二个死亡交叉出现后，股价开始不断下行，顶部形态构建结束，股价趋势被彻底反转。投资者在遇到这两类死叉时应注意区分：第一个死亡交叉出现时，K 线重心没有明显下移，就算下移也会被快速拉起，而第二个死亡交叉出现之后，K 线重心出现了明显的下移过程；同时第一个死亡交叉出现时附近往往伴随的是小 K 线，而第二个死亡交叉出现时附近伴随的往往是大阴大阳线，有明显的大震幅。

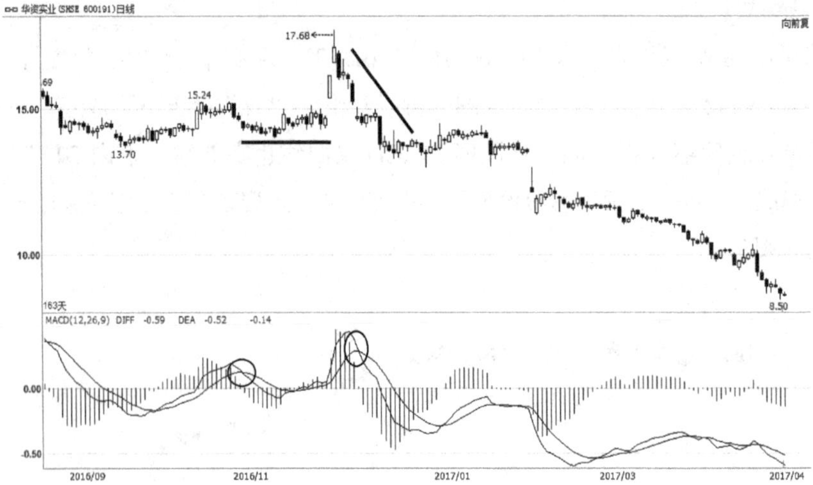


图 12.17 华资实业日 K 线图

**【结构分析】**

MACD 指标在 0 轴附近出现死亡交叉往往预示着股价当期的趋势只是小反弹，并且小反弹已经接近尾声。

MACD 指标在股价上涨趋势中在 0 轴之上的高处形成死亡交叉时，往往意味着股价对上涨趋势的短暂调整或是股价上涨趋势的结束。

## 12.3.2 MACD 柱状线的卖点

**【形态概述】**

MACD 指标中的 MACD 线以柱状形态表现着 DIF 与 DEA 之差，显示着股价在运行过程中的动能力量。根据邻近的柱状线之间的连线，可以清晰地看出动能运行的速率，掌握股价在趋势上所处的位置。投资者认识了这类形态，可以有效地把握股价的变化规律，提高收益率。图 12.18 所示为 MACD 柱状线的卖点示意图。

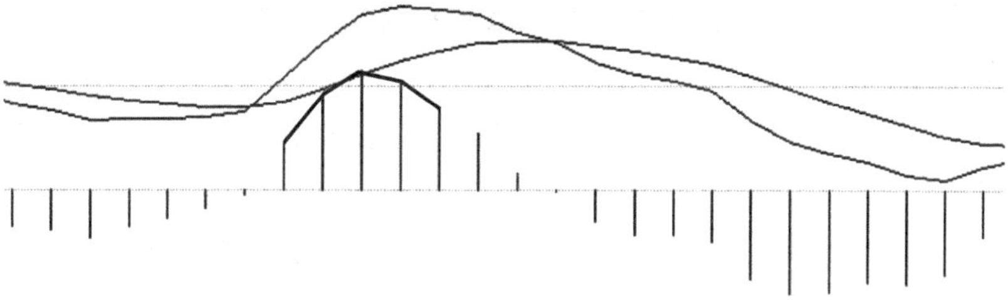

图 12.18 MACD 柱状线的卖点示意图

**【K 线实战】**

图 12.19 所示为生物股份（600201）2016 年 10 月 19 日至 2017 年 1 月 18 日走势图中 MACD 柱状线的卖点。可以看出当 MACD 柱状线不断萎缩时，DIF 和 DEA 均位于 0 轴之上，此时正是股价在前期涨势之后中途形成的趋势反转。之后出现一波快跌行情，因而此类形态往往意味着极大的持有风险，投资者应谨慎规避。

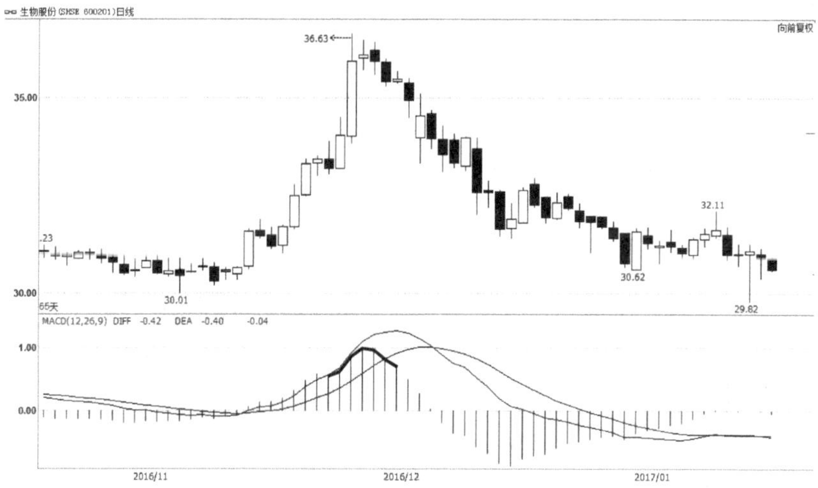


图 12.19 生物股份日 K 线图

**【结构分析】**

股价高涨后，MACD 线萎缩形成的卖点位于 0 轴之下，属于转势卖点，此时顶部的确认往往也需配合 K 线的形态和成交量的放大。

MACD 线萎缩形成的卖点，往往会先进行温和的萎缩，之后再进行快速萎缩，显示了萎缩速率的变化，此时应该谨慎斩仓，以减少不必要的损失。

### 12.3.3 高位 MACD 指标与股价运行趋势形成的顶背离

【形态概述】

高位 MACD 指标与股价趋势形成顶背离是指股价在长期不断上涨探至高价区域后，MACD 指标开始形成和股价走势相反的形态。顶背离分为 3 类：MACD 双曲线与股价运行趋势形成的顶背离、MACD 柱状线与股价运行趋势形成的顶背离和 MACD 双曲线、柱状线都与股价运行趋势形成的顶背离。图 12.20 所示为 MACD 指标与股价运行趋势形成的顶背离示意图。

图 12.20 MACD 指标与股价运行趋势形成的顶背离示意图

【K 线实战】

图 12.21 所示为赤天化（600227）2016 年 8 月 24 日至 2017 年 1 月 18 日走势图中 MACD 双曲线与股价运行趋势形成的顶背离。股价以两高上升的高点形成一个继续向上的趋势，但同时 MACD 中两次形成了死亡交叉，DIF 所构建的两个顶部轻微地向下倾斜，与股价的 K 线形态形成鲜明的反差。此时 MACD 柱状线没有明显的背离特征，后期股价也一路向下，显示了 MACD 双曲线与股价趋势背离的意义，投资者此时应该准确地选择好卖点，果断斩仓。

图 12.21 赤天化日 K 线图

图 12.22 所示为江苏舜天（600287）2016 年 4 月 22 日至 2017 年 4 月 25 日走势图中 MACD 柱状线与股价运行趋势形成的顶背离，可以清晰地看出股价在一个长期向上的运行过程中，以反复的震荡显示着涨势的疲态。在连续构建两个上升的顶部形态后，MACD 指标的柱状线出现了两个倾斜向下的柱峰，因而可以判断顶背离已经形成。后期股价不断下行，也致使 DIF 和 DEA 进入 0 轴之下的空头市场，投资者此时应该警惕清仓。

图 12.22 江苏舜天日 K 线图

图 12.23 所示为澳柯玛（600336）2016 年 4 月 22 日至 2017 年 4 月 25 日走势图中 MACD 指标与股价运行趋势形成的顶背离。此时 MACD 的双曲线和柱状线均与股价 K 线形成明显的顶背离，此时的顶背离属于最强势的顶背离。之后股价不断下行，DIF 和 DEA 也开始反复运行在 0 轴之下，投资者此时应该避免参与此类个股，以减少不必要的损失。

图 12.23 澳柯玛日 K 线图

**【结构分析】**

在 MACD 指标与股价运行趋势形成的顶背离形态当中，MACD 双曲线、柱状线都与股价运行趋势形成的顶背离对股价的趋势反转作用最强，但其他顶背离指标也同样准确，顶背离信号的可靠性要高于底背离信号。

MACD 指标在股价不断上升的趋势中，容易出现连续的顶背离，此时 MACD 指标会出现多个不断上升的顶部，一般出现第三个顶部时，是止盈清仓的上佳时机。

当 MACD 柱状线与股价运行趋势形成顶背离时，柱状线逐渐萎缩，接近 0 轴，此时往往是短线上佳卖点。

第 13 章

# K 线与分时图配合

股市中的另类技术法宝当属分时图中的宝贵信息，分时图因其看似简略却深藏主力的操盘手法而备受推崇。本章将针对分时图中的股价、均价线、内外盘、量比、换手率和成交明细进行分析，帮助投资者掌握分时图的基础知识，看清主力的操作手法及动向，投资者与此同时也应该更多地思考并观察分时图的深意。

## 13.1 分时图的基础知识

本节对分时图中常见的技术知识予以详解，帮助投资者打好基础，了解股市动向原理。希望投资者可以认真研习，以提高自身投资水准。

### 13.1.1 股价与均价线

**【形态概述】**

分时图中出现的白线为股票的即时价格，也就是当前最新的主买或主卖的价格；黄线是股票盘内的平均价格，是当前已出现的价格进行平均运算后的值。股价与均价线的关系表现为 3 种：股价位于均价线之上，股价围绕均价线进行反复的波动震荡或缠绕，股价位于均价线之下。股价位于均价线之上意味着股价处于较强势的价格走势当中；股价与均价线缠绕或上下大幅波动震荡属于普通的价格走势，略显疲弱；股价位于均价线之下意味着股价处于较弱势的价格走势当中。图 13.1 所示为股价与均价线示意图。

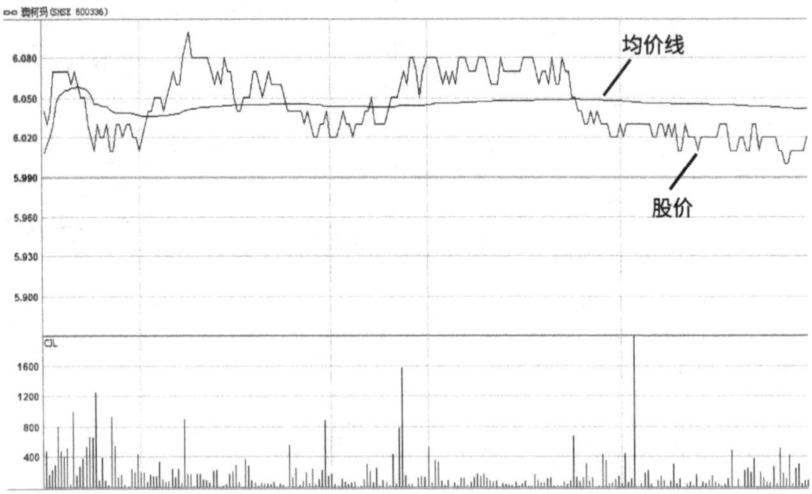


图 13.1 股价与均价线示意图

【K 线实战】

图 13.2 所示为大晟文化（600892）2017 年 4 月 25 日的分时图，从图中可以清晰地看出，股价稳居于均价线之上，显示了该股的强势性。

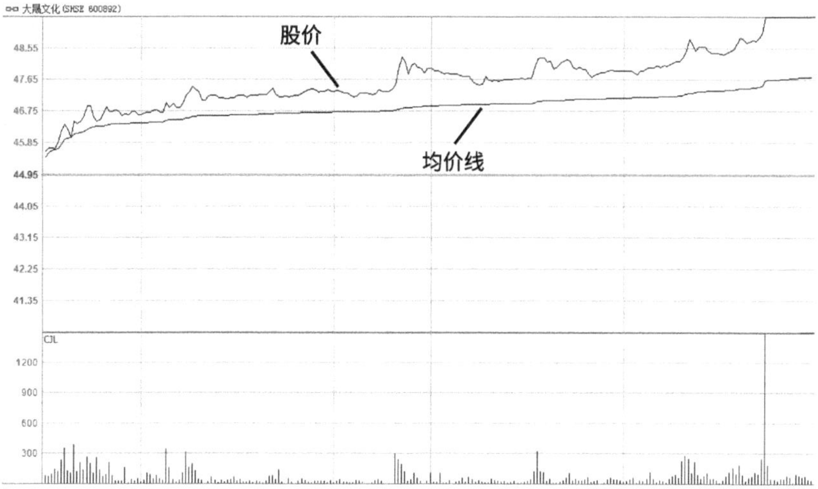


图 13.2 大晟文化分时图

图 13.3 所示为浦发银行（600000）2017 年 4 月 25 日的分时图，从图中可以清晰地看出，股价围绕均价线上下波动，显示了该股的疲弱性。

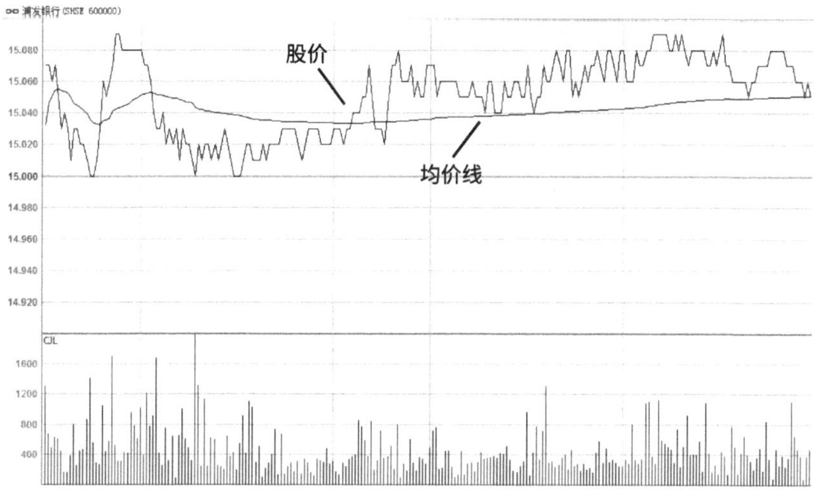


图 13.3 浦发银行分时图

【K 线实战】

图 13.4 所示为嘉澳环保（603822）2017 年 4 月 25 日的分时图，从图中可以清晰地看出，股价长期位于均价线之下，显示了该股的弱势性。

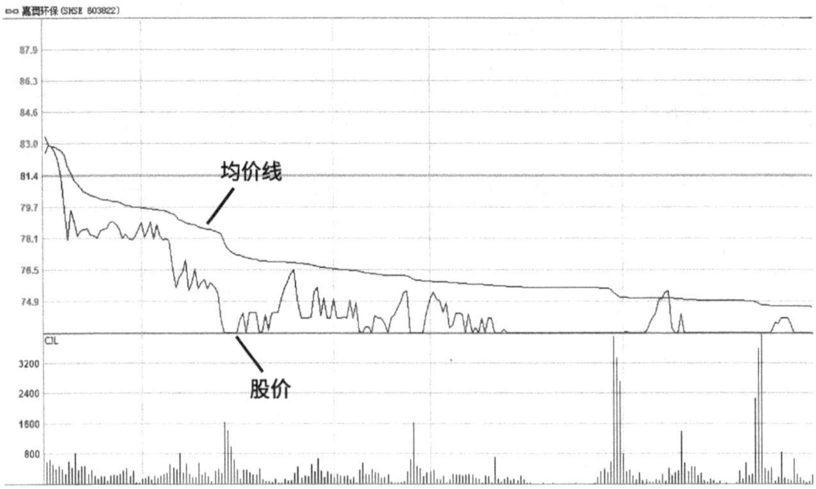


图 13.4 嘉澳环保分时图

【结构分析】

股价和均价线的比价往往意味着股价当天走势的强弱，预示着股价盘内的意图。

### 13.1.2 内外盘

【形态概述】

内外盘是内盘和外盘的合称，内盘是指股价当日开市期间，主动性卖盘纷纷涌向买盘五档而形成的成交量总和；而外盘是指股价当日开市期间，主动性买盘纷纷涌向卖盘五档而形成的成交量总和。根据内外盘的比较，可以分为 3 种情况：外盘大于内盘，外盘等于内盘和内盘大于外盘。外盘大于内盘意味着买盘力量更大，有大量的资金涌入个股；外盘等于内盘意味着多空力量持平；内盘大于外盘意味着卖盘力量更大，有大量的资金涌出个股。

【K 线实战】

图 13.5 所示为新华网（600388）2017 年 4 月 25 日的分时图，盘中外盘为

22882 手，内盘为 15370 手，外盘明显强于内盘，因而为正常的阳 K 线，分时图中股价也稳居于均价线之上。

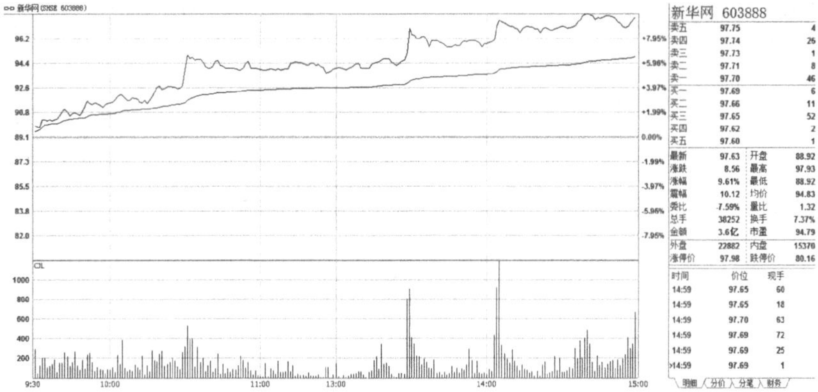


图 13.5 新华网分时图

图 13.6 所示为贵州茅台（600519）2017 年 4 月 25 日的分时图，盘内外盘为 37569 手，内盘为 38624 手，外盘小于内盘，但是股价稳稳居于均价线之上，并且 K 线涨停收了一根大大的阳 K 线，这告诉我们，内外盘的数据也只是一种参考，投资者在实际投资中应灵活运用，切勿生搬硬套。

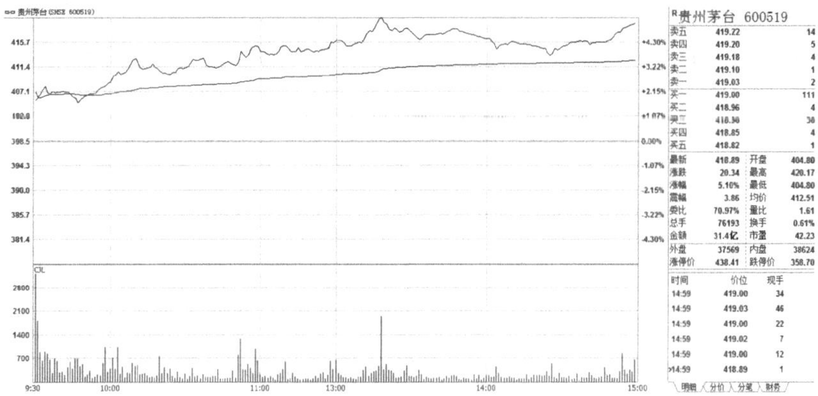


图 13.6 贵州茅台分时图

**【结构分析】**

一般情况下，外盘大于内盘会收于一根阳 K 线，内盘大于外盘会收于一根阴 K 线，但在实际操作中，往往会出现一些股票外盘大于内盘而形成的阴 K 线，或是内盘大于外盘而形成的阳 K 线。

外盘大于内盘而形成阴 K 线，表示有大量买盘进入却被 K 线所掩饰，比较典型的分时图类型是尾盘大单砸下所致，其中所透露的信号因具体图形的不同而不同，一般是主力以前期股价为掩饰进行出货，或是主力以 K 线图形为掩饰进行进仓。

内盘大于外盘而形成阳 K 线时，表示有大量卖盘涌出，比较典型的分时图有早盘或尾盘突然快速拉起，透露的信号也因具体图形的不同而不同，一般可分为主力以阳线为掩饰进行出货或是以前期股价为掩饰进行整理。

### 13.1.3 量比和换手率

**【形态概述】**

量比是指开市后平均每分钟的成交量与之前 5 个交易日中平均每分钟的成交量之比。量比在 0.8 ~ 1.5 之间属于正常成交量，在 2.5 ~ 5 之间属于温和放量，在 5 ~ 10 之间属于剧烈放量，在 10 以上属于趋势反转的信号，在 20 以上属于趋势反转的信号加强，在 0.8 以下属于缩量。换手率也是基于成交量建立的指标，是指当期成交量除以股票流通盘的比例。大部分股票换手率处于 3% 之下均属于正常值; 换手率处于 3% ~ 7% 时，表示该股开始进入活跃状态; 换手率在 7% ~ 10% 时，属于强势股，表示股价在高度活跃中；换手率在 10% ~ 15% 时，属于资金量较大的主力密切参与的个股; 换手率在 15% 以上时，往往表示具备黑马的潜力。图 13.7 所示为量比和换手率示意图。

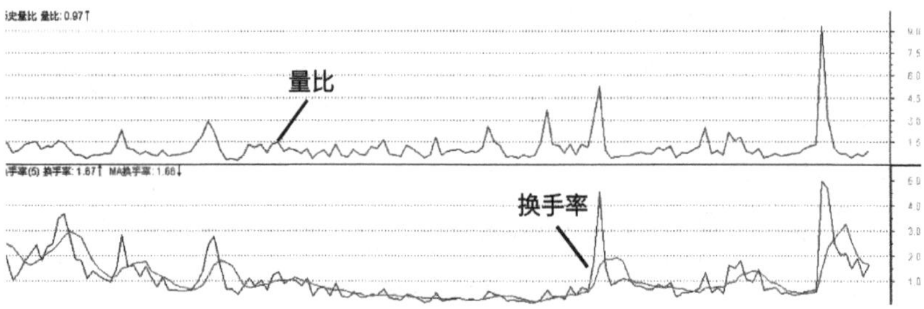


图 13.7 量比和换手率示意图

**【K 线实战】**

图 13.8 所示为海量数据（603138）2017 年 4 月 25 日的分时图，盘内量比为 1.18，属于温和放量，换手率为 23.99%，表示股价进入活跃阶段。

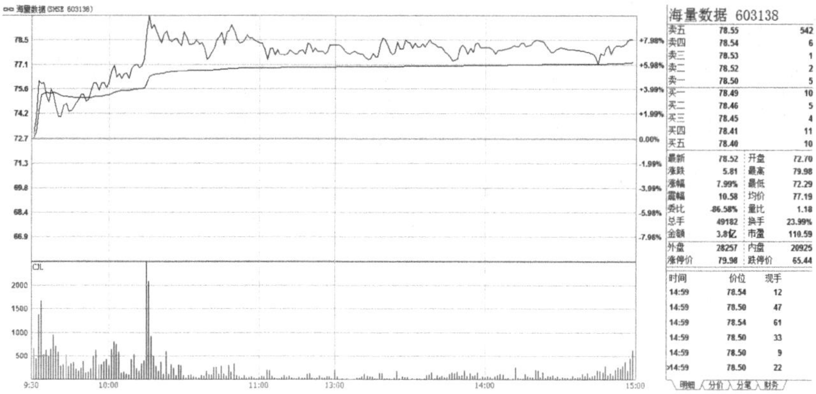


图 13.8 海量数据分时图

**【结构分析】**

量比作为股票当期每分钟均成交量与之前一段周期的均成交量之比，往往容易忽视成交量的阶段持续性特征，在放量或缩量持续时间较长时，容易失效。

换手率表现的成交量特征往往缺乏对临近交易日的比对性，因而容易忽略股价的拐点区。

### 13.1.4 成交明细

**【形态概述】**

成交明细是指开市期间，买盘卖盘在交易过程中以单量的形式显现的成交单，向下的箭头表示主动性卖盘，向上的箭头表示主动性买盘。成交明细往往透露着主力在盘内所表现的具体操作思维，可以被看作是主力操作方向的指示标志。图 13.9 所示为成交明细示意图。

海量数据 603138 成交明细

| 时间 | 成交 | 现手 | 笔数 | 时间 | 成交 | 现手 | 笔数 | 时间 | 成交 | 现手 | 笔数 | 时间 | 成交 | 现手 | 笔数 |
|---|---|---|---|---|---|---|---|---|---|---|---|---|---|---|---|
| 14:52 | 78.11 | 1↑ | 1 | 14:54 | 78.16 | 17↑ | 1 | 14:56 | 78.20 | 55↑ | 1 | 14:58 | 78.49 | 54↑ | 1 |
| 14:52 | 78.10 | 21↓ | 1 | 14:54 | 78.16 | 6↑ | 1 | 14:56 | 78.20 | 30↑ | 1 | 14:58 | 78.49 | 12↑ | 1 |
| 14:52 | 78.10 | 1↓ | 1 | 14:54 | 78.16 | 1↓ | 1 | 14:56 | 78.20 | 66↑ | 1 | 14:58 | 78.50 | 11↑ | 1 |
| 14:52 | 78.11 | 1↑ | 1 | 14:54 | 78.17 | 82↑ | 1 | 14:56 | 78.19 | 85↓ | 1 | 14:58 | 78.55 | 142↑ | 1 |
| 14:52 | 78.14 | 6↑ | 1 | 14:54 | 78.13 | 9↑ | 1 | 14:56 | 78.21 | 8↑ | 1 | 14:58 | 78.49 | 35↓ | 1 |
| 14:52 | 78.10 | 10↓ | 1 | 14:54 | 78.15 | 7↑ | 1 | 14:56 | 78.20 | 3↓ | 1 | 14:58 | 78.50 | 18↑ | 1 |
| 14:52 | 78.14 | 22↑ | 1 | 14:54 | 78.13 | 6↓ | 1 | 14:56 | 78.25 | 22↑ | 1 | 14:58 | 78.54 | 7↑ | 1 |
| 14:52 | 78.15 | 60↑ | 1 | 14:54 | 78.13 | 22↓ | 1 | 14:56 | 78.28 | 12↑ | 1 | 14:58 | 78.54 | 17↑ | 1 |
| 14:52 | 78.16 | 4↑ | 1 | 14:54 | 78.15 | 18↑ | 1 | 14:56 | 78.27 | 15↓ | 1 | 14:58 | 78.50 | 66↓ | 1 |
| 14:52 | 78.14 | 9↓ | 1 | 14:54 | 78.13 | 4↓ | 1 | 14:56 | 78.30 | 7↑ | 1 | 14:58 | 78.55 | 30↑ | 1 |
| 14:52 | 78.16 | 9↑ | 1 | 14:54 | 78.15 | 8↑ | 1 | 14:57 | 78.29 | 38↑ | 1 | 14:58 | 78.55 | 20↑ | 1 |
| 14:52 | 78.15 | 8↑ | 1 | 14:55 | 78.14 | 16↓ | 1 | 14:57 | 78.28 | 18↓ | 1 | 14:59 | 78.55 | 16↑ | 1 |
| 14:53 | 78.15 | 1↓ | 1 | 14:55 | 78.13 | 45↓ | 1 | 14:57 | 78.30 | 25↑ | 1 | 14:59 | 78.49 | 1↓ | 1 |
| 14:53 | 78.15 | 8↓ | 1 | 14:55 | 78.15 | 11↑ | 1 | 14:57 | 78.30 | 10↓ | 1 | 14:59 | 78.50 | 21↓ | 1 |
| 14:53 | 78.17 | 44↑ | 1 | 14:55 | 78.15 | 8↓ | 1 | 14:57 | 78.35 | 11↑ | 1 | 14:59 | 78.55 | 27↑ | 1 |
| 14:53 | 78.16 | 6↓ | 1 | 14:55 | 78.15 | 8↓ | 1 | 14:57 | 78.37 | 9↑ | 1 | 14:59 | 78.50 | 12↑ | 1 |
| 14:53 | 78.17 | 11↑ | 1 | 14:55 | 78.15 | 8↑ | 1 | 14:57 | 78.35 | 1↓ | 1 | 14:59 | 78.55 | 63↑ | 1 |
| 14:53 | 78.16 | 3↓ | 1 | 14:55 | 78.16 | 11↑ | 1 | 14:57 | 78.38 | 15↑ | 1 | 14:59 | 78.54 | 6↑ | 1 |
| 14:53 | 78.18 | 35↑ | 1 | 14:55 | 78.16 | 29↑ | 1 | 14:57 | 78.39 | 22↑ | 1 | 14:59 | 78.55 | 53↑ | 1 |
| 14:53 | 78.18 | 8↑ | 1 | 14:55 | 78.16 | 8↓ | 1 | 14:57 | 78.43 | 4↑ | 1 | 14:59 | 78.50 | 25↓ | 1 |
| 14:53 | 78.15 | 88↓ | 1 | 14:55 | 78.16 | 2↓ | 1 | 14:57 | 78.48 | 12↑ | 1 | 14:59 | 78.55 | 72↑ | 1 |
| 14:53 | 78.17 | 20↑ | 1 | 14:55 | 78.17 | 74↑ | 1 | 14:57 | 78.48 | 12↑ | 1 | 14:59 | 78.54 | 22↑ | 1 |
| 14:53 | 78.17 | 11↓ | 1 | 14:55 | 78.18 | 6↑ | 1 | 14:57 | 78.48 | 17↓ | 1 | 14:59 | 78.52 | 15↑ | 1 |
| 14:53 | 78.17 | 11↓ | 1 | 14:55 | 78.17 | 5↓ | 1 | 14:57 | 78.50 | 7↑ | 1 | 14:59 | 78.50 | 21↓ | 1 |
| 14:53 | 78.18 | 14↑ | 1 | 14:55 | 78.18 | 55↑ | 1 | 14:57 | 78.50 | 25↑ | 1 | 14:59 | 78.50 | 17↓ | 1 |
| 14:53 | 78.16 | 9↑ | 1 | 14:55 | 78.18 | 16↓ | 1 | 14:58 | 78.50 | 2↑ | 1 | 14:59 | 78.50 | 68↓ | 1 |
| 14:53 | 78.13 | 6↓ | 1 | 14:55 | 78.18 | 18↑ | 1 | 14:58 | 78.50 | 33↑ | 1 | 14:59 | 78.54 | 61↑ | 1 |
| 14:54 | 78.15 | 54↓ | 1 | 14:56 | 78.16 | 47↓ | 1 | 14:58 | 78.50 | 44↓ | 1 | 14:59 | 78.50 | 33↓ | 1 |
| 14:54 | 78.16 | 5↑ | 1 | 14:56 | 78.17 | 10↑ | 1 | 14:58 | 78.55 | 14↑ | 1 | 15:00 | 78.50 | 9↑ | 1 |
| 14:54 | 78.14 | 8↓ | 1 | 14:56 | 78.17 | 2↑ | 1 | 14:58 | 78.50 | 41↓ | 1 | 15:00 | 78.50 | 22↑ | 1 |
| 14:54 | 78.12 | 5↓ | 1 | 14:56 | 78.20 | 38↑ | 1 | 14:58 | 78.49 | 34↓ | 1 | 15:00 | 78.52 | 0↑ | 0 |
| 3134.57 | +5.04 | +0.16% | 1741亿深 | 10165.22 | +73.33 | +0.73% | 2128亿创 | 1818.87 | +8.96 | +0.50% | 543.1亿道琼斯 | | 21007.17 | +243.28 | +1.17% |

图 13.9 成交明细示意图

## 【K 线实战】

图 13.10 所示为创业环保（600874）2017 年 4 月 25 日分时图的成交明细，可以看出在开市早盘，该股买盘的连续性明显强于卖盘，同时还有大单成交，在 14:33 左右的九连大买单显示了市场看多的氛围，进一步加强了市场看多的力量。

| 时间 | 成交 | 现手 | 笔数 | 时间 | 成交 | 现手 | 笔数 |
|---|---|---|---|---|---|---|---|
| 14:31 | 13.30 | 67↓ | 1 | 14:33 | 13.24 | 59↓ | 1 |
| 14:31 | 13.29 | 446↓ | 1 | 14:33 | 13.24 | 47↓ | 1 |
| 14:31 | 13.30 | 686↑ | 1 | 14:33 | 13.30 | 2978↑ | 1 |
| 14:31 | 13.29 | 75↓ | 1 | 14:33 | 13.31 | 70↑ | 1 |
| 14:31 | 13.29 | 85↓ | 1 | 14:33 | 13.31 | 173↑ | 1 |
| 14:31 | 13.29 | 13↑ | 1 | 14:33 | 13.30 | 2019↓ | 1 |
| 14:31 | 13.28 | 34↓ | 1 | 14:33 | 13.36 | 1683↑ | 1 |
| 14:31 | 13.30 | 302↑ | 1 | 14:33 | 13.37 | 2020↑ | 1 |
| 14:31 | 13.27 | 123↓ | 1 | 14:33 | 13.38 | 270↑ | 1 |
| 14:31 | 13.26 | 66↓ | 1 | 14:33 | 13.38 | 924↑ | 1 |
| 14:31 | 13.26 | 11↓ | 1 | 14:33 | 13.38 | 2409↑ | 1 |
| 14:31 | 13.26 | 7↓ | 1 | 14:33 | 13.39 | 1983↑ | 1 |
| 14:31 | 13.26 | 251↓ | 1 | 14:33 | 13.40 | 2320↑ | 1 |
| 14:32 | 13.26 | 37↓ | 1 | 14:33 | 13.40 | 7047↑ | 1 |
| 14:32 | 13.27 | 195↑ | 1 | 14:34 | 13.40 | 4814↑ | 1 |
| 14:32 | 13.27 | 32↓ | 1 | 14:34 | 13.39 | 1189↓ | 1 |
| 14:32 | 13.28 | 200↑ | 1 | 14:34 | 13.40 | 3626↑ | 1 |
| 14:32 | 13.27 | 84↑ | 1 | 14:34 | 13.40 | 3517↑ | 1 |
| 14:32 | 13.27 | 52↓ | 1 | 14:34 | 13.40 | 1336↑ | 1 |
| 14:32 | 13.26 | 140↓ | 1 | 14:34 | 13.39 | 2889↓ | 1 |
| 14:32 | 13.26 | 11↑ | 1 | 14:34 | 13.40 | 2738↑ | 1 |
| 14:32 | 13.25 | 166↓ | 1 | 14:34 | 13.40 | 1254↑ | 1 |
| 14:32 | 13.26 | 41↑ | 1 | 14:34 | 13.39 | 351↓ | 1 |
| 14:32 | 13.25 | 65↓ | 1 | 14:34 | 13.40 | 751↑ | 1 |
| 14:32 | 13.25 | 64↓ | 1 | 14:34 | 13.40 | 601↑ | 1 |
| 14:32 | 13.26 | 266↑ | 1 | 14:34 | 13.39 | 648↓ | 1 |
| 14:32 | 13.25 | 50↑ | 1 | 14:34 | 13.40 | 629↑ | 1 |
| 14:33 | 13.22 | 13↓ | 1 | 14:34 | 13.40 | 801↑ | 1 |
| 14:33 | 13.24 | 36↑ | 1 | 14:34 | 13.40 | 1339↑ | 1 |
| 14:33 | 13.24 | 149↑ | 1 | 14:34 | 13.39 | 754↓ | 1 |
| 14:33 | 13.25 | 12↑ | 1 | 14:34 | 13.40 | 1304↑ | 1 |

图 13.10 创业环保分时图

【结构分析】

成交明细单中，早盘开市前 30 分钟、午盘开市前 30 分钟和尾盘收市前 30 分钟表现尤为突出，投资者应该予以重视。

成交明细单中，连续的买单越多，连续买盘持续的时间越长，出现大单买盘的数量越频繁，市场做多的力量越充足；相反，卖盘越多，连续卖盘持续的时间越长，出现大单卖盘的数量越频繁，市场做空力量越充足；买单和卖单的对攻越强烈，股价后期运行的方向越犹豫，此时应该予以观望。

## 13.2 K 线与分时图配合的买点

K 线所处趋势不同，分时图中往往也会随之以相似的形态仿效。上涨中的个股，往往会在分时图中埋下伏笔，为投资者提供充分的买入机遇，投资者在认真学习本节内容之后，必然可以很好地掌握分时运行的基本思路。

### 13.2.1 个股分时走势强于大盘走势

【形态概述】

在分时图中，个股分时走势强于大盘分时走势，意味着个股涨势强于大盘，属于强势股，这类个股往往会更加受到市场资金的青睐，要把握好强势个股的买点机遇，积极参与。图 13.11 所示为个股分时走势强于大盘走势示意图。

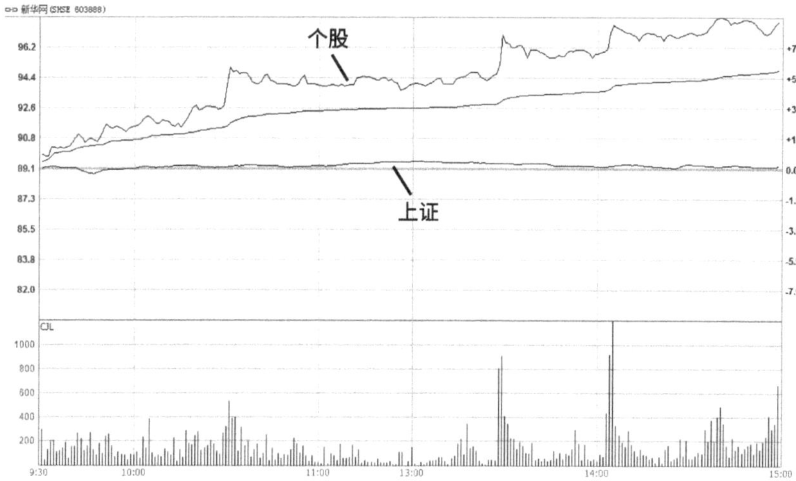


图 13.11 个股分时走势强于大盘走势示意图

【K 线实战】

图 13.12 所示为坤彩科技（603826）2017 年 4 月 25 的分时图，盘中个股全天股价均位于大盘之上，显示了该股的强势走势。

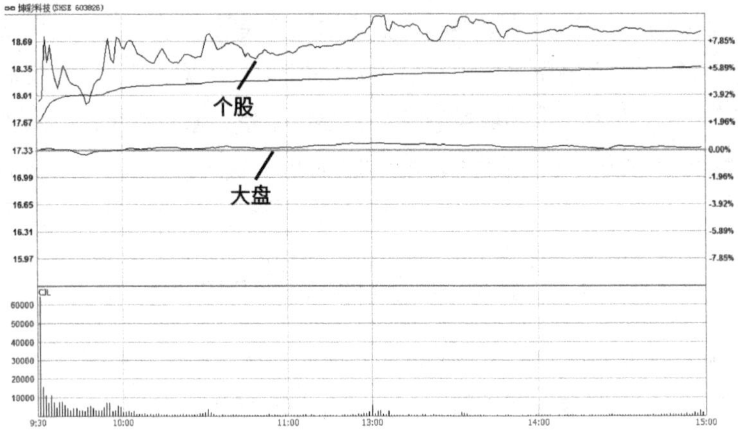


图 13.12 坤彩科技分时图

图 13.13 所示为中船科技（600072）2017 年 4 月 25 日的分时图，早盘前期个股股价弱于大盘走势，并开始反复对大盘走势线进行缠绕，在 10:20 左右个股分时走势突破了大盘走势线，且收盘价高于大盘，因而也是强势股。

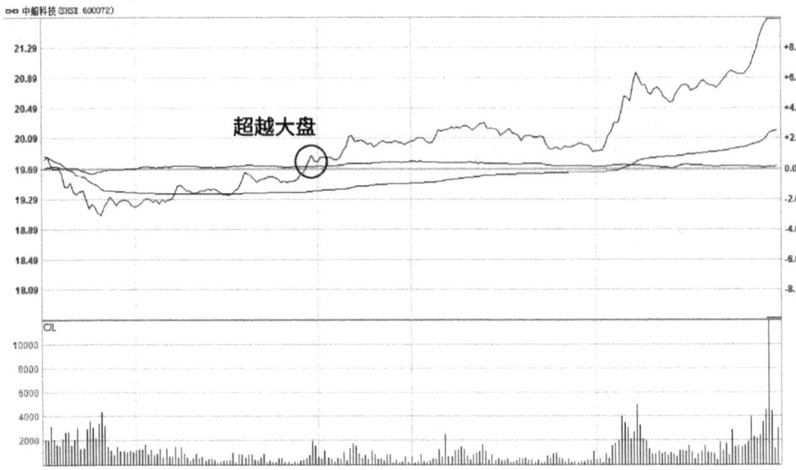


图 13.13 中船科技分时图

【结构分析】

强势个股早盘 10:30 前应该强于大盘，同时收盘价高于大盘，才能显现个股的强势特征。

### 13.2.2 低位早盘快速拉涨

**【形态概述】**

低位早盘快速拉涨是指股价在集合竞价下跌至 5% 以下，但是开市之后快速拉涨，显示着主力在隔夜准备之后做多的决心，当日收盘价也应该在早盘高点附近或更高点，并且历史没有明显尾盘跳水的习惯特征。图 13.14 所示为低位早盘快速拉涨示意图。

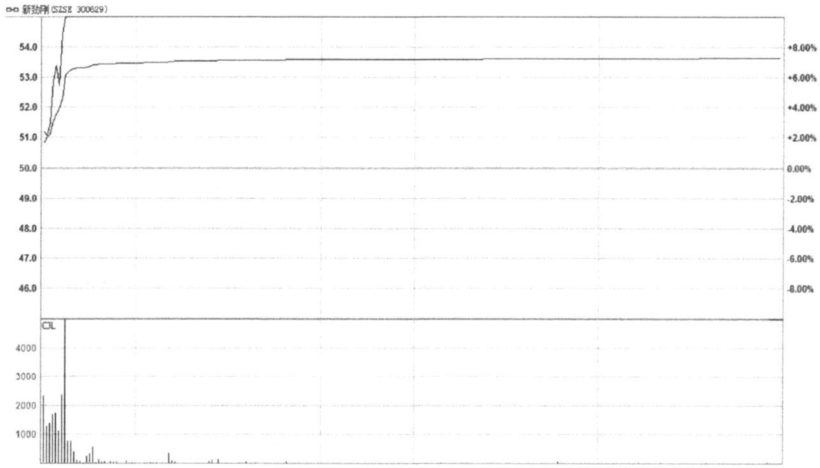


图 13.14 低位早盘快速拉涨示意图

**【K 线实战】**

图 13.15 所示为浙江东日（600113）2017 年 4 月 25 日的分时图，股价早盘快速拉涨，并在 10:00 之前达到当日最高点，同时尾盘收盘价在盘内股价最高点，盘中也没有明显的跳水行为，因而为强势个股。

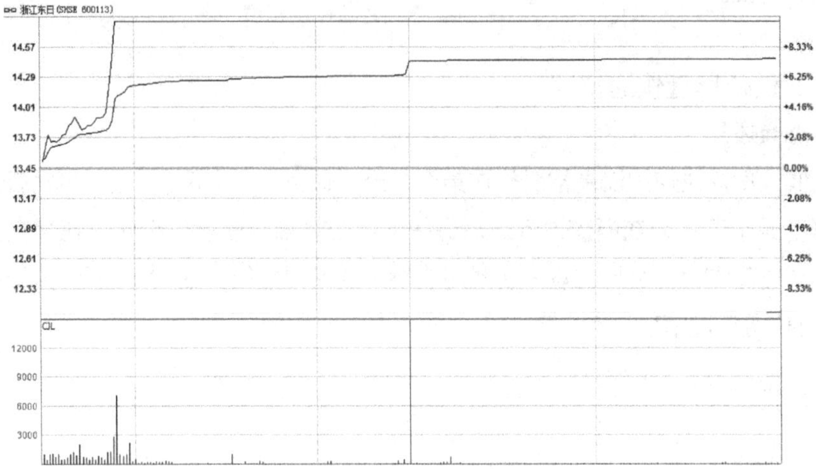

图 13.15 浙江东日分时图

【结构分析】

个股早盘快速拉涨的势头越猛，显示主力做多实力越强。

个股尾盘保持良好的稳定性，在早盘快速拉涨的同时，收盘价保持在股价最高点附近，往往显示着主力做多的强势。

### 13.2.3 上涨中途股价稳站均价线

【形态概述】

股价上涨中途不断以均价线为强力支撑，显示着主力在做多的同时不愿在技术位降低股价，也显现了股价盘内所处的强势特征。在实际股市当中，常会出现股价对均价线向下突破后急速反拉，而那些不等 K 线运行完的交易者会在此时卖出，但是在均价线下短暂运行后大都会快速拉起，致使过多技术派筹码丢失。图 13.16 所示为上涨中途股价稳站均价线示意图。

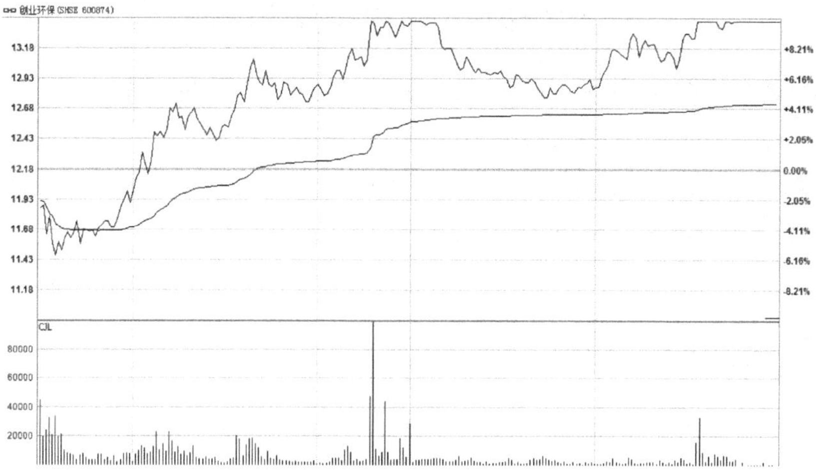


图 13.16 上涨中途股价稳站均价线示意图

【K 线实战】

图 13.17 所示为乐心医疗（300562）2017 年 4 月 25 日的分时图，盘内股价全天稳居于均价线之上，显示了主力做多的强劲。

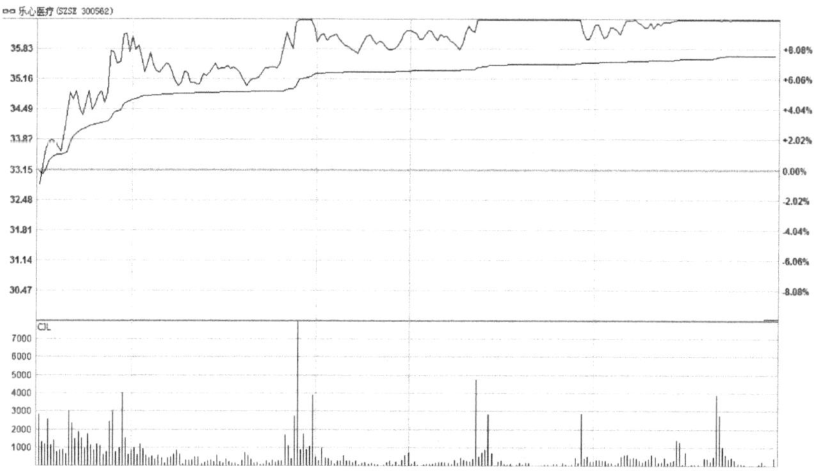


图 13.17 乐心医疗分时图

【结构分析】

盘内股价处于均价线之上的运行时间越长，个股主力做多实力越强。

## 13.3 K 线与分时图配合的卖点

与上节所讲内容相反，本节旨在帮助投资者在分时图中选择好的卖点，指导其在认识分时图的同时看清 K 线形态所处的情势。本节分析了分时图中个股分时走势弱于大盘走势、高位盘内快速跳水和下降中途股价被均价线压制等 3 个方向，以帮助投资者更清晰地认知市场格局，决策好卖点。

### 13.3.1 个股分时走势弱于大盘走势

**【形态概述】**

在分时图中，个股分时走势弱于大盘分时走势，意味着个股涨势弱于大盘，属于弱势股，这类个股往往会受到市场资金的离弃，要把握好弱势个股的卖点时机，尽早规避风险。图 13.18 所示为个股分时走势弱于大盘走势示意图。

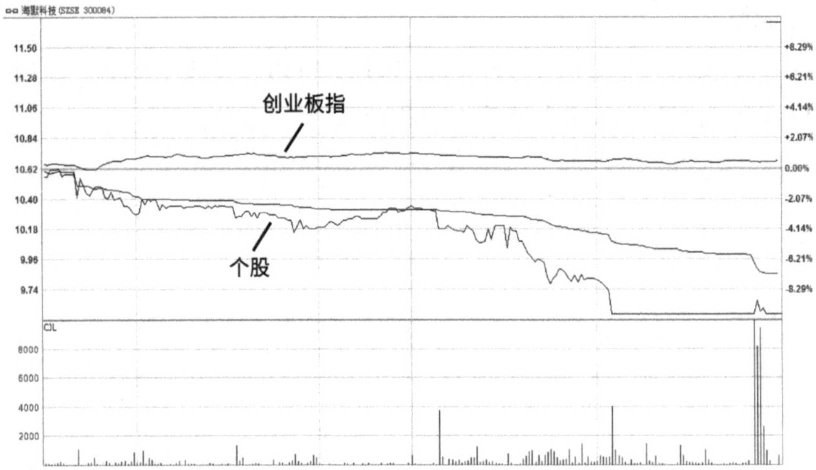


图 13.18 个股分时走势弱于大盘走势示意图

**【K 线实战】**

图 13.19 所示为金力泰（300225）2017 年 4 月 25 日的分时图，早盘开始之后，该股股价在短暂缠绕大盘走势线之后开始向下突破，显示出了当日的卖点，之后股价一直运行在大盘走势线之下，显示了该股走势的弱势特征。

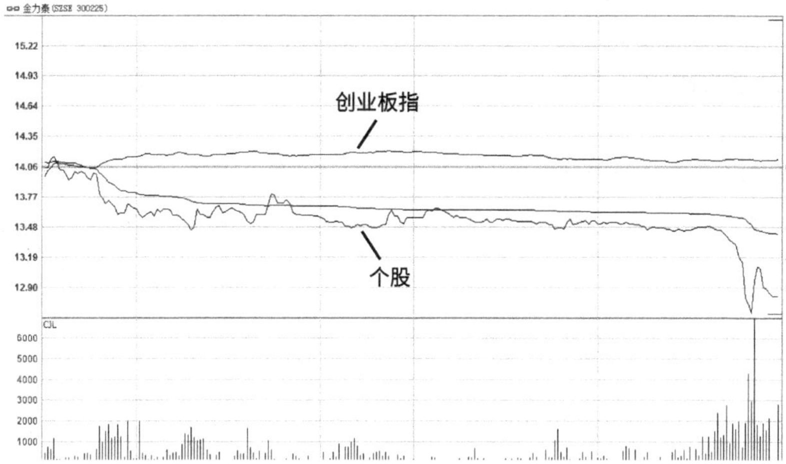


图 13.19 金力泰分时图

**【K 线实战】**

图 13.20 所示为博彦科技（002649）2017 年 4 月 25 日的分时图，盘中个股股价一直运行在大盘分时走势之下，显示了该股股性的弱势，也说明该股不受市场资金的追捧。

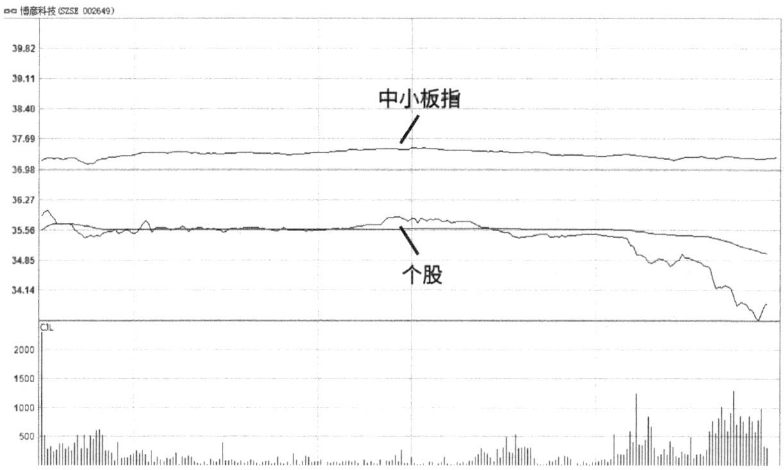


图 13.20 博彦科技分时图

**【结构分析】**

弱势个股早盘 10:30 前就开始弱于大盘，同时收盘价低于大盘，清楚显现着个股的弱势特征。

### 13.3.2 高位盘内快速跳水

**【形态概述】**

高位盘内快速跳水是指股价在早盘快速拉涨升至高位之后，股价开始转势直跌，不断跳水，显示着主力在隔夜准备之后做空的决心，如果历史还有明显尾盘跳水的习惯特征，操作个股时应予以留意。图 13.21 所示为高位盘内快速跳水示意图。

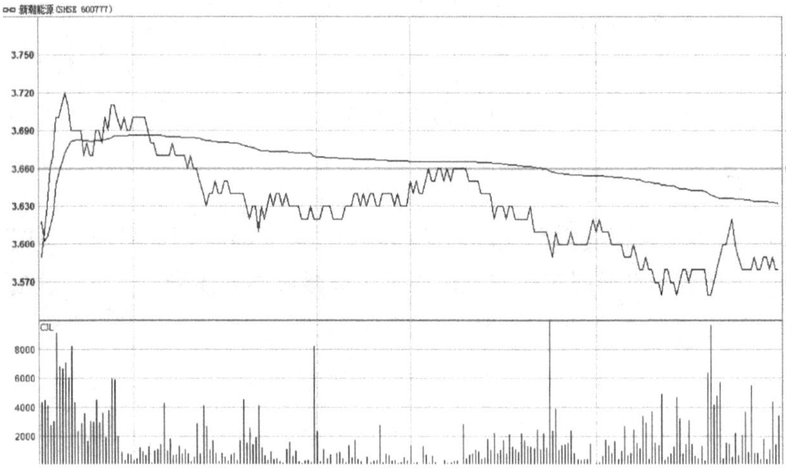


**图 13.21 高位盘内快速跳水示意图**

**【K 线实战】**

图 13.22 所示为金花股份（600080）2017 年 4 月 25 日的分时图，早盘开市之后，股价在短暂的调整之后快速拉涨，并且于 10:30 之前达到高位，但随后股价不断下行跳水，显示了该股的弱势特征。

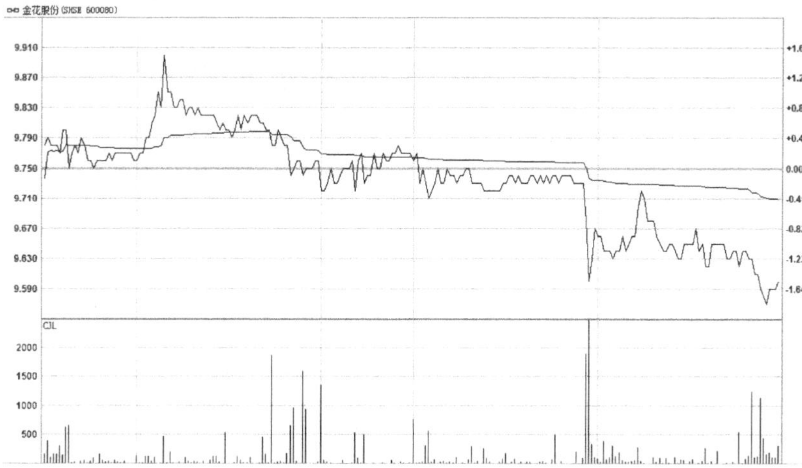


图 13.22 金花股份分时图

【结构分析】

个股盘内股价在短暂冲高之后，若没有充分的成交量配合，容易造成转势止跌的跳水形态。

个股盘内高位跳水的斜率越大，该股后期风险越大。

### 13.3.3 下降中途股价被均价线压制

【形态概述】

股价下降中途不断以均价线为压力线，显示着主力在做空的同时不愿在技术位提高股价，也显现了股价在盘内所处的弱势特征。在实际股市当中，常会出现股价对均价线向上突破后急速回抽，但是在均价线上短暂运行后大都会快速回落，显示了市场资金的抵制性。图 13.23 所示为下降中途股价被均价线压制示意图。

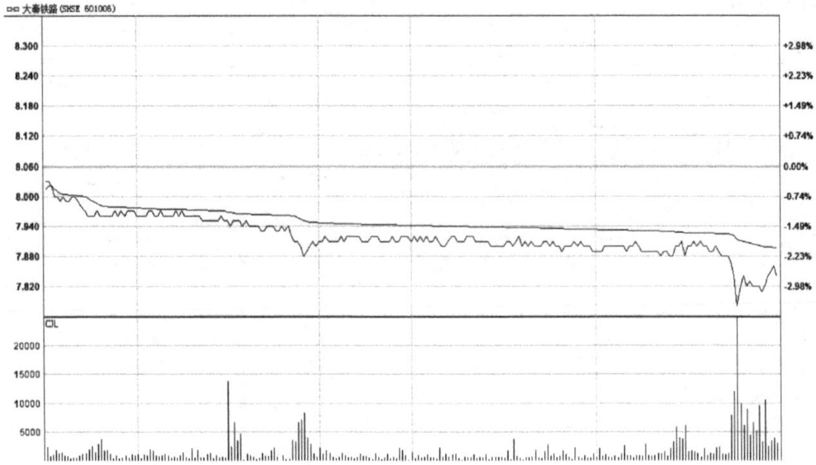


图 13.23 下降中途股价被均价线压制示意图

【K 线实战】

图 13.24 所示为小商品城（600415）2017 年 4 月 25 的分时图，盘内股价基本全天运行在均价线之下，盘内只有几个短暂的向上小幅突破，吸引了部分买盘力量，但买盘力量的不持续性使得股价很快回落到均价线之下继续弱势行走。

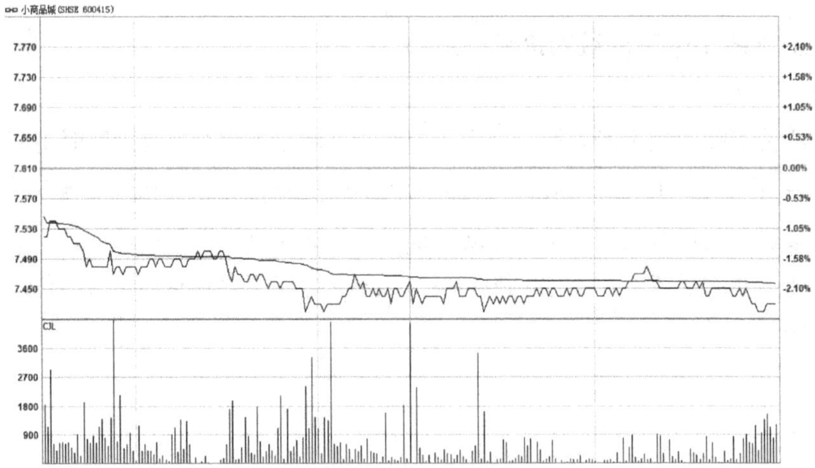


图 13.24 小商品城分时图

【结构分析】

盘内股价处于均价线之下运行的时间越长，个股主力做空实力越强。

第 14 章

# 道氏理论

作为技术流派的鼻祖，道氏理论因其优秀的大局观和建立于基本宏观格局的判断法则而深受世界各地的股民追捧。大道至简在股市当中永远是最有价值的真理，本章我们将以道氏理论的思路帮助投资者树立基本的投资观，以提升其自身能力。

## 14.1 道氏理论的精髓

本节主要围绕道氏理论中最为核心的环节进行研究探讨，在道氏理论中，股市被清晰地分为 3 个层次，而它们的划分取决于股市阶段行情运行的周期以及对股市大方向的影响力。股市基本可以分为主要趋势、次要趋势和日间趋势。主要趋势决定着股票整体走势的方向，其很大程度上取决于宏观基本面的经济格局。次要趋势是在主要趋势出现的同时，以相逆的短暂性对主要趋势的走向做出的短暂整理。而日间趋势是指每日指数上下波动的走势，在 3 类趋势中，日间趋势是被大资金主体利用最为频繁且可靠性最低的指标。接下来，我们将对股市运行的规则进行细致讲解。

### 14.1.1 主要趋势

**【形态概述】**

道氏理论中的主要趋势是指影响股票主要走向，且能够维持数月乃至数年的长期趋势。主要趋势大体分为牛市和熊市，牛市即指股市趋势长期向上的大幅上涨走势，熊市即指股市趋势长期向下的大幅下跌走势。在中国的 A 股市场，指数的主要趋势极大地影响着个股的主要趋势。图 14.1 所示为两种主要趋势示意图。

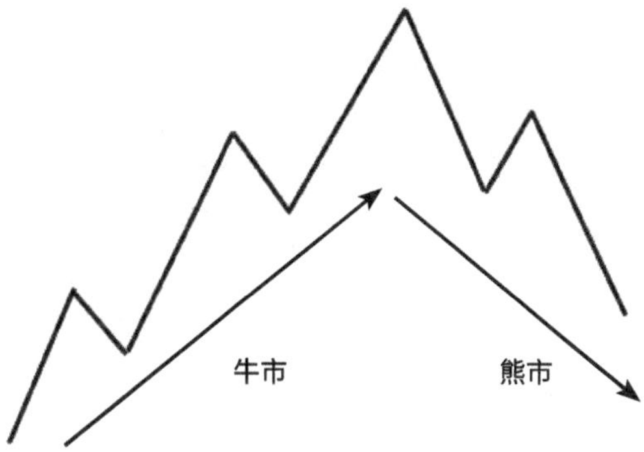


图 14.1 两种主要趋势示意图

【K 线实战】

图 14.2 所示为上证指数的牛市行情，可以看出，整个指数呈明显快速上涨态势，期间指数不断创出新高，这是在大的优良的宏观经济格局下，各方利好对指数推涨的作用而形成的。牛市在这个阶段维持了长达 2 年的时间，印证了道氏理论最后提及的主要趋势的概念。

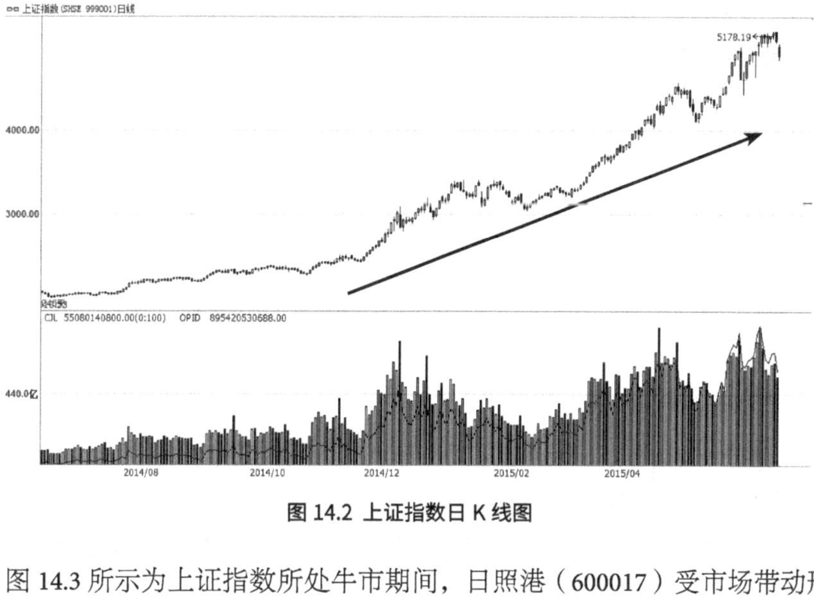


图 14.2 上证指数日 K 线图

图 14.3 所示为上证指数所处牛市期间，日照港（600017）受市场带动形成股价快速高涨的行情。从图中可以看到，这个阶段股价从前期的低价位 2.16 元不断冲高至 11.75 元，股价翻升至 5 倍。这一特征显示了宏观指数对个股积极的带动性作用，也显示了在牛市阶段买盘强盛不衰的特点。

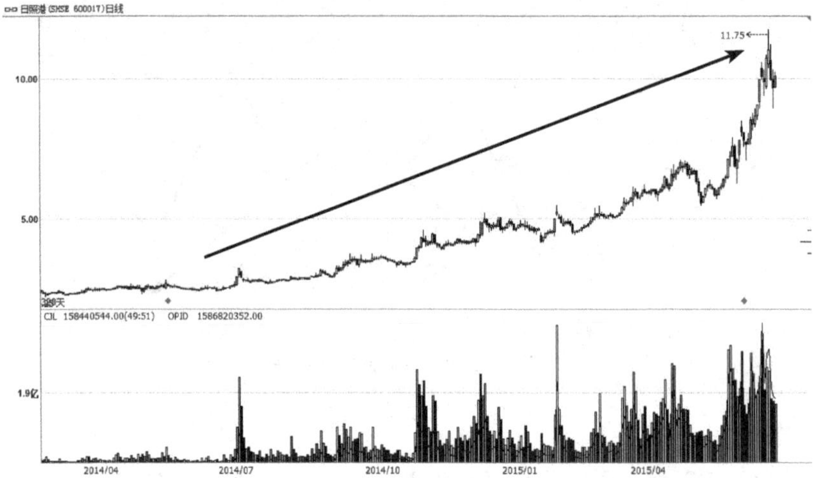


**图 14.3 日照港日 K 线图**

图 14.4 所示为上证指数的熊市行情，可以看出，整个指数呈明显快速下跌态势，期间指数不断创出新低，这是在宏观经济转弱格局下，各方对指数利空的作用而形成的。熊市在这个阶段维持了半年的时间，也印证了道氏理论所提及的主要趋势的概念。

**图 14.4 上证指数日 K 线图**

图 14.5 所示为上证指数所处熊市期间，武钢股份（600005）2015 年 5 月 14 日至 2016 年 3 月 3 日受市场影响所形成的股价暴跌行情。从图中可以看到，这

个阶段股价从前期的高价位 7.61 元不断下跌至 2.6 元，股价跌率近 66%。这一特征显示了宏观指数对个股消极的带动性作用，也显示了在熊市阶段卖盘不减的特点。

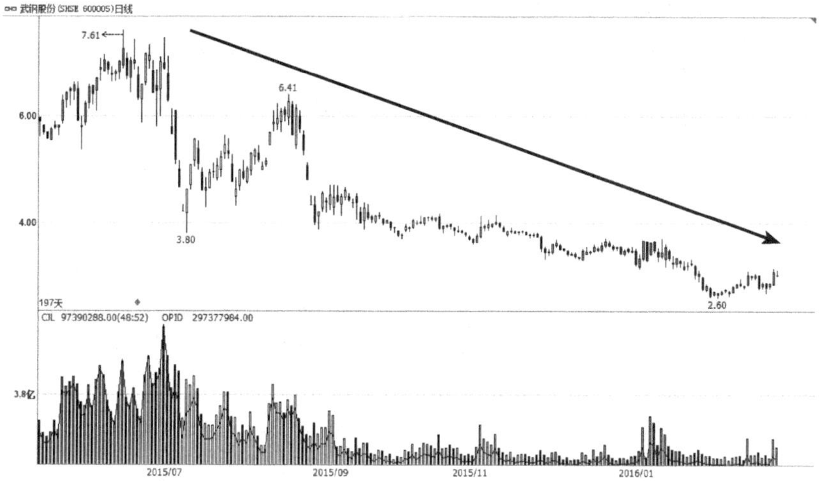


图 14.5 武钢股份日 K 线图

**【结构分析】**

由前一个空头市场的低点起算，主要多头市场的价格涨幅平均为 77.5%。

主要多头市场的期间长度平均数为两年零四个月（2.33 年）。历史上所有的多头市场中，75% 的期间长度超过 657 天（1.8 年），67% 介于 1.8 年至 4.1 年之间。

多头市场的开始和空头市场最后一波的次级折返走势，两者之间几乎无法区别，唯有等待时间确认。

在多头市场，次级折返往往以凶悍的表现形式在短时间内快速大跌，制造慌乱，这一过程中成交量会以放大的形态进行加速，到低点止跌处，成交量会萎缩。

多头行情需要同时在两个指数共同扭转空头局面、在技术形态上实现共振才能确认。

空头市场的前奏往往在靠近前期多头市场的高点处附近暴露，股价涨势以试探的行径向上试压，但抛压明显时，股价走势必然急转直下，随后而产生的空头市场也必然开始漫长的低迷旅程。

在空头市场中，急速下跌之后，往往会出现一段时间的休整平台对下跌行情的中继，之后股价必然继续下行，延续空头行情。

空头市场的确认与多头市场的确认相似，都是要求在两类指数在向下爆发时达成共振的那天进行确认的。

在空头市场的反弹中，以 V 形为特征的反弹行情一般都有中期行情，表现为在低价区域高成交量，但在高价区成交量较低。

### 14.1.2 次要趋势

**【形态概述】**

次要趋势是相对主要运动而言的，指在主要趋势中会少量出现对主要趋势进行逆反整理的短暂趋势。在牛市行情中次要趋势主要以下跌回调的形式表现多头对上攻行情的休整，在熊市行情中次要趋势主要以上涨反弹的形式表现空头对下跌行情的暂时休整。次要趋势在运动周期上也小于主要趋势，一般会维持在数周至数月之久。图 14.6 所示为次要趋势的两种类型示意图。

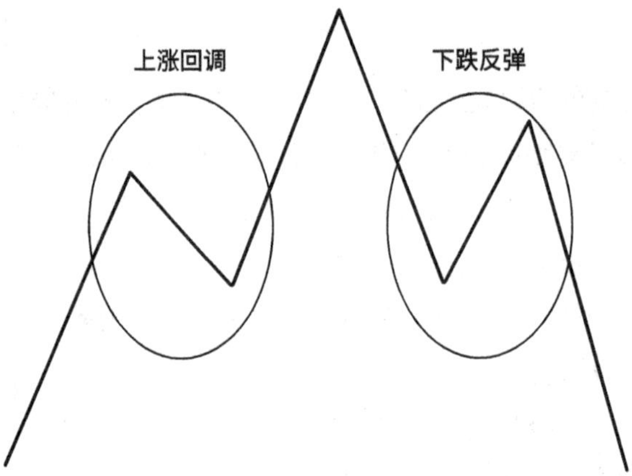


图 14.6 次要趋势的两种类型示意图

**【K 线实战】**

图 14.7 所示为深证指数处在牛市行情中为期 1 个多月的下跌回调，相对深证指数所处的主要牛市行情而言，这一回调显得短暂而快速，也反映了次要趋势在主要趋势下的特点。

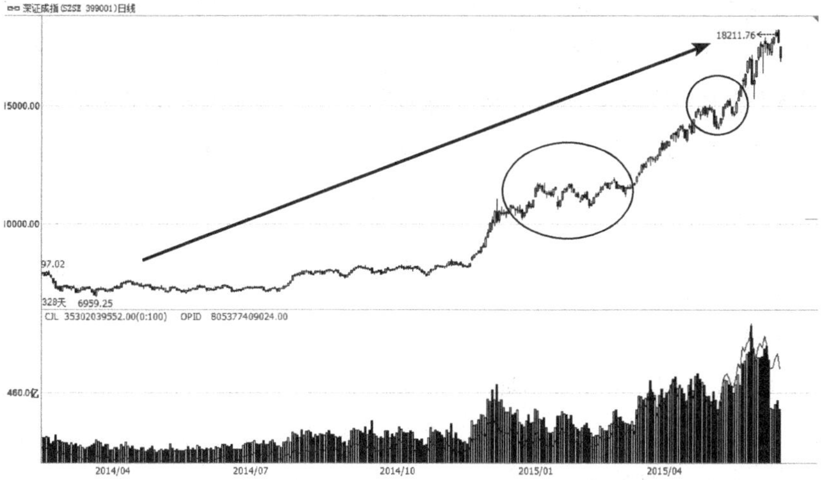


图 14.7 深证指数日 K 线图

图 14.8 所示为深证指数处在熊市行情中为期近 1 个月的上涨反弹。相对深证指数所处的主要熊市行情而言，这一反弹显得短暂而快速，也反映了次要趋势在主要趋势下的特点。

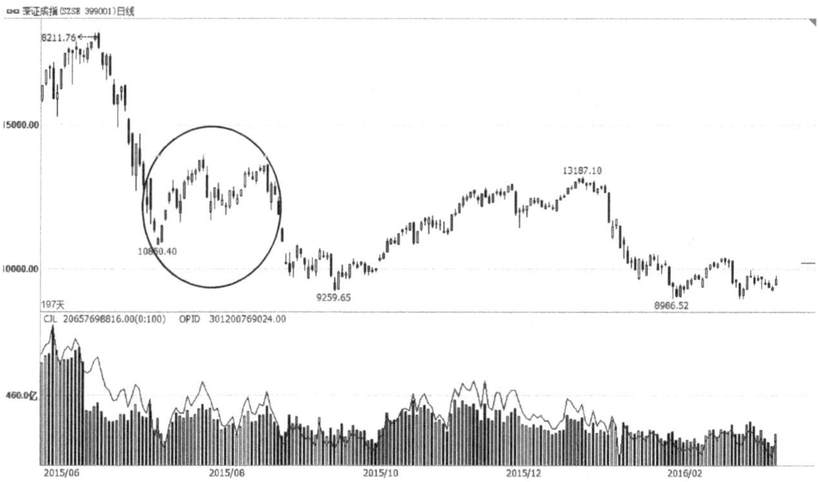


图 14.8 深证指数日 K 线图

**【结构分析】**

次要趋势的方向一般会逆着前一主要趋势的方向运行至其幅度的 1/3 至 2/3。

次要趋势的持续时间一般维持在数周至数月之间，数周之内的短暂行情一般被认为是小型的次要趋势。

次要趋势经常被误以为是主要趋势的改变，因为多头市场转折初期的走势，与仅是空头市场的次要折返走势尤为相像，类似于发生在多头市场出现顶部后的情况。

### 14.1.3 日间趋势

**【形态概述】**

日间趋势是相对于主要趋势和次要趋势而言的，指运行时间周期更为短暂的走势线，常常在 6 天以内。日间趋势的典型特征是走势的反复性，波动幅度的快速性，被认为是趋势当中最不具可靠性的部分，在道氏理论中被剔除在外，被认为是对趋势运行没有规模性影响的要素，所以本书也不予过多分析。

## 14.2 道氏理论的买点

在选择买入点时，可以以牛市的起点和次级回调的终点作为理想的买入位置。而对这一态势的把握，还需结合个股和大盘指数的分化走势，准确把握转折点出现的时机。因而本节对把握好买点有一套实用的操作法则，帮助投资者更好地理解买点信号的时效性。

### 14.2.1 牛市主要趋势的起点

**【形态概述】**

牛市主要趋势的起点是指在主要趋势中的牛市阶段，起步点往往是获利空间最大的买点，在这个阶段买入股票，意味着可以最大限度地提高收益率，使得盈利空间被极度放大。而此时进入股市的资金，往往被认为是聪明资金，说明了投资者高瞻远瞩的眼光和高超的投资技巧。图 14.9 为牛市起点的买点示意图。

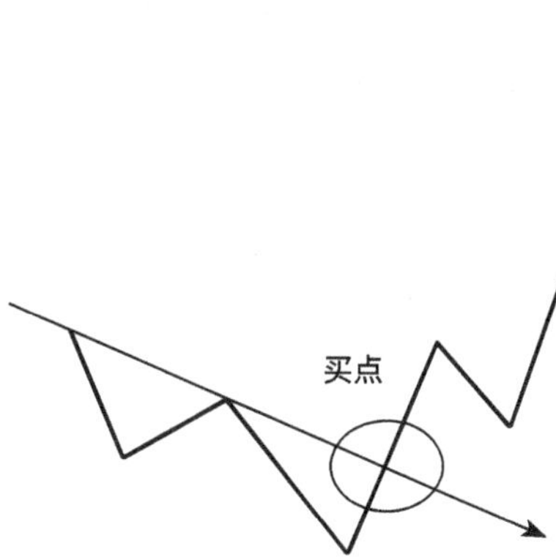


图 14.9 牛市起点的买点示意图

**【K 线实战】**

图 14.10 所示为深证指数的牛市行情，可以明显看出，指数在这个阶段从 6959.25 的低点一路涨至 18211.76 的高点，显示了市场氛围充分的做多力量，而作为低点的 6959.25 恰恰是牛市开涨的起点，因而成为牛市阶段的有效起点。而买进点应在突破前期下跌趋势线之后。

图 14.10 深证指数周 K 线图

图 14.11 所示为皖通高速（600012）2009 年 7 月至 2015 年 8 月周走势图中牛市起点的买点，从图中可以看出，前期股价低点在 3.34 元附近，在指数开始上扬、呈现牛市起点的同时，也提供了良好的买点信号，股价一路走高，在宏

观行情较好、市场氛围大举做多的情境下，股价最终涨至 20.16 元，投资者在起点买进个股，往往意味着投资回报的高速增长。

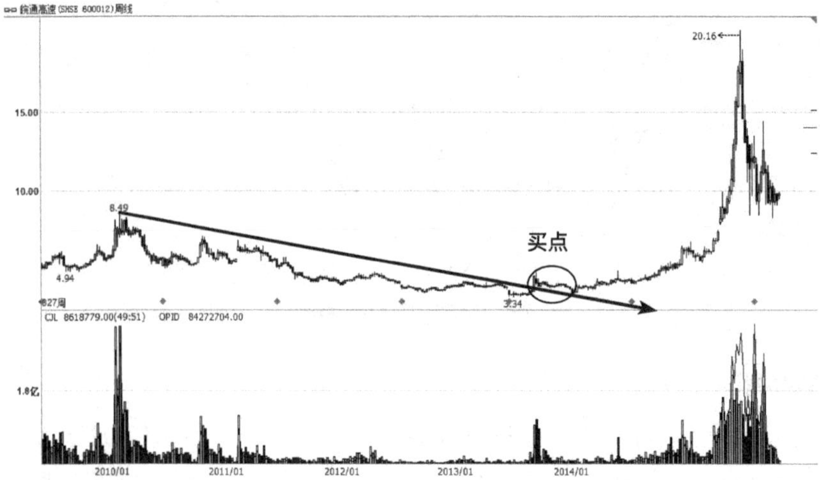


图 14.11 皖通高速周 K 线图

**【结构分析】**

指数走势作为判断主要趋势的标准，往往影响着对个股买点的选择，注意把握个股走势与指数走势的协同性，在恰当的时机参与牛市行情，自然会带来可观的利润。

宏观向好的牛市行情意味着绝大多数的个股投资都具备相当可观的预期回报率，及时参与成为必然的操作法则。

### 14.2.2 牛市次要趋势的终点

**【形态概述】**

牛市次要趋势的终点是指当主要趋势是牛市行情时，往往会有次级回调的行情，为趋势中显现的第二买点信号。此时股价因次级回调的影响下降到次低位，一方面可以清洗部分获利盘，从而减少在进一步上涨行情中的抛压，另一方面可以吸引新的买盘在次低位进入，从而提高市场份额的平均成本，为股市上行寻找新动力。图 14.12 所示为牛市次要趋势的买点示意图。

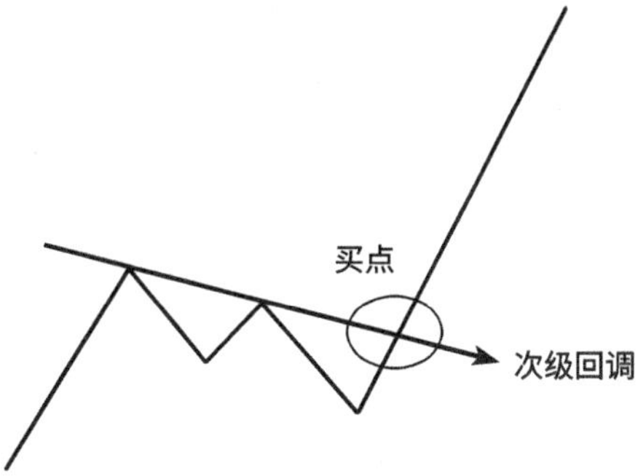


图 14.12 牛市次要趋势的买点示意图

【K 线实战】

图 14.13 所示为深证指数走势图中的次级回调的买点，从图中可以看出，此时深证指数处于明显的上升通道，以波段牛市行情不断推动着指数快速上涨。同时，这一阶段的成交量都很好地配合着指数的走势，上涨放量回调缩量，也正是次级回调这一缩量特征的显现，为后市快涨行情埋下了伏笔。

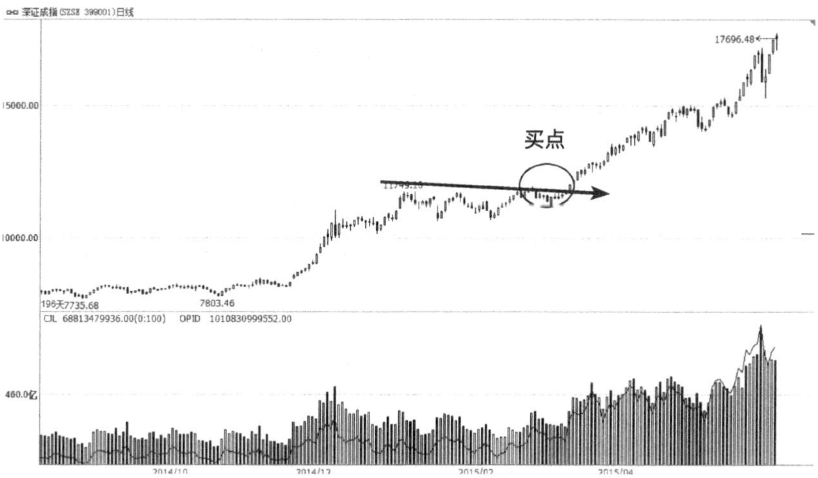


图 14.13 深证指数日 K 线图

图 14.14 所示为华夏银行（600015）2014 年 8 月至 2015 年 6 月走势图中的次级回调的买点，从之前股价运行的走势来看，股价上行坡度呈快涨态势，成交量也随之不断放大，但此时大盘指数以次级回调的震荡形式出现，带动了个股进入调整阶段。股价在短暂的缩量下调之后，又快速高涨，延续着前期走势，

因而在此阶段的次级回调，是不可错过的又一买点。

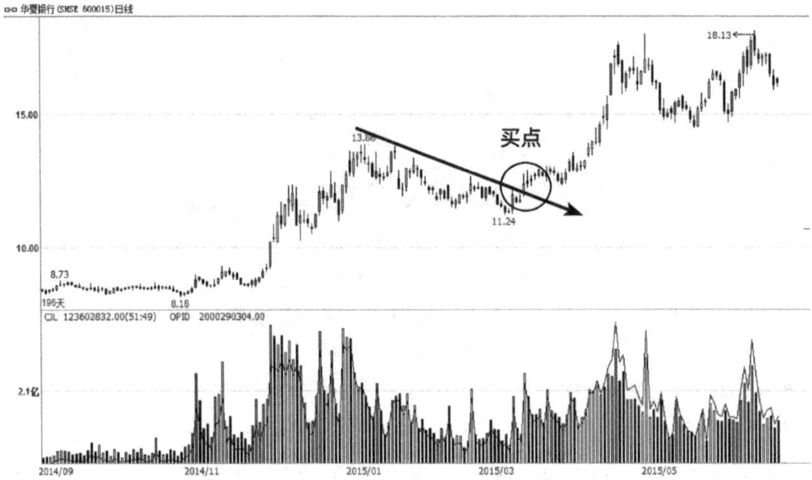


**图 14.14 华夏银行日 K 线图**

**【结构分析】**

次级回调的买点同第一个牛市起点的买点不同，牛市起点的买点不易于被资金发现，各种市外资金都处于被动状态，只有待趋势明朗之后才容易判断最初的起点位。次级回调的买点是以清洗部分短期获利盘、拉高市场平均成本，为股市后期进一步上涨空间做铺垫的前期行为，次级回调的形式往往在斜率和时间周期上都可以明显地从牛市趋势当中分析出来。

次级回调的出现，是择期换股的良好时机，此时针对股价在趋势上的短暂调整，可以轻易地选择好其他初始启动的股票，为投资者实现利润最大化提供了机遇。

## 14.3 道氏理论的卖点

上一节中我们针对道氏理论的买点进行了比较透彻的分析，本节将从另一个角度帮助投资者在熊市期间更好地选择有利的卖点，以保障资金的安全，为后市做良好的资金储备。道氏理论的卖点从熊市起步的顶部拐点和下降趋势中途的次级反弹顶部为信号提示，给投资者以警示。学完本节后，投资者将可以更好地掌握股票买卖的点位，以实现个股操作的精准化。

### 14.3.1 熊市主要趋势的起点

**【形态概述】**

熊市主要趋势的起点是指在主要趋势中的熊市阶段，起步点往往是获利空间逐渐缩小、获利盘达到极大化的卖点，在这个阶段选择卖出股票，意味着可以最大限度地锁住风险，使盈利值达到最大化。而此时进入股市的资金，多为追涨而来，因而投资者在选择进出股市时应该更多地凭借独立判断来理性决策。图 14.15 所示为熊市起点的卖点示意图。

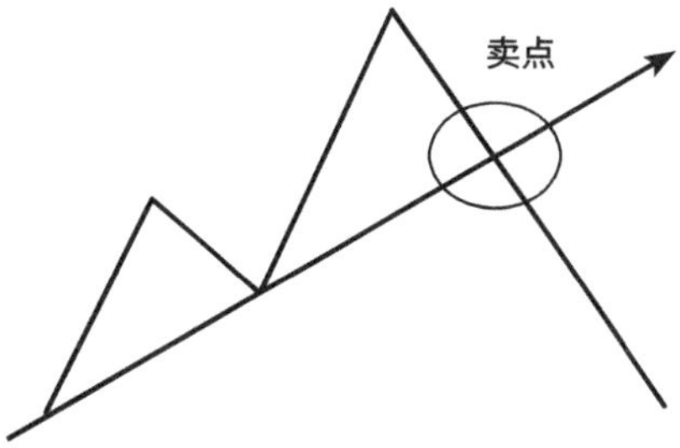


图 14.15 熊市起点的卖点示意图

**【K 线实战】**

图 14.16 所示为上证指数的牛市顶部，之后指数反转直下，成为了熊市阶段的第一起步点，可以清晰看出，这个阶段的成交量呈现出不规则的变化特征，在熊市阶段当中，对指数的趋势的预判难度更高，失误率也会更高。

图 14.16 上证指数周 K 线图

图 14.17 所示为武钢股份（600005）2014 年 6 月至 2016 年 3 月周走势图中熊市起点的卖点，从图中可以看出，股价在达到 7.61 元的近期最高价之后，股价走势岌岌可危。其中除了个股因为获利主力开始进入出货形态的原因之外，还有大盘指数已转弱信号的发出，预告了弱化的宏观格局特征，因而主力此时选择弃仓而去，只是为了避免这一强势的弱势风波。投资者在观察到大盘指数转弱时，要谨慎持有手中个股，因为大盘指数的牵连性，个股必然受到影响，及时选择清仓，才能使得投资者在熊市中尽可能地规避风险。

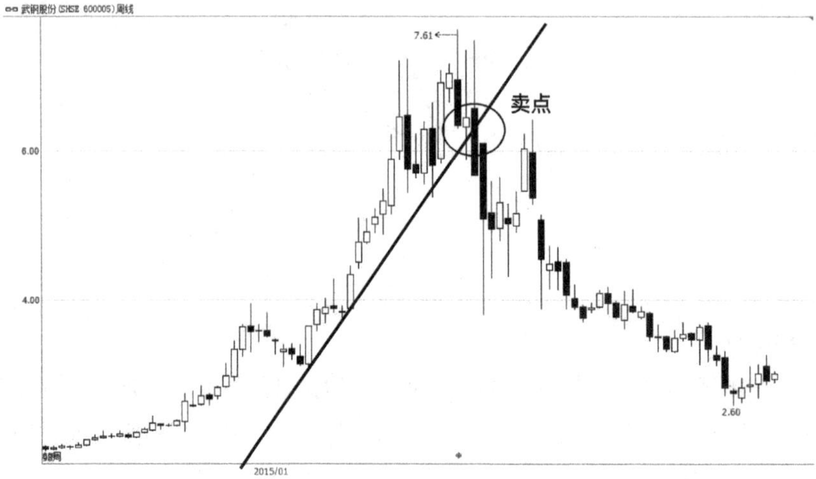


图 14.17 武钢股份周 K 线图

【结构分析】

熊市相对牛市而言，一切技术分析都会相对弱化，支撑线对股价下行趋势的支撑会不断遭受考验，同时压力线对股价的运行走势将产生很强的阻力。

熊市期间，及时清仓，等候买点的到来，可以有效地规避风险，以提高个股操作的成功率。

### 14.3.2 熊市次要趋势的终点

【形态概述】

熊市次要趋势的终点是指当主要趋势是熊市行情时，往往会有次级反弹的行情，为趋势中显现的第二卖点信号。此时股价因次级反弹的影响上升到次高位，一方面便于主力进一步拉高出货，另一方面可以吸引新的买盘进入，为主力出货创造足够的时间和空间。图 14.18 所示为熊市次要趋势的卖点示意图。

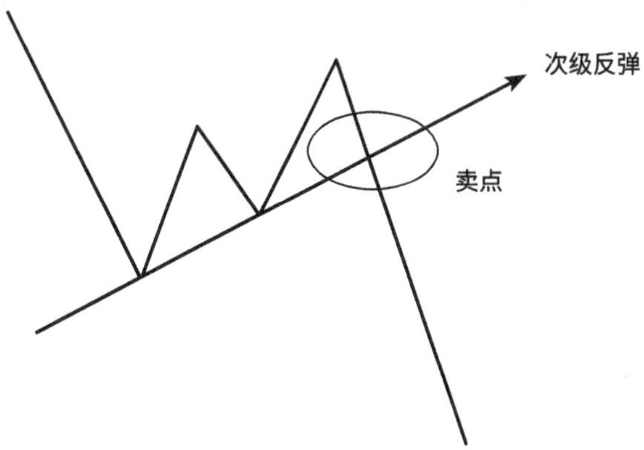


图 14.18 熊市次要趋势的卖点示意图

【K 线实战】

图 14.19 所示为深证指数的次级反弹的卖点，从图中可以看出，指数整个阶段都处于弱势格局，因而一路向下，次级反弹在太短的时间周期确认下已逐渐显现其特征。熊市中的次级反弹往往会以快速涨势来掩盖当前趋势的微弱，但其对资金的消耗性很大，因而所呈现的周期也很短暂。

图 14.19 深证指数日 K 线图

图 14.20 所示为首创股份（600008）2015 年 5 月 19 日至 2016 年 3 月 7 日走势图中的次级反弹的卖点，从该股前期的走势看，在达到近期高点 19.68 元之后，

持续放量的态势有所转变，股价也随即开始下行，在短暂下跌之后，股价在 11 元左右反复震荡，形成了短期的资金密集区，并在后期的次级反弹中成为上行运动的有效阻力，因而第二卖点在此时的次级顶部构造时尽显其弱势，后期股价一路下行，颓势不堪。

图 14.20 首创股份日 K 线图

【结构分析】

在熊市的次级反弹中，前期下行中途形成的资金密集区往往会对股价的反弹高度予以充分压制，此时股价反转的卖点往往是投资者清仓的绝佳选择。

大盘指数在弱势时对股价运行趋势的走向也有着尤为重要的影响，以大盘走势为操作大方向，可以帮助投资者适时出入。

第 15 章

# 艾略特波浪理论

波浪理论的创立者是艾略特。他是一位专业会计师，晚年卧病在床后致力于研究价格变化。经过长期的研究，他发现股市中也有相同的现象。根据这一现象，他提出了著名的波浪理论，并且利用道琼斯指数验证了这套理论。

下游理论是基于道氏理论的，与道氏理论相结合，艾略特发展并完善了波浪理论，同时在可操作性上又大大超越了道氏理论。

道与艾略特两人都发现了交易者的活动控制着市场的运动，道在大范围内反映并描述了这一点，艾略特则将其细化、量化，更为具体。

20 世纪 30 年代，克林斯创办了一个股市周刊，艾略特希望加入其中，因此与克林斯有很多的书信往来。股市从 1933 年的高峰到 1934 年的谷底一路下滑，1935 年第一季度，道琼斯铁路平均指数再度打破 1934 年的低点。这时的投资者、经济学家、市场分析人员还没有从 1929 年至 1932 年大萧条的市场环境中走出来，对 1935 年这一次的指数下跌更是心有余悸。

在这样的环境下，克林斯接到了艾略特的一封电报。 艾略特强调了自己的看法，认为下跌已经结束，并且这次的下跌仅仅是牛市的第一个回调而已，这个牛市还要持续相当长的时间，事实证明他的见解是正确的。他详细公开了自己的理论，写下了《波浪原理》，在克林斯的帮助下立足于华尔街。

随后，通过克林斯的引荐，《金融世界》杂志连续刊登了艾略特关于波浪理论的一系列文章。后来艾略特又撰写了《自然法则——宇宙的秘密》这部著作，不仅包括波浪原理，还有它的数学基础，斐波那契数列。

## 15.1 基本概念

波浪理论的基本概念只有两个：一个是推进浪，一个是调整浪。由小级别的推进浪和调整浪组成更大级别的推进浪和调整浪，级别可以无限小，也可以无限大。这是一个周而复始的节奏。

### 15.1.1 推进浪和调整浪

我们说过波浪理论基于道氏理论，在道氏理论中分为主要趋势和次要趋势。在波浪理论中，推进浪就是主要趋势，调整浪就是次要趋势。推进浪的特点是快速、时间短、干净利落、幅度大、角度陡峭。而调整浪的特点是反复、区间震荡、缓慢，它是针对前期快速大幅度走势的修正和调整。图 15.1 所示为最基本的推进浪和调整浪示意图。

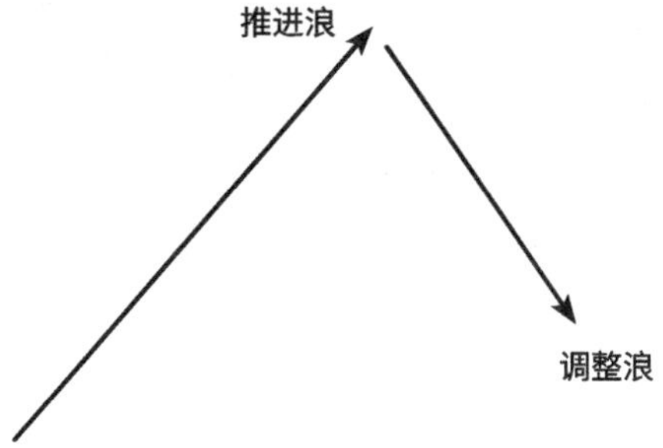


图 15.1 最基本的推进浪和调整浪示意图

当完成 3 次推进后，就会出现一次大的回调。在 3 次推进浪中，夹杂着 2 次调整浪，我们将 3 次推进 2 次调整的全部过程归总为更大级别的推进浪。在大级别的推进浪后，出现 1 次大回调。图 15.2 所示为大级别的推进浪和调整浪示意图。

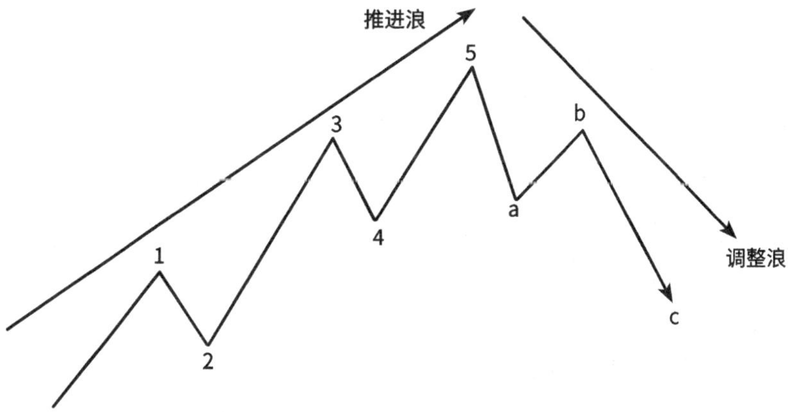


图 15.2 大级别的推进浪和调整浪示意图

大级别的推进浪是小级别的 3 次推进和 2 次调整，我们用数字 1、2、3、4、5 来表示。大级别的调整浪中的 2 次向下推进和 1 次向上反弹，我们用字母 a、b、c 来表示。小级别浪共有 8 个，那么一个级别内的完整走势就有 8 浪，其中 5 浪推进，3 浪调整。

### 15.1.2 更大级别的波浪

当我们只看推进浪的时候，可以把上涨看作是主要趋势，那么 1 浪、3 浪、5 浪为推进浪，而 2 浪和 4 浪为调整浪。2 浪为 1 浪的调整，4 浪为 3 浪的调整。反过来，在大级别的调整浪中，下跌是主要趋势，上涨是次要趋势。那么 a 浪、c 浪为推进浪，b 浪为调整浪。图 15.3 所示为更大级部的波浪示意图，其中小级别的完整 8 浪是更大级别的 1 浪与 2 浪。

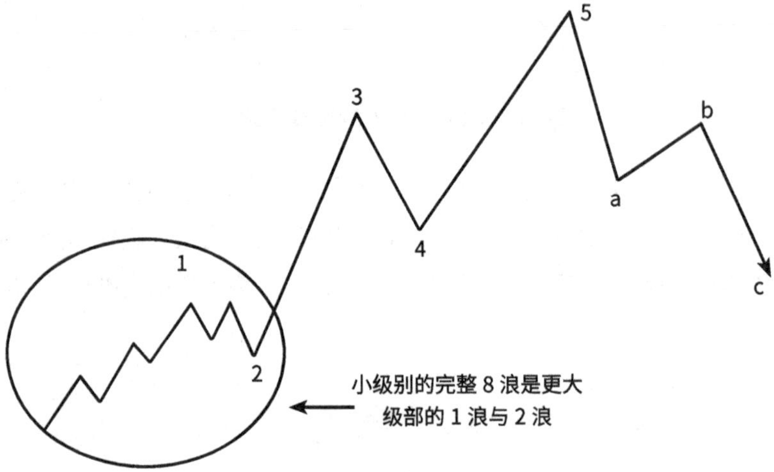


图 15.3 更大级别的波浪示意图

每个完整的浪都是另一个级别的组成部分，大家都见过蜂巢，蜂巢的每个小格是一个完整的正六边形，而多个小的完整的正六边形会组成一个较大的正六边形，更多的较大的正六边形会组成更大的正六边形。波浪的演化就是这样，我们来总结一下其中的规律。

（1）任何一个级别的推进浪中都会有比它更小级别的 5 波推进浪。

（2）任何一个级别的推进浪都是比它更大级别的波浪的组成部分。

（3）任何一个级别的调整浪中都会有比它更小级别的 3 波调整浪。

（4）任何一个级别的调整浪都是比它更大级别的波浪的组成部分。

来看一个极致的演化，我们尽可能地画出更多级别的组合来，图 15.4 所示为 144 个子浪构成的大级别完整 8 浪示意图。

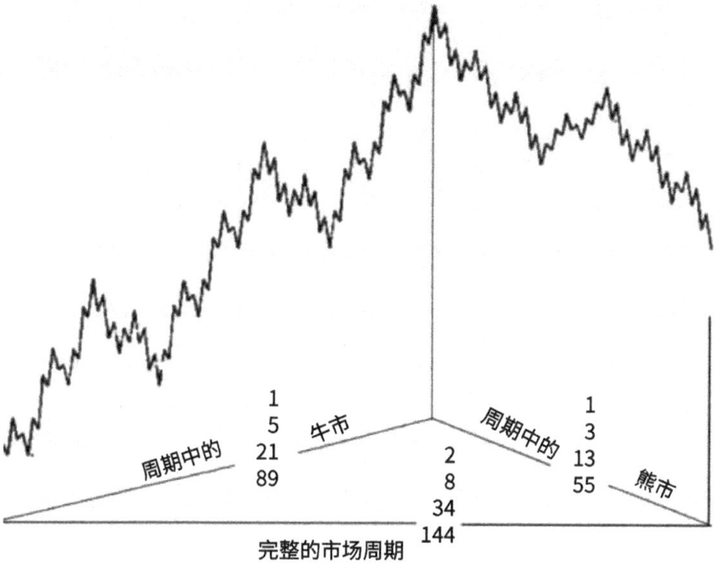


图 15.4 144 个子浪构成的大级别完整 8 浪示意图

在图 15.4 中有很多数字，这些数字就是斐波那契数列，而斐波那契数列就是波浪理论的数学基础。

（1）一个推进浪对应的是数列中的 1，一个调整浪对应的是数列中的 1。

（2）一个推进浪与一个调整浪为最基本的形态，一涨一跌，对应数列中的 2。

（3）调整浪中分为 a 浪、b 浪、c 浪三浪调整，对应数列中的 3。

（4）推进浪中分为 1 浪、2 浪、3 浪、4 浪、5 浪，对应数列中的 5。

（5）一个级别的完整周期为 1 浪、2 浪、3 浪、4 浪、5 浪、a 浪、b 浪、c 浪，对应数列中的 8。

（6）大一个级别的调整中的 a 浪分为 5 个下跌推进浪，b 浪分为 3 个调整浪，c 浪分为 5 个下跌推进浪，共为 13 个子浪，对应数列中的 13。

（7）大一个级别的推进浪中 1 浪中分为 5 个上升推进浪，2 浪中分为 3 个调整浪，3 浪分为 5 个上升推进浪，4 浪分为 3 个调整浪，5 浪分为 5 个推进浪，共为 21 个子浪，对应数列中的 21。

依此类推下去，我们把更小一个级别的浪加到一起，就会得到 34、55、89、144 等，直至无穷大。

## 15.2 各浪的特点

8 浪完整循环中，每个浪都有自己的特点。了解各浪的特点会辅助我们更好地进行辨识和区分。

1 浪：1 浪是上涨的起点，是下跌趋势与上涨趋势的拐点，是售后上涨的零点。所以，第 1 浪通常是不引人注意的，常常使我们误认为这是原下跌趋势的一次反弹走势而已。它在推进 5 浪中通常是最短的一浪。当然有时它也很剧烈，会形成 V 形反转。

2 浪：2 浪是对 1 浪的修正调整，2 浪的调整基本上是非常剧烈的。如果 1 浪非常不起眼，而 2 浪又回调得很迅猛，很容易让人理解为这还是在原有的下跌趋势当中。我们用什么办法来区分这到底是不是 2 浪呢？一般有两种方法：第一，如果是 2 浪的话，不会超过 1 浪的起点；第二，如果是 2 浪的话，那么它与下跌趋势是同一方向的，下跌是主要趋势。而我们知道主要趋势内部一定是 5 浪结果，所以在它的内部能找出 5 浪下跌，而不是 3 浪下跌。

3 浪：在证券市场中，3 浪通常是最迅猛且角度最陡的，幅度也是最大的。而在期货市场中通常是 5 浪最为凌厉。当 3 浪突破了 1 浪的高点时，我们可以看到某种传统的价格形态，或是头肩底，或是三重底，或是双重底。在 3 浪中，成交量通常也是最大的，向上跳空出现的次数也是最多的。还有一条铁律，3 浪即使在整理 5 浪结构中不是最长的，但也不会是最短的一浪。

4 浪：4 浪与 2 浪同样是调整浪，但也可能是浪型最复杂、持续时间最长的一浪。在波浪理论中有交替原则，那就是 2 浪如果是复杂的，那么 4 浪就会相对简单。若 2 浪相对简单，那么 4 浪就会很复杂。各种经典的持续价格形态都会出现在这一浪中。在 4 浪中，也有一则铁律，4 浪的低点绝不能低过 1 浪的高点。

5 浪：在证券市场中，第 5 浪通常要比第 3 浪平静很多，而在商品期货市场中，第 5 浪常常是最凶猛的一浪。许多经典的顶部形态会出现在 5 浪中，各种摆动指标也都处于超买的位置，或许有些已经出现了顶背离，警告我们市场的顶部或许已经出现了。

a 浪：同 1 浪一样，a 浪也常常被误以为是原上升趋势的回调而已。可以数它的内部结构，如果是 5 浪，那就一定是回调开始了。如果是 3 浪结构，那就是上涨还未完。a 浪的特点几乎与 3 浪一样，都是暴风骤雨一样的运行。

b 浪：b 浪是针对 a 浪的反弹，调整浪运行的过程中，成交量通常是萎缩的。b 浪是多头逃顶的最后机会。如果在 b 浪的高点不平掉多单的话，那么等待我们的还是下降的 c 浪。b 浪与 4 浪的结构类似，经典价格形态多会出现在 b 浪中。

c 浪：c 浪是调整浪的最后一浪，它的特点与 a 浪恰好相反，c 浪是绵延的、缓慢的阴跌。

## 15.3 推进浪的变化

推进浪的变化分为延长浪、失败 5 浪和充当顶部的楔形 5 浪。

### 15.3.1 推进浪的延长浪

在推进浪中，某一浪可能会变得比其他推进浪更长，也就是在 1 浪、3 浪、5 浪的某一浪中，额外地多添加了一个新的 5 小浪结构。图 15.5 所示为 1 浪延长示意图，图 15.6 所示为 3 浪延长示意图，图 15.7 所示为 5 浪延长示意图。

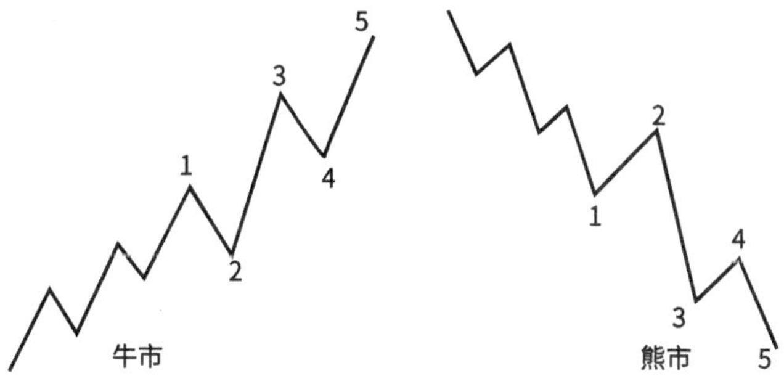


图 15.5 1 浪延长示意图

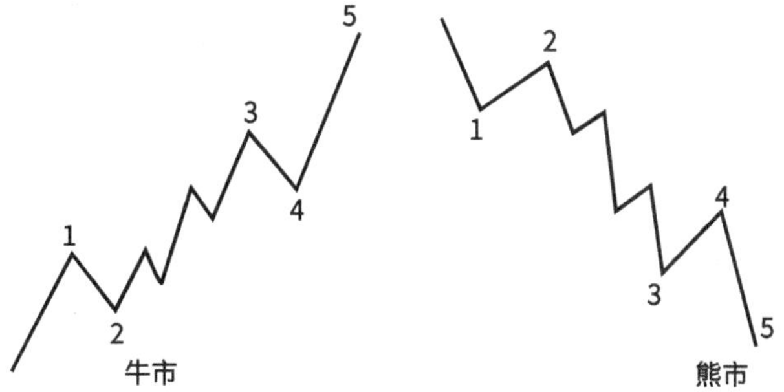


图 15.6 3 浪延长示意图

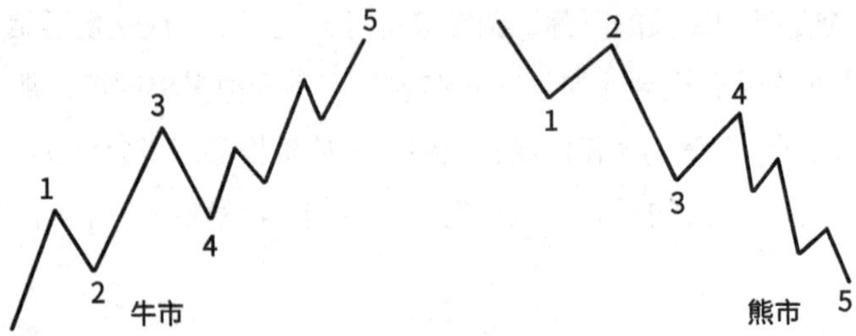


图 15.7 5 浪延长示意图

证券市场中多见 3 浪延长，而期货市场中多见 5 浪延长，我们在各浪的特点中提到过。有些时候这些延长浪很明显，而有些时候很难分清到底谁是延长浪。分不清无所谓，我们只要知道出现延长浪后，推进浪共有 9 个子浪就足够了。我们将这种延长浪称为无界定延长浪，如图 15.8 所示。

图 15.8 无界定延长浪示意图

### 15.3.2 5 浪楔形

在推进浪中，第 5 浪的延长浪有时会出现一些变形，它无视波浪理论的 4 浪低点不能击穿 1 浪高点的铁律，仅出现了 5 浪结构而已。这 5 浪的内部都是 3 浪结构，并且组成楔形形态。图 15.9 和图 15.10 所示分别为牛市楔形 5 浪和熊市楔形 5 浪示意图。

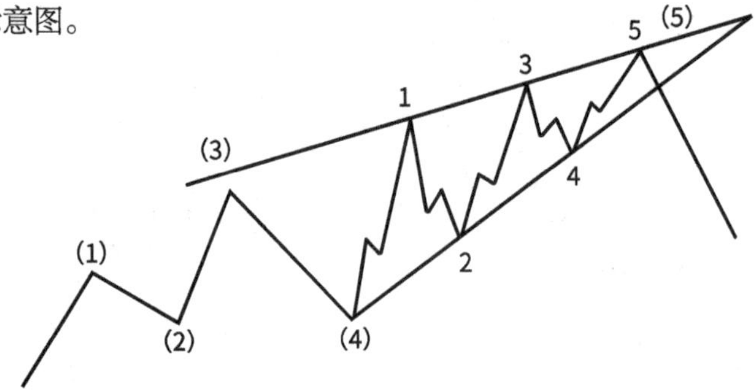


图 15.9 牛市楔形 5 浪示意图

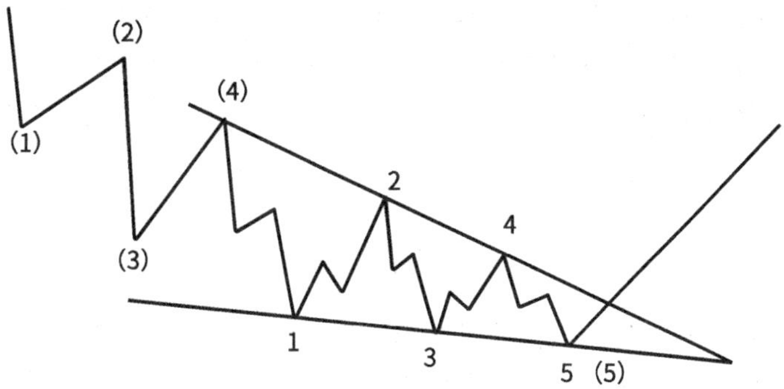


图 15.10 熊市楔形 5 浪示意图

### 15.3.3 失败 5 浪

正常情况下的推进浪都是一浪更比一浪高，3 浪高于 1 浪，5 浪高于 3 浪。但有些特殊情况不是这样，有时 5 浪的高点会比 3 浪的高点低一些。我们称这种 5 浪为衰竭形态。图 15.11 和图 15.12 所示分别为牛市衰竭形态和熊市衰竭形态示意图。

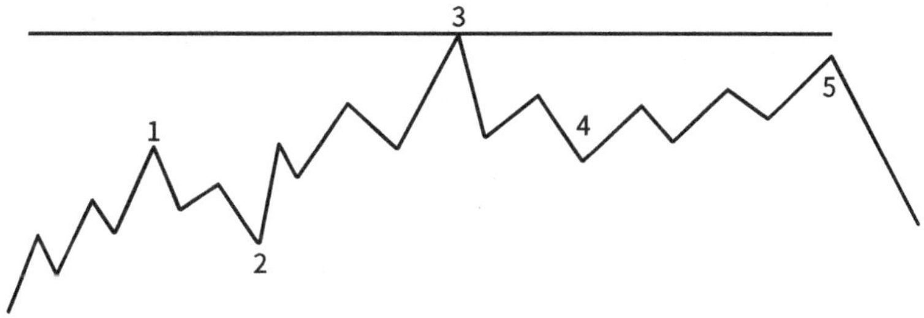


图 15.11 牛市衰竭形态示意图

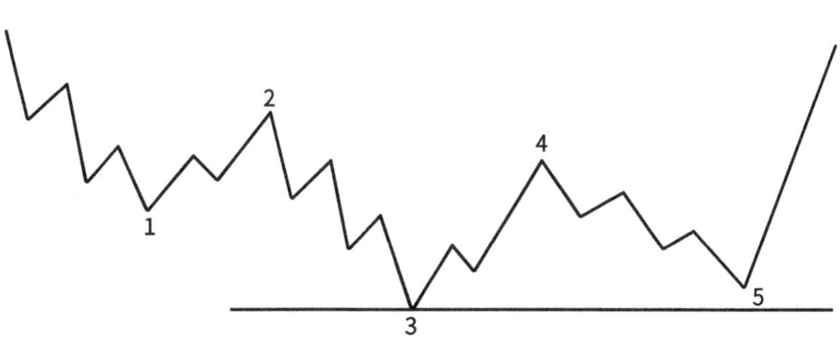


图 15.12 熊市衰竭形态示意图

初学波浪理论的人可能会认为 5 浪突破了 3 浪的高点，就说这是正常形态，不能突破就说是衰竭形态，那 5 浪就不应该是 5 浪，而是下跌的某浪了。其实不然，我们知道推进浪的内部都是 5 浪结构，而调整浪都是 3 浪结构。所以我们只需要查看一下它的内部结构就可以确定，它到底是衰竭的 5 浪还是下跌的某浪了。

## 15.4 调整浪的变化

正如推进浪会出现延长浪或是楔形 5 浪一样，调整浪也不会老老实实地走出 3 浪的调整，它有时也会发生变化。

### 15.4.1 锯齿形调整

我们所说的正常情况下的调整被称为“锯齿形调整浪”，它由 a、b、c 3 浪组成。我们以上涨为主推进浪的话，调整浪的方向就是下跌，而下跌就是调整浪的主要趋势。所以不论它的方向是什么，只要是推进浪，它的内部结构就是 5 浪；只要是调整浪，它的内部结构就是 3 浪。所以 abc 调整浪中，a 浪和 c 浪为 5 浪结构，b 浪为 3 浪结构，我们可以简单地称它为“5-3-5”结构。图 15.13 和图 15.14 所示分别为牛市中的锯齿形调整浪和熊市中的锯齿形调整浪示意图。

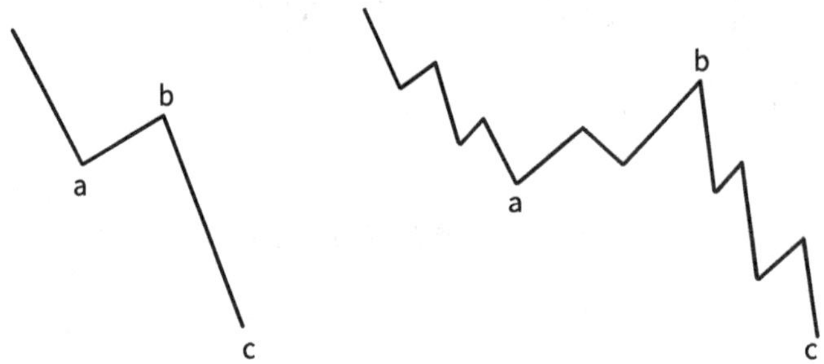


图 15.13 牛市中的锯齿形调整浪示意图

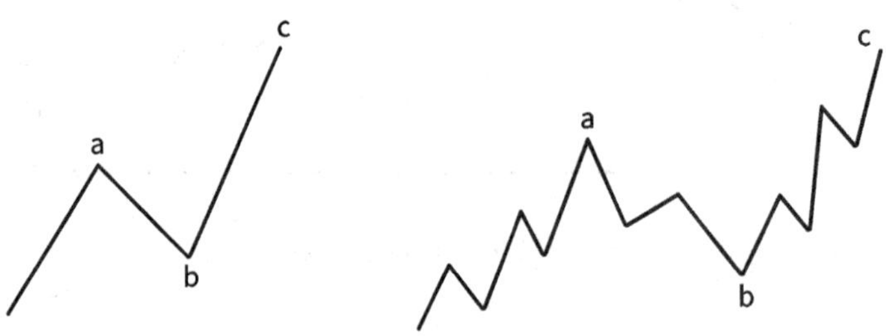


图 15.14 熊市中的锯齿形调整浪示意图

这只是最简单的锯齿形调整浪，还有比这更复杂的调整浪，就是将两个锯齿浪连接在一起，形成一个更大更复杂的锯齿形调整浪。图 15.15 和图 15.16 所示分别为牛市和熊市中的双锯齿调整浪示意图。

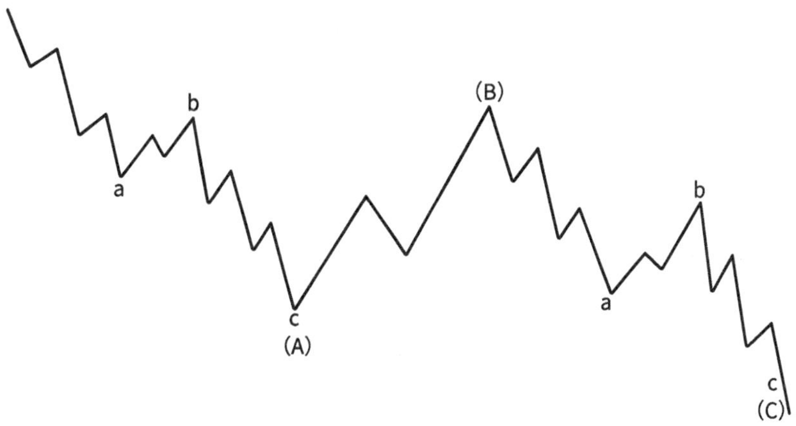


图 15.15 牛市中的双锯齿调整浪示意图

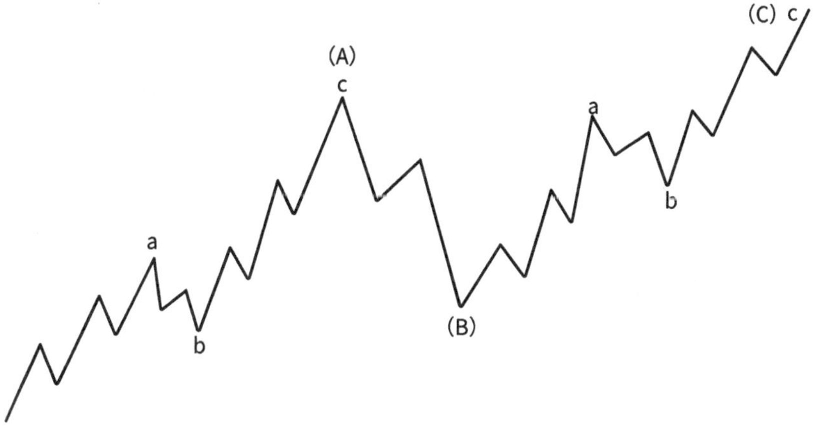


图 15.16 熊市中的双锯齿调整浪示意图

### 15.4.2 平台形调整

锯齿形调整浪通常下跌幅度为推进浪的 50% 以上，或者是 61.8% 以上，这是一种比较剧烈的调整浪。而另外一种调整浪就显得非常温和，abc 调整浪的高点低点形成了一个平台，我们称它为平台形调整浪。图 15.17 和图 15.18 所示分别为牛市和熊市中的平台形调整浪示意图。

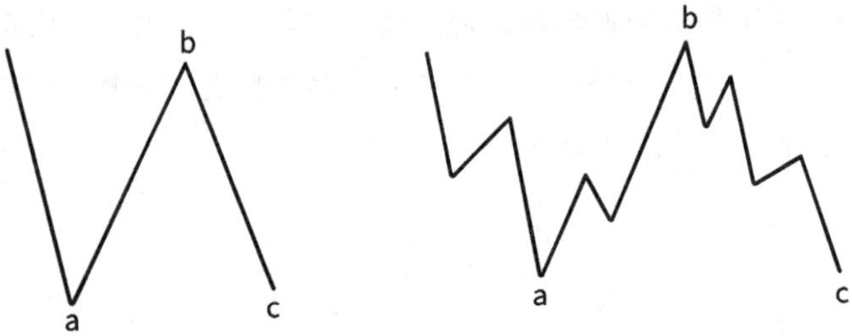


图 15.17 牛市中的平台形调整浪示意图

图 15.18 熊市中的平台形调整浪示意图

正常情况下平台形调整浪的高低点几乎处于同一水平位置，但有些时候，它们也会发生一点变化，但不论怎么变化，它们都属于平台形调整浪。第一种情况是，b 浪的低点会更低，c 点的高点会更高，这就形成了类似于喇叭形的调整，也就是扩张型平台调整浪。而另一种情况是b点的低点会略高，c点的高点会略低，就形成了类似于对称三角形的调整，被称为内敛型平台调整浪。图 15.19 和图 15.20 所示分别为牛市和熊市中的扩张型平台调整浪示意图，图 15.21 和图 15.22 所示分别为牛市和熊市中的内敛型平台调整浪示意图。

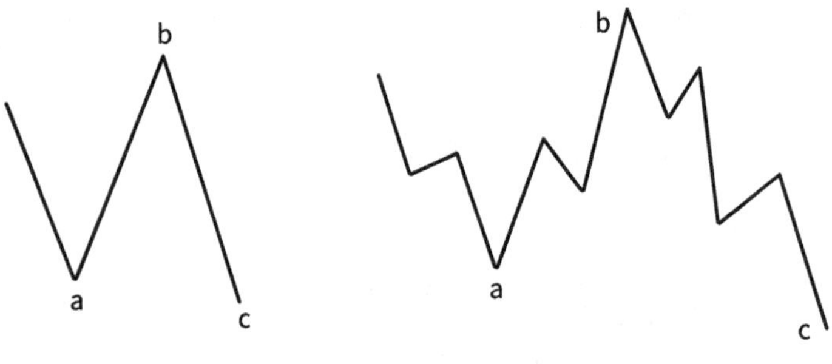


图 15.19 牛市中的扩张型平台调整浪示意图

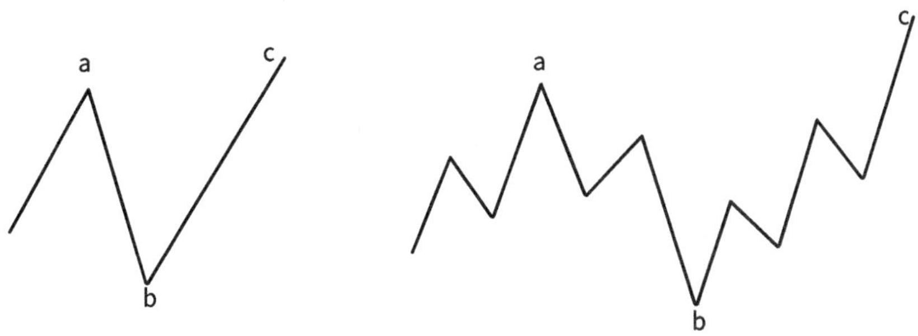


图 15.20 熊市中的扩张型平台调整浪示意图

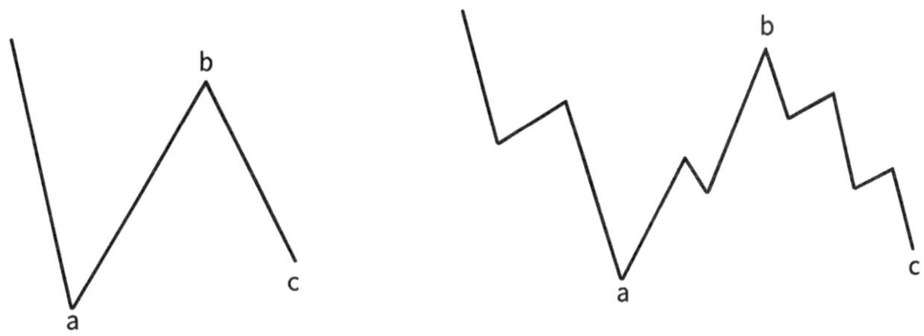


图 15.21 牛市中的内敛型平台调整浪示意图

图 15.22 熊市中的内敛型平台调整浪示意图

### 15.4.3 双三浪和三三浪调整

我们前面也说过，价格形态经常会出现在调整浪中，例如三角形、旗形、矩形、楔形等，都会出现在 2 浪、4 浪、b 浪中。而比这些调整浪更加复杂的双三浪和三三浪，是由两组 abc 浪，经过一个 x 浪或两个 x 浪连续而成。图 15.23 所示为双三浪调整示意图，图 15.24 所示为三三浪调整示意图。

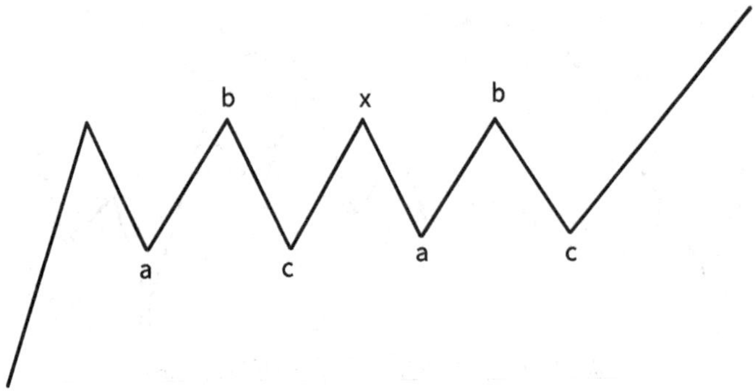


图 15.23 双三浪调整示意图

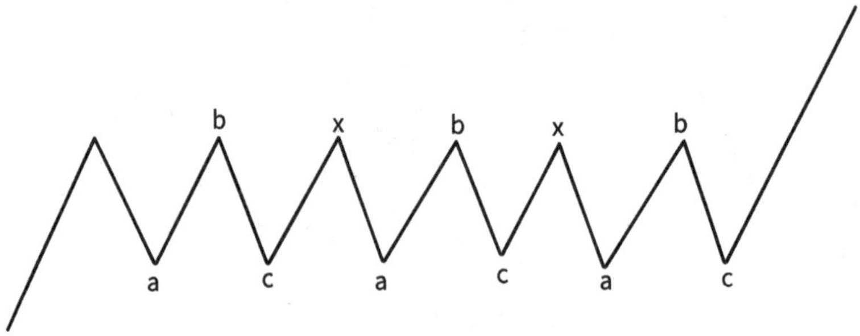


图 15.24 三三浪调整示意图

## 15.5 各浪之间的数学关系

波浪理论的数学基础是斐波那契数列，我们谈及它们之间的关系时，只讲到了大级别中的子浪个数的关系。而斐波那契数列的另一个神奇之处在于它的黄金分割率，每个浪之间的幅度关系与黄金分割率有着不可分割的联系。

在 1、3、5 的推进浪中，只会出现一个延长浪，而不是每个推进浪都能出现延长浪。如果某一浪出现了延长浪，那么另外两个推进浪的幅度基本上相等。也可以反推回来，如果 1 浪延长，那么 3 浪和 5 浪的幅度大致相等。如果 3 浪延长，那么 1 浪和 5 浪的幅度大致相等。

用 1 浪的长度乘以 1.618 后，加上 2 浪的最低点，得出的结果大致为 3 浪的最小目标价位。

用 1 浪的长度乘以 3.236 后，分别加到 1 浪的最高点和最低点处，可以得出 5 浪的最高目标价位和最低目标价位。

如果 1 浪和 3 浪的幅度大致相等，几乎可以推断 5 浪会出现延长，将 1 浪起点到 3 浪顶点的高度再乘以 1.618，加上 4 浪的最低点，可得出 5 浪大致的目标价位。

如果调整浪为锯齿形，那么 c 浪与 a 浪的长度大致相等，或者 c 浪是 a 浪的 0.618 倍，或者 c 浪是 a 浪的 1.618 倍。

我们可以用黄金分割找出任何两个浪之间的数学关系，但这也只是在理想状态下的情况。在真实的走势中，这种数学关系只能用作参考，不能将其当作一种定论。

图 15.25 所示为西部资源（600139）日走势图，它呈现出了完整的 8 浪循环形态。再仔细划分更小一级别的波浪，它也会呈现出完美的分形。

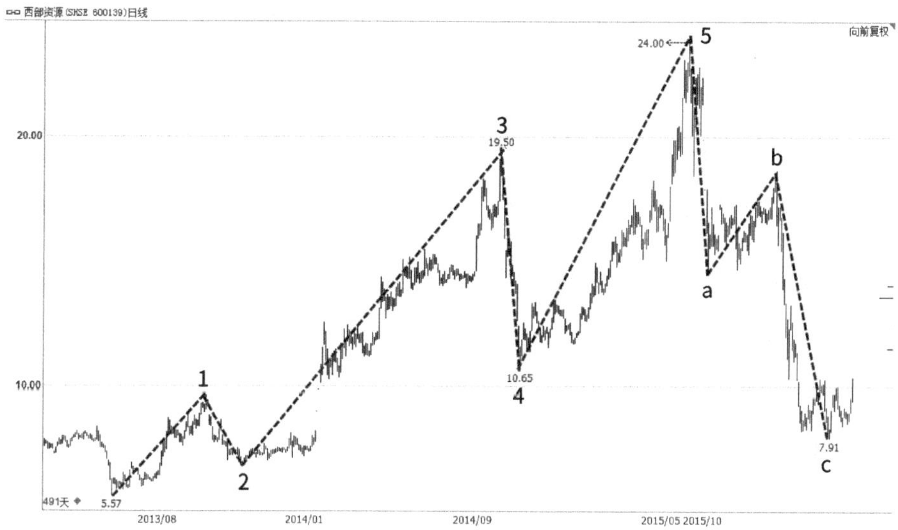


图 15.25 西部资源日 K 线图

第16章

# 缠论

16

缠论出自网名为“缠中说禅”的一名网民，这一理论由缠中说禅独创，发表于各大股市论坛博客之中，因其缜密的逻辑性和细节性，被广大股民研究探讨。缠论以平静沉稳的心态，将股市法则全部溶于技术层面，以单纯的技术形态来判断整个 K 线格局的走势。缠论的两个核心内容是中枢和区间套理论，两者因为对趋势判断的缜密性，颇具大家风范。本章就围绕缠中说禅的经典思路进行深入探讨，为投资者提供更多的可行性操作手法，实现利润最大化。

## 16.1 缠论的精髓

缠论主要有 2 个核心：形态学、动力学。形态学围绕的是脱去股价走势 K 线的重叠点，进行净化处理的变动 K 线，可帮助投资者在清晰的走势格局中分辨思路；动力学围绕的是股价走势 K 线在行进中爆发的力量，因为中枢的变动而相互影响。两者之间息息相关，形态学提供基础的走势关系，动力学讲解运动法则。投资者在阅读本节时应该反复试验，以便透彻地理解股市走势 K 线的思路。

### 16.1.1 由分型到笔再到线段

**【形态概述】**

形态学以分型、笔、线段、中枢和走势为基础知识，要求对 K 线走势的判断从小周期开始进行解读；以小走势的线段向更大级别的笔转化，按此逻辑不断向大级别的趋势进行扩展，实现不同周期 K 线走势之间的串联，从分型到笔再到线段的判断中，有较为详细的对彼此间的区分解读。

分型分为顶分型和底分型，顶分型是指在 3 根 K 线中，中间 K 线的高点比相邻两根 K 线的高点更高，同时其低点也比相邻两根 K 线的低点更高；底分型与此相反，是指中间 K 线的低点比相邻两根 K 线的低点更低，而且其高点也比相邻两根 K 线的高点更低。

笔是指在两个分型之间的走势，同时要求两个分型之间至少有一根 K 线，笔分为向上笔和向下笔。向上笔是指底分型上升到顶分型的连线，向下笔是指顶分型下降到底分型的连线。

线段是由奇数个笔组成，最少 3 笔且 3 笔必须有重叠部分。线段其实就是笔和特征序列的结合体，而特征序列是指与笔的方向短暂相反的笔，同时因为在顶分型或底分型前两个元素中的特征序列间是否有缺口的问题会影响到线段的终点：当特征序列之间存在缺口时，线段的终点将出现在之后逆向笔的分型的顶部或底部，当特征序列之间不存在缺口时，那么线段的终点则出现在顶分型的顶部或底分型的底部。图 16.1 所示为分型、笔和线段示意图。

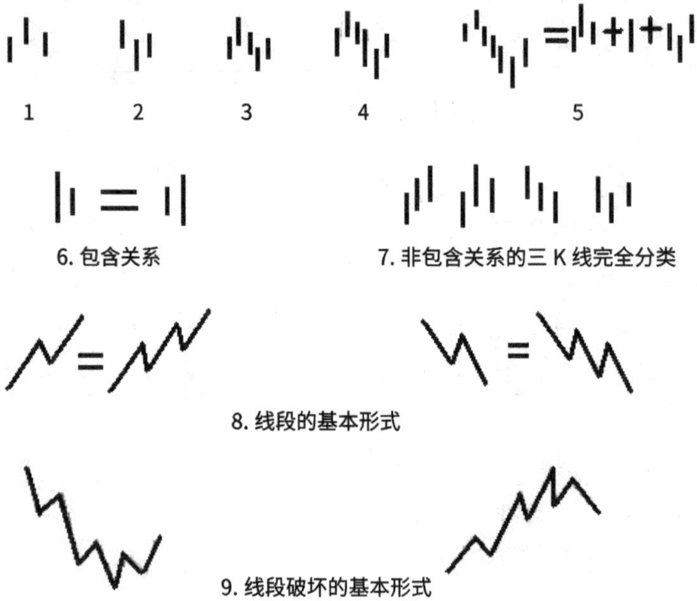


图 16.1 分型、笔和线段示意图

图 16.2 所示为基本的分型示意图，分型分为顶分型和底分型。

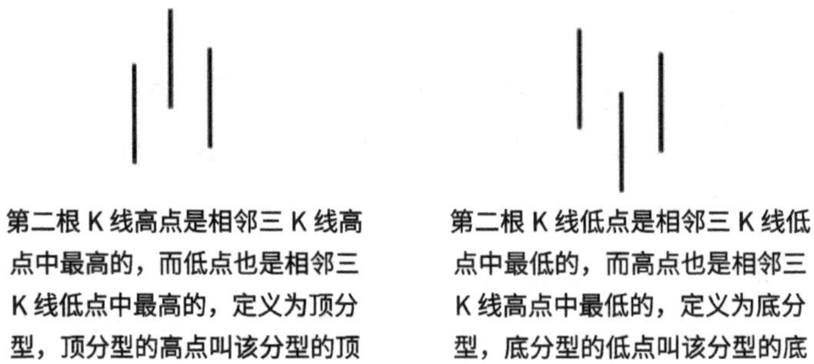


图 16.2 分型示意图

图 16.3 所示为基本的笔示意图，笔分为向上笔和向下笔。

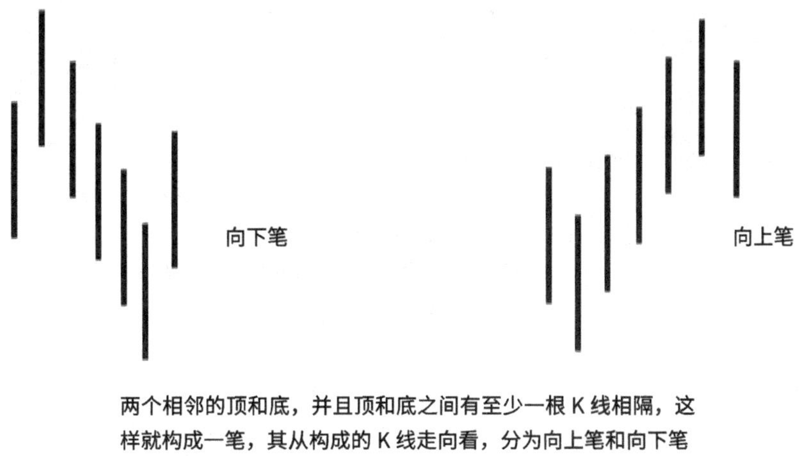


图 16.3 笔示意图

图 16.4 所示为特征序列示意图，特征序列分为向上特征序列和向下特征序列。

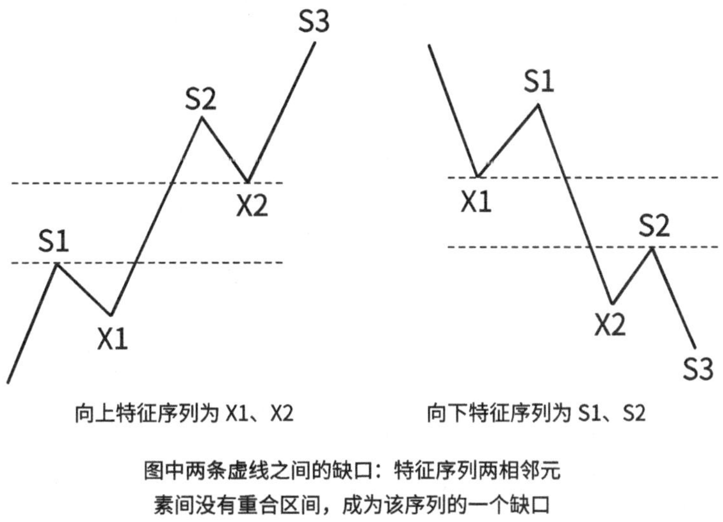


图 16.4 特征序列示意图

图 16.5 所示为线段示意图，分为向上线段和向下线段。

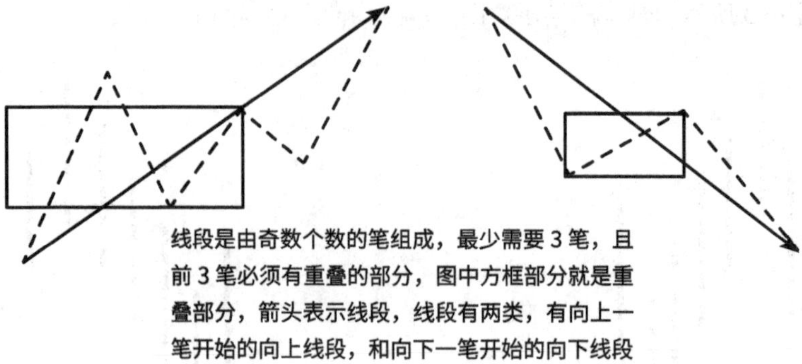


图 16.5 线段示意图

【K 线实战】

图 16.6 所示为平安银行（000001）日 K 线图，从图中可以看出，指数 K 线做了顶分型之后，再做了特征序列，之后一笔的连接，又到了一个顶分型，此时两个顶分型的特征序列之间产生了一个缺口，因而开始寻找线段的终点，接着 K 线指数又做了一个顶分型，这个顶分型的顶点便是线段的终点，因而第一根线段画完，共由 5 笔组成。接着指数向下行走，先是做了底分型，指数继续下行，又完成了一个底分型，指数仍然下行，完成了最终的底分型，此时相邻两个底分型的向下特征序列没有缺口，因而此时的底分型的底部便是第二根线段的终点，这根线段共由 7 笔组成。

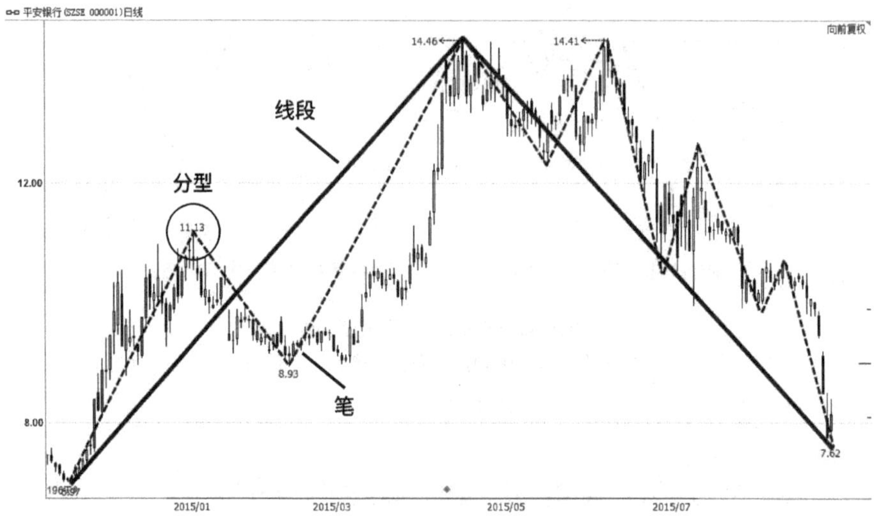


图 16.6 平安银行日 K 线图

**【结构分析】**

线段破坏一定要先分清有无缺口的情况，做划分的时候很容易忘记这个前提。

处理好包含关系，第一种情况是从破坏那笔开始的第一系列的特征元素包含处理；第二种情况是从假设的转折点那笔开始的后面这根线段的特征元素包含处理。

### 16.1.2 定义中枢和分析走势

**【形态概述】**

中枢其实就是相邻两个向上或向下特征序列重叠的那一部分。相邻两个中枢根据彼此间的位置关系被分为扩张中枢、扩展中枢和延伸中枢。扩张中枢是指两个相邻的中枢出现后，第二个中枢的下调走势没有触碰到第一个中枢的区间内部；扩展中枢是指两个相邻的中枢出现后，第二个中枢的下调走势触碰到了第一个中枢的区间内部，因而被合并为一个中枢，并被放大到更高的一个周期级别中去；延伸中枢其实就是一个中枢的延续版，因为其反复震荡而使得指数 K 线不断反复，甚至无法形成一个有效上升突破的笔。图 16.7 所示为中枢示意图。

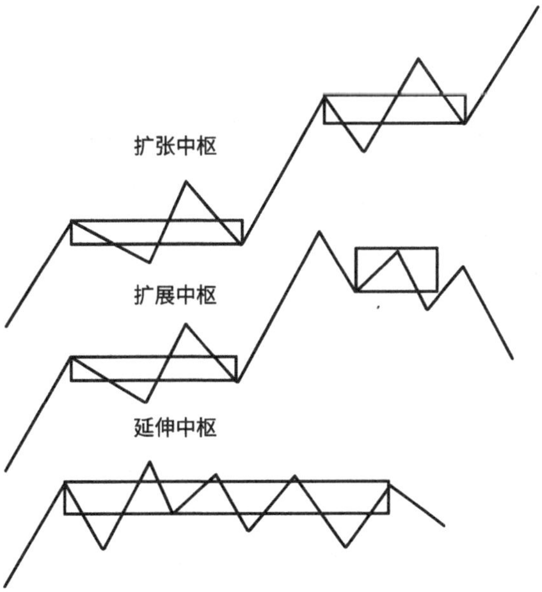


图 16.7 中枢示意图

【K 线实战】

图 16.8 所示为中国国贸( 600007 )日 K 线图，从前端走势的高点作为起点来看，指数 K 线在完成一个顶分型之后向下走了一个底分型，之后又走了一个底分型，两者间的特征序列没有交集，因而线段终点将出现在下一个底分型的底部，下一个底分型出现后，线段连接成功。之后出现的是延伸中枢，K 线走势在多次向下突破无效之后反复震荡，之后又形成了扩展中枢，在假设后期指数上行的情景下，画成了虚拟的第二条线段。

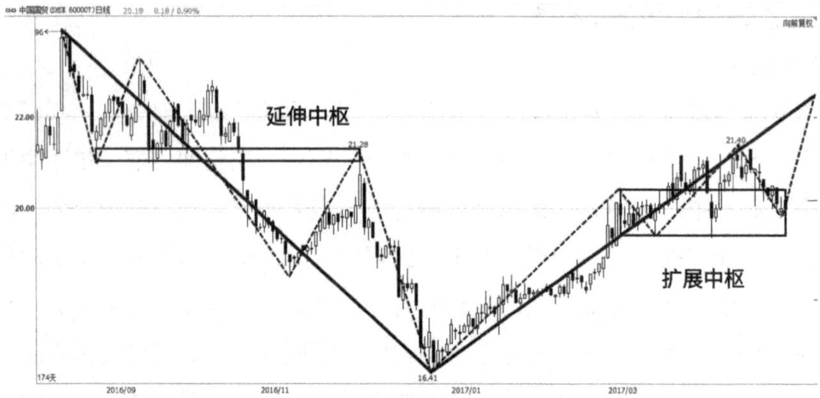


图 16.8 中国国贸日 K 线图

【结构分析】

在多个中枢有重合价位后意味着更高规模的中枢形成，也暗示着在这一中枢背后有更高规格的走势，因而耗费的时间也必然更长。

一般而言，如果在一个趋势的走势中走出 3 个左右的中枢，趋势就会发生转变。因而无论是大级别的中枢走势还是小级别的中枢走势，都要注意中枢形成的数量，以便判断后期股价的走势方向。

### 16.1.3 区间套理论

【形态概述】

区间套就是根据背离段从高级别向低级别逐级寻找背离点的方法。区间套的理论依据是高级别的背离是以低级别的背离作为前提，但低级别的背离未必会转化成高级别的背离。区间套获利手段可以分为 3 类情况：第一种情况是指高级别出现背离后，向低级别逐次寻找背离点；第二种情况是指由低级别出现的背离逐渐向高级别的背离扩展；第三种情况是反复背离，就是高级别进入背离阶段之后，次级别以下却长期地进行反复背离，这往往是处于筑顶或者筑底的阶段。图 16.9 所示为区间套理论示意图。

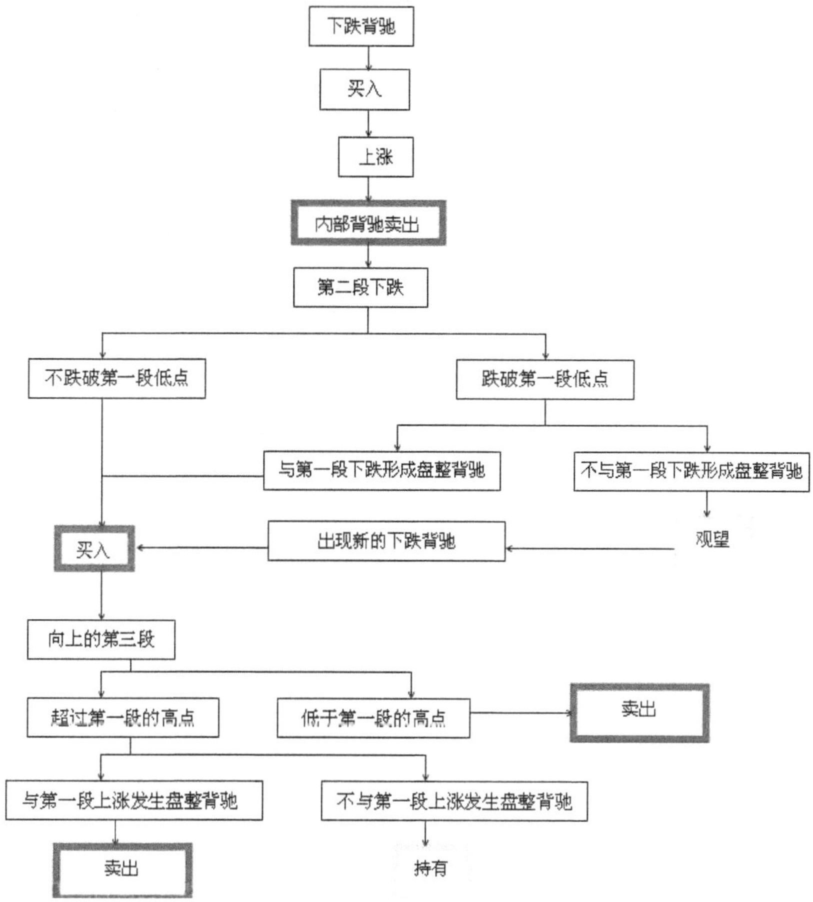


**图 16.9 区间套理论**

**【K 线实战】**

图 16.10 所示为民生银行（600016）30 分钟 K 线图，在图中可以看出指数 K 线在不断下行的阶段中，底部呈现不断降低的特征，同时观察到此时的 MACD 指标，此时的 DIF、DEA 线却形成了底部不断上升的底，因而指标的底背离使得当前的趋势进入更加值得关注的时间域。

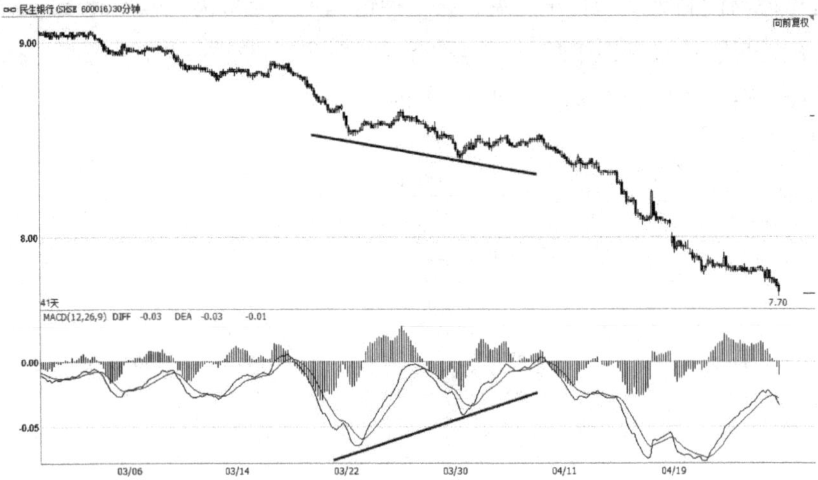


图 16.10 民生银行 30 分钟 K 线图

图 16.11 所示为民生银行 60 分钟 K 线图，此时出现的底背离是走势图中 30 分钟底背离向上一级别进行扩展而导致的，显示了低级别趋势向高级别趋势不断递延的特点。

图 16.11 民生银行 60 分钟 K 线图

图 16.12 所示为民生银行 120 分钟 K 线图，可以看到此时的 K 线走势并未在 60 分钟的底背离的影响下形成背离走势，因而此时的次级别背离走势停止，并没有衍化成更高规格的走势。

图 16.12 民生银行 120 分钟 K 线图

**【结构分析】**

区间套理论是缠论当中最核心的部分，主要探讨的是在不同级别上的背离产生买卖点后，开始向小级别深入，去寻找最接近理想价位的 K 线点，实现最理想化的操作思路。在选择操作方案时，应该根据自己的习惯特性量身定做合适的级别，严格按照级别进行操作，中长期投资者可以选择月线或周线级别，短线投资者可以选择周线或日线级别，超短线投资者可以选择日线或 60 分钟 K 线级别。

## 16.2 缠论的买点

本节贯通缠论的中心思想，围绕在上涨结构中的中枢附近的相关买点进行剖析举例，以便投资者更好地理解股价走势 K 线的原理。在缠论当中，因为级别的可扩充性，在不同级别的走势中，往往会显现不同的买点，而在低级别当中，显现的买点将会更加敏锐，对短线投资者有极为重要的参考性。

### 16.2.1 不创新低的买点

**【形态概述】**

股价走势出现底背离后，开始进行向上行走的一波行情，途中一笔下调但未创新低的底分型便是第一买点。此时投资者在分型确认时，可在所选周期的内部进行买点选择。图 16.13 所示为不创新低的买点示意图。

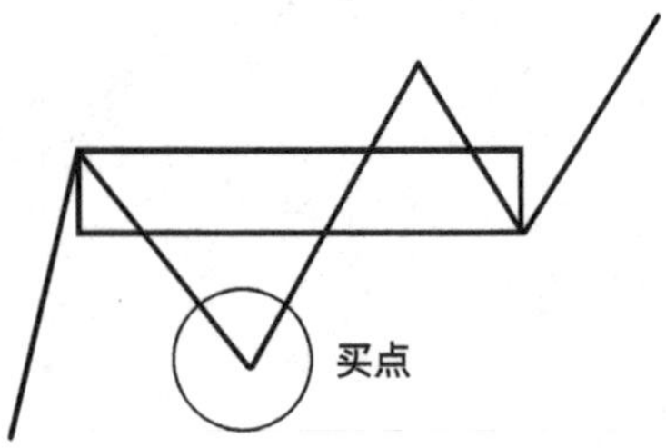


图 16.13 不创新低的买点示意图

【K 线实战】

图 16.14 所示为南方航空 (600029) 的日 K 线图，K 线形成了底背离，也形成了一个“笔”但价格下跌并没有创新低，仅为一次调整，所以为我们提供了绝佳的买点。

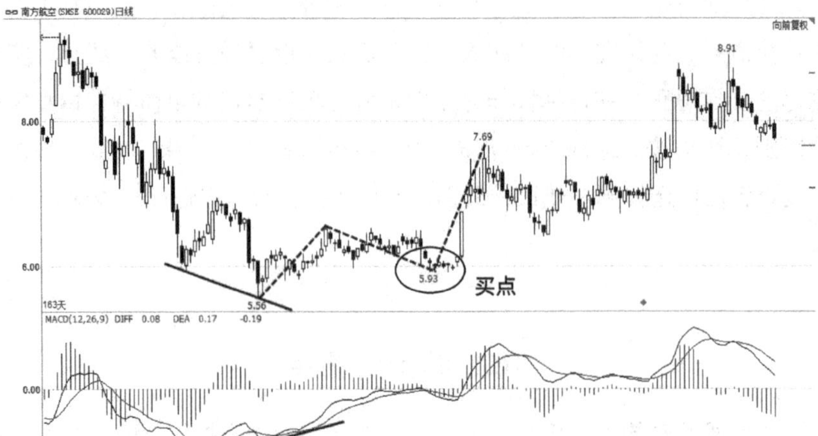


图 16.14 南方航空日 K 线图

【结构分析】

底背离是选择买点的前提，股价走势 K 线在向下跌破最后一个中枢之后做的底背离，往往会有一个同级别的向上行情，此时要关注在股价 K 线上涨途中回调的低点是否有创新低，倘若未创新低，则意味着此时的股价 K 线买点显现。

### 16.2.2 不破前中枢的买点

**【形态概述】**

在股价走势 K 线的第一买点形成后，同时完成了上涨走势中的第一个中枢，在第一个上涨中枢形成之后，股价走势在形成第二个中枢时向下回调却未破前期的中枢上沿，此时则意味着第二买点的显现。此时投资者在选择买进时，也应该根据自身所选的时间级别。图 16.15 所示为不破前中枢的买点示意图。

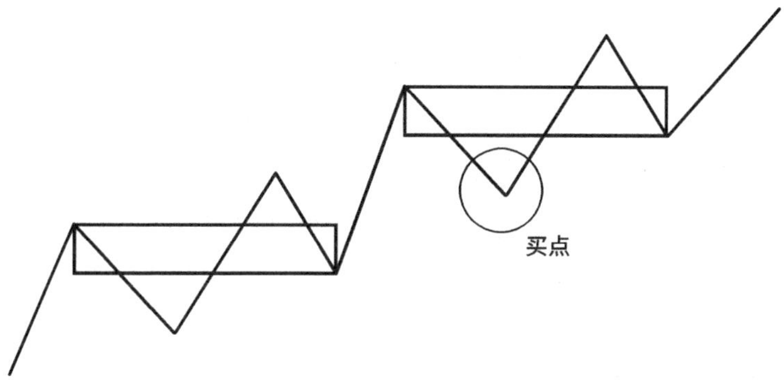


图 16.15 不破前中枢的买点示意图

**【K 线实战】**

图 16.16 所示为华夏银行（600015）的日 K 线图，可以看出股价走势此时在未对前期中枢形成破位后建立的分型底是有效买点，此时买进该股，短期有很大的获利空间，投资者在此时应该予以积极的关注和准备。

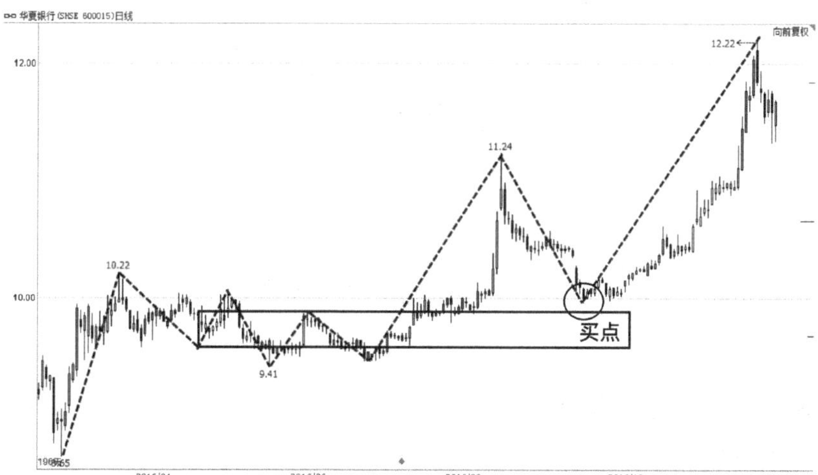


图 16.16 华夏银行日 K 线图

【结构分析】

日线级别的买点可能两年才出现一次，但 5 分钟级别的买点两天就会出现一次。

买点并非一定要是某个价位点，级别越高，可操作的区间范围越大，因而下跌两三个中枢之后你就可以开始考虑买点的选择了，而上升两三个中枢之后，你就可以开始考虑卖点的选择了。

## 16.3 缠论的卖点

与上节相反，本节围绕的是缠论的卖点，作为对技术要求更高的操作，选择好卖点往往意味着在走势 K 线中对股价进行了合理的判断。同样，根据自身习惯的不同，要求投资者选择相应的合适的操作级别，尽可能地避免跨级别操作，因为跨级别操作对技术要求比较高，风险也偏大。

### 16.3.1 不创新高的卖点

【形态概述】

股价走势在不断上升完成最后一个上升中枢之后，在顶部分型会形成背离，此时股价 K 线下行破坏前期中枢，但会以反弹的形式再次进行上攻，在无法创新高之后，便形成了卖点，此时的卖点便是同前期顶分型比较之后的次高点。图 16.17 所示为不创新高的卖点示意图。

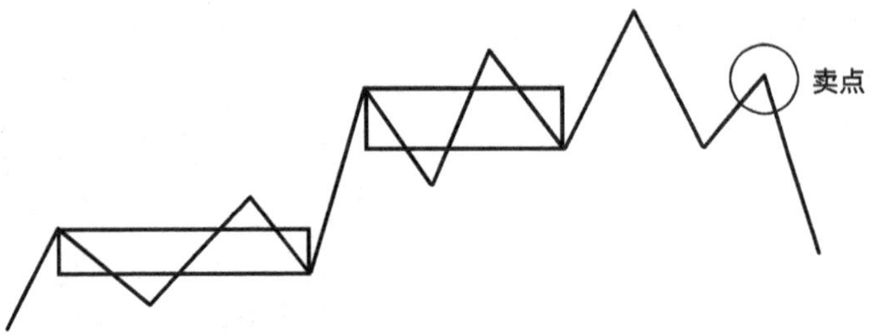


图 16.17 不创新高的卖点示意图

【K 线实战】

图 16.18 所示为神州数码（000034）的 60 分钟 K 线图，从图中看到股价走势 K 线在前期走完两个上升中枢之后开始在顶分型处出现了顶背离现象，此时股价走势发生反转开始下行，并触及前期的最后一个上涨中枢，接下来的反弹

在没有实现新高后继续掉转直下，而此时的卖点依然显现。投资者在选择卖点时应该予以注意，不然利润落空，一切都是徒劳。

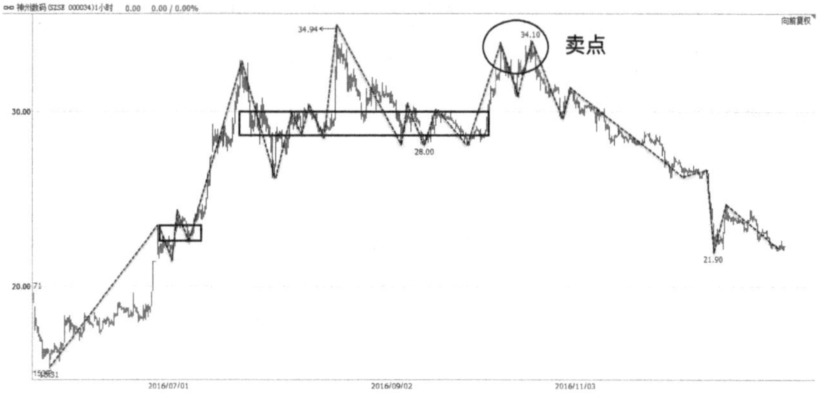


图 16.18 神州数码 60 分钟 K 线图

**【结构分析】**

在把握卖点时要注意前期出现的顶背离，在缠论当中卖点有很多，越低级别的 K 线走势出现卖点越快，适合短线在多个级别间切换，但对技术要求比较高。

从低级别自下而上地进行升级，显示着中枢的扩张，一般低级别出现连续 3 个价格重叠造成的中枢，则构成了高一级别中枢。

## 16.3.2 不破前中枢的卖点

**【形态概述】**

股价在向下突破前期中枢后，会出现小级别的底背离，因而产生又一个反弹走势，而这个反弹走势在触及到前期中枢下沿附近后调头而下，那么此时便显现了又一卖点，此时对这个卖点的把握便是投资者的又一次逃生机会。图 16.19 所示为不破前中枢的卖点示意图。

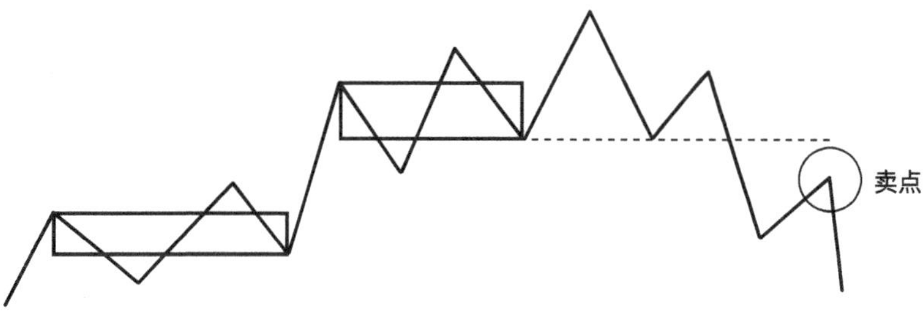


图 16.19 不破前中枢的卖点示意图

【K 线实战】

图 16.20 所示为中集集团（000039）的 60 分钟 K 线图，股价走势在对前期的中枢进行冲击时，在中枢的下沿附近调头而下，宣告了多头反转的失败。因而在把握此类股价走势卖点时，应该果断快速，不然错过此时的卖点，便会陷入漫长的被套生涯。

图 16.20 中集集团 60 分钟 K 线图

【结构分析】

在选择卖点时，以中枢作为判断标准是比较可靠的，但看准走势的趋势，在形态上构建出正确的图形，往往是在理论之外的又一个要求，需要投资者在投资过程中不停地学习，以便日后在投资生涯获取稳定的利润。

第 17 章

# 涨停板的处理

股市当中因对股市赢利法则的视角不同，造就了一批又一批奇思妙想的炒股技巧，其中，被广泛推崇的是因涨停敢死队而声名鹊起的涨停板追法。在涨停板中，有很多类型，其中不乏涨势凶猛的牛股，因而在追击涨停板时往往需要更多的耐心，风险与收益并存，借此一章，望投资者可以升华投资技巧，实现利润增值。

## 17.1 涨停板的分类

涨停板因其在涨停价位所处的时间长度和对涨停价的封单大小被分为两类：一类是开板的涨停板，表明此时主力已经有出货的意图，至少在对筹码的保护上显得很不给力，也表明了主力正在逐渐兑现利润，至于是处在兑现利润的开始还是结尾，需要投资者进行更深层次的判断和考虑，另一类是不开板的涨停板，这类个股因其快速涨停而显现的强劲买盘预示着后市向上的动力惯性，至少短线内会有很大的盈利空间。

### 17.1.1 不开板的涨停板

**【形态概述】**

不开板的涨停板是指股价因为重大利好或走势强劲导致买盘旺盛，使得股价在集合竞价或开盘瞬间就实现涨停，并且全天封死在涨停价上，没有丝毫的波动性，使得 K 线呈现一字形。

不开板的涨停板往往意味着涨势非同寻常，说明主力准备快速拉升，此类涨停板分为两种情况：一是缩量封涨，此类个股后期存在连续涨停板的可能，即使没有连续涨停，还是会保持很强的向上冲击的惯性。此类个股若在集合竞价时买进，必然会带来短线丰厚的利润，但投资者也常因此在集合竞价中被深套，所以在选择投资时不能盲目追涨，必须谨慎判断。二是放量封涨，此类个股后期有继续上冲的惯性，但相比第一类涨停个股稍显弱势，成交量够大时，说明多空已经开始产生分歧，虽然当前多方主力占优，但不代表更多的获利盘不会涌出，后期走势有待考量。图 17.1 所示为不开板的涨停板示意图。

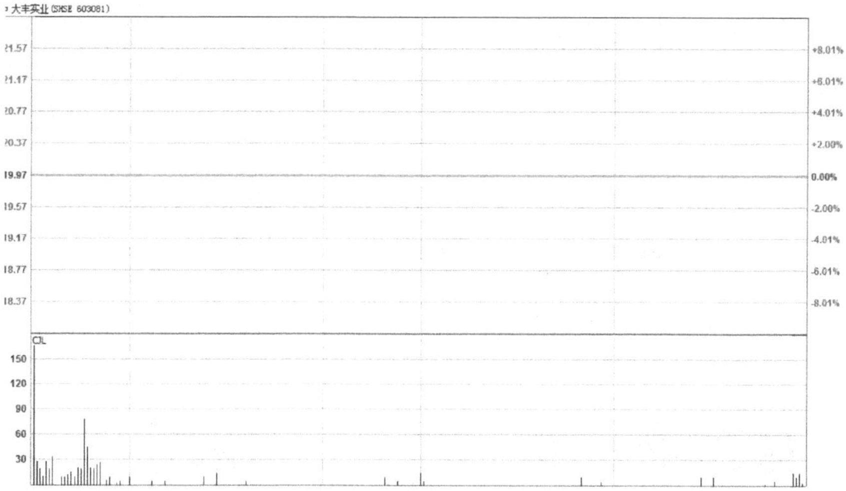


图 17.1 不开板的涨停板示意图

【K 线实战】

图 17.2 所示为龙净环保（600388）2017 年 4 月 26 日的分时图，图中所示此时盘内走势完全封住涨停板，表现了买盘力量的强劲，通过对日线级别 K 线的判断，可以看出该股向上继续连板的空间很大。

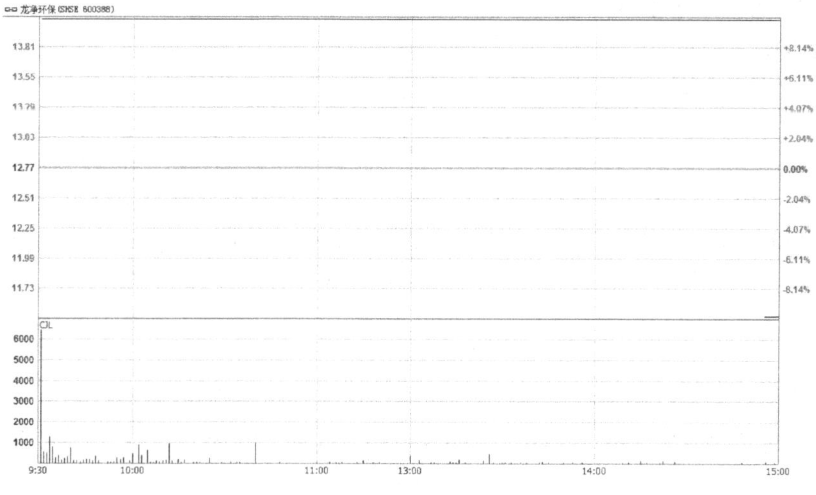


图 17.2 龙净环保分时图

图 17.3 所示为龙净环保日 K 线图，可以看出此时该股走势中的成交量呈缩量态势，因而后期向上的空间惯性很大，值得投资者积极关注。

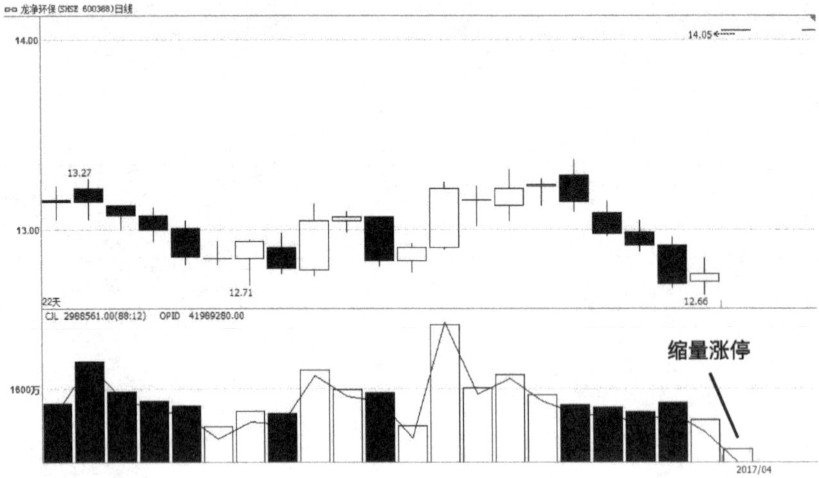


图 17.3 龙净环保日 K 线图

【结构分析】

开盘涨停因为成交量的变化所表现的意义不同，在此时成交量的高低便意味着整个力量是集中还是分散。

### 17.1.2 开板的涨停板

【形态概述】

开板的涨停意味着有大量的多空分歧产生，此时的涨停板应该结合 K 线在走势中所处的位置而言，一般开板的涨停板分为 2 类。

一是出货涨停板，此时股价往往会以涨停封死的特征大单封住，但又会突然大撤单破开，股价急速下跌。此时显现的卖盘好像源源不竭，最后尾盘再拉起，便于翌日高位继续出货。这时股价走势凶悍，往往不会顾及一些强势的支撑位，而且此时 K 线应该处于股价的高位处或关键突破位，准备调头做差价，因为筹码不足或跟风盘不强。

二是整理涨停板，此时股价 K 线应该处于关键突破位的附近，需要对筹码进行巩固，这类个股的分时走势和出货涨停板很相像。

图 17.4 所示为开板的涨停板示意图。

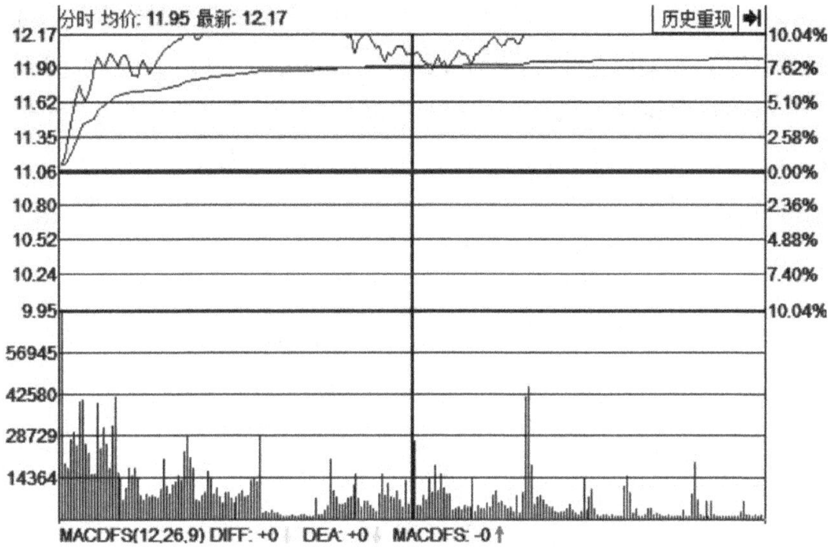


图 17.4 开板的涨停板示意图

【K 线实战】

图 17.5 所示为华能国际（600011）2015 年 7 月 9 日的分时图，从图中可以看出此时盘内走势在涨停后多次反复开板，成交量也放得很大，但更多的信息还要结合日 K 线进行判断。

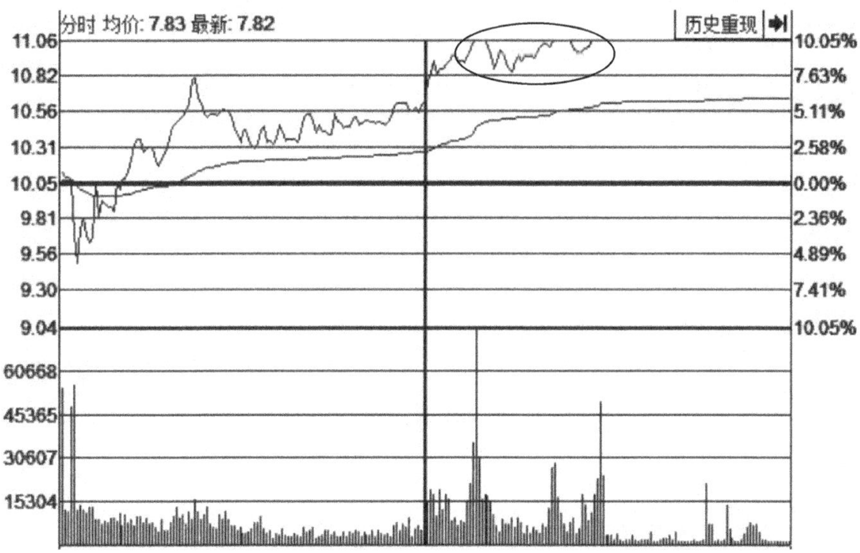


图 17.5 华能国际分时走势图

图 17.6 所示为华能国际日 K 线图，从图中可以看出此时股价相对而言处于关键的突破位，今日成交量也急剧放大，此时股价走势与 MACD 指标形成背离，因而可以认为股价近期中短线下行的概率很大，而当前的格局可以认为是短暂出货，做短差的可能性更大，股价有向下做进一步深幅调整的要求。

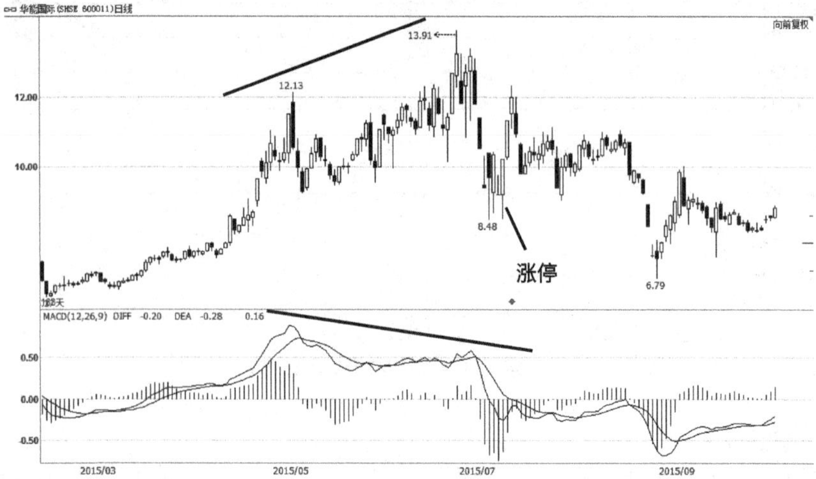


图 17.6 华能国际日 K 线图

【K 线实战】

图 17.7 所示为国中水务（600187）2016 年 8 月 22 日的分时图，从图中格局来看此时股价仅在早盘短暂地破开，但成交量大得惊人，观察日 K 线走势可以对趋势看得更清楚。

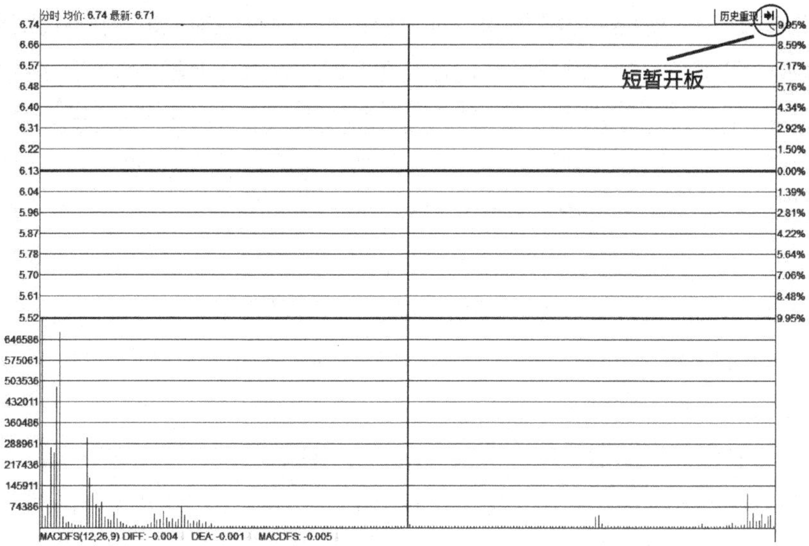


图 17.7 国中水务分时图

图 17.8 所示为国中水务日 K 线图，可以看到此时股价正位于前期资金密集区，同时成交量在早盘短暂的破开之后放出较大的成交量，因而可以认为此时应该是典型的震仓盘口形态。

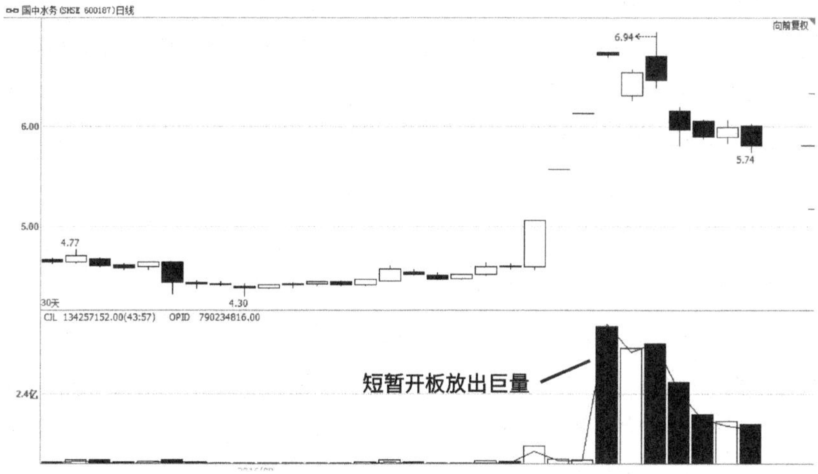


图 17.8 国中水务日 K 线图

**【结构分析】**

股票市场中的涨停板与期货市场中的涨停板有较大的区别。期货市场采用双向方向，既可以做空也可以做多。而股票市场中目前只能做多，没有做空机制，涨停板的限制对于单向趋势的强化程度在股市中远远不及期货市场。期货市场中采用的交易规则是 T+ 0, 即当日买进个股股价发生波动时投资者能够进出，而股票市场中采用的交易规则是 T+1，即当日买进个股股价发生波动时投资者只能进，而不可能出，这实际上加大了助涨功能。

个股涨停板带来市场的联动效果。个股涨停板可能会带动该类板块个股的强烈反应，进而刺激市场人气，带动大盘上涨。某些个股连续涨停板，很容易引起投资者的关注，从而判断大盘持续上涨，使市场投资者的参与热情高涨，带动整个板块上涨，其市场影响面可能超过人们的想象。

小盘股由于流通盘较小，主力仍可以用少量的资金影响同类板块，的走势。

涨停板对股票成交量的变化也是有影响的。股市中出现涨停板的情况使成交量减少并不意味着顺势操作的人在减少，却可反映出操作的人可能在增加，只是在当日受涨停板限制的影响不可能实现而已。

## 17.2 涨停板的买点

涨停板因其分类的不同，会在不同的时间段显现买点，同样，此类买点的判断也需要配合各类指标加以引导，在分时图中，选择买点时往往需要配合成交量、MACD、走势图、均价线、大盘指数的涨跌和一些经验技巧加以综合判断，因而对投资者基本技术的掌握度有很高的要求。

### 17.2.1 个股集合竞价涨停

**【形态概述】**

个股集合竞价涨停是指股价在早盘集合竞价时因为买盘过旺而涨停，此类个股有很强的上涨意愿，后期有连续涨停板的可能，因而在选择买点时越早越好，但此类涨停也常以伪装的形式在集合竞价涨停，但接近开盘价时又快速回落，因而在实际操作中应注意。图 17.9 所示为集合竞价涨停示意图。

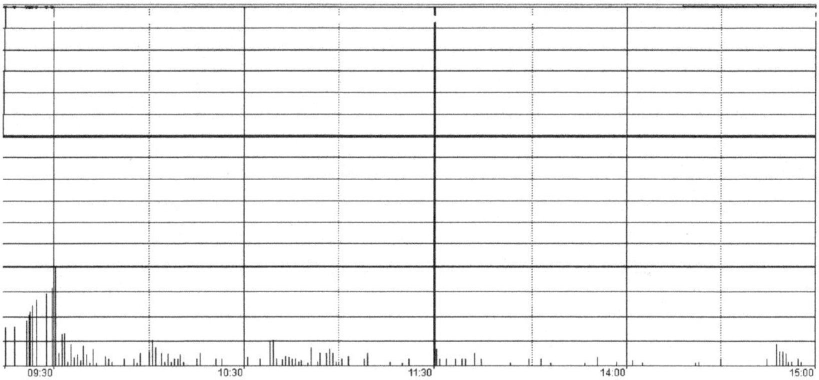


图 17.9 集合竞价涨停板示意图

【K 线实战】

图 17.10 所示为博深工具（002282）2017 年 4 月 27 日分时图中的涨停板。从图中可以看出，该股在集合竞价时就已封住涨停，全天未有任何波动，同时在未开板的状态下成交量相对很大，属于放量涨停的状态，因而后期涨势惯性不如上一案例个股，投资者在遇到此类个股时可以快速买入，做个短差。

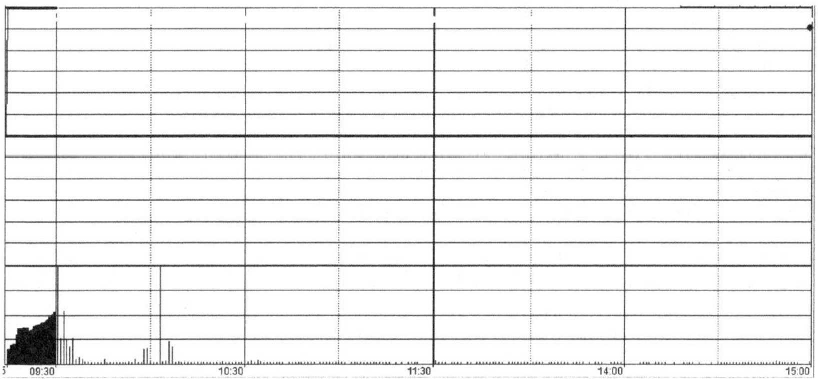


图 17.10 博深工具分时图

图 17.11 所示为博深工具日 K 线图，从图中可以清晰地发现在没有开板的情况下，成交量却没有明显萎缩，显示了部分主力已经出现分歧，后期向上动力将受到考验。

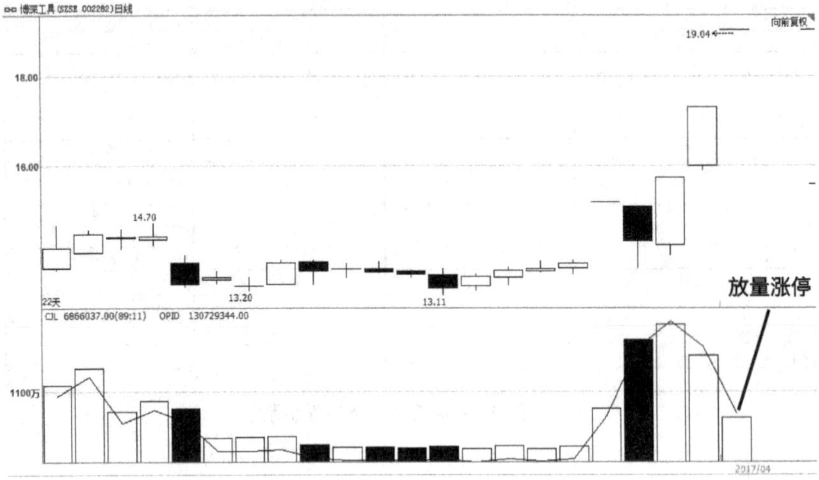


图 17.11 博深工具日 K 线图

【K 线实战】

图 17.12 所示为群兴玩具（002575）2017 年 4 月 27 日分时图中的集合竞价早期涨停，后期快速下跌，此类个股一般以早盘小额推涨，以吸引跟风盘，但此时盘内抛压明显，没有足够强劲的上涨动力，投资者若在早盘跟进应及时撤单，以规避风险。

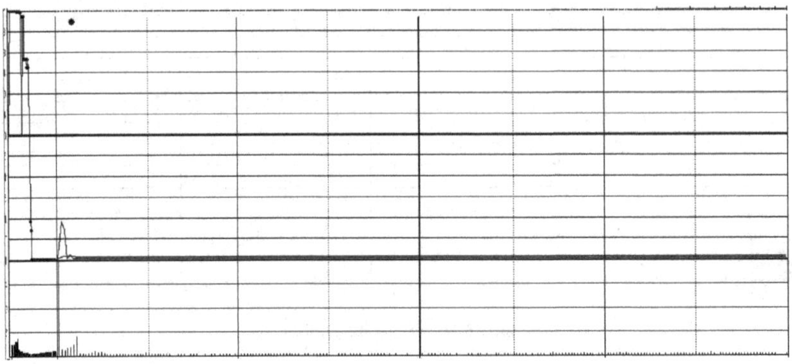

图 17.12 群兴玩具分时图

图 17.13 所示为群兴玩具日 K 线图，从图中可以看出此时该股处于底部初建时期，但是否会扮演中继下跌还需要加以关注，同时底部构建也需要一定的时间，因而不急于买进。

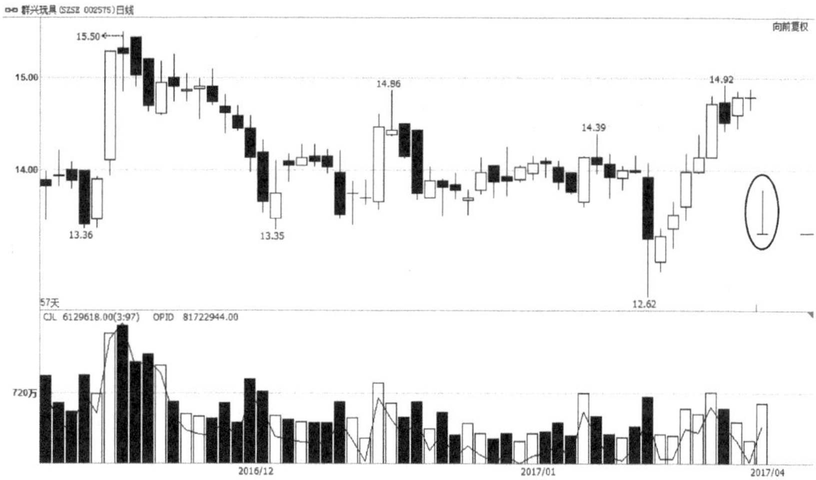


图 17.13 群兴玩具日 K 线图

【结构分析】

集合竞价在 9.15 ～ 9.25 元之间的单是可以撤单的，但之后的单则不能撤，因而早盘投资者在追入后应该配合当时个股所处阶段进行判定，因为集合竞价能够透露出全天的走势意图，对趋势把握有很重要的意义。

个股集合竞价涨停一般有两个原因：一是吸引眼球，以集合竞价涨停在涨停板吸引买盘关注，此类个股可能对后期行情有所酝酿，但也不排除短期上涨后快速回落的情况。二是试盘动作，以集合竞价试探抛压盘的力量，然后撤单考量，回归正常价位，这对行情的走势也有很强的指向性。

### 17.2.2 早盘快速拉涨停

【形态概述】

早盘快速拉涨停是指开盘之后，股价快速拉升，在 10：00 之前便封住涨停，封住涨停的时间越早，意味着个股的买盘实力越旺盛，但也有很多个股早盘拉涨停，在早盘触及涨停价之后快速回落，使得投资者追涨买进而被深套。图 17.14 所示为早盘快速拉涨停示意图。

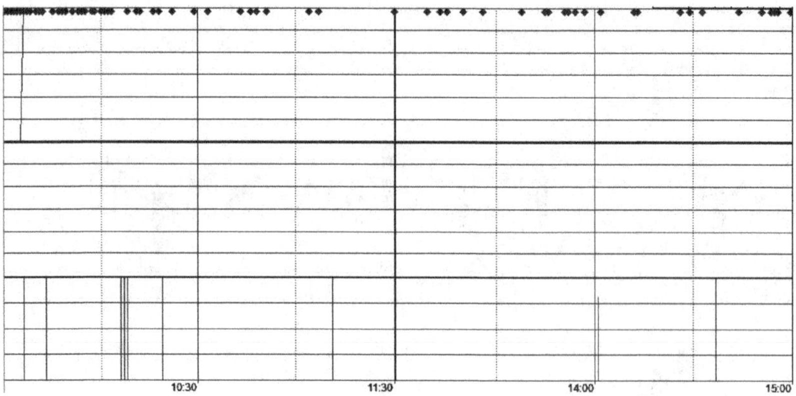


图 17.14 早盘快速拉涨停示意图

【K 线实战】

图 17.15 所示为江阴银行（002807）2017 年 2 月 15 日分时图中的早盘快速涨停板，可以看到该股早盘开盘在 5% 附近，以掩饰强大的买盘力量。但在该股开盘之后迅速垂直拉升，以两波拉升形势于 9:40 冲击涨停价，基本全天稳稳封住，早盘第一波涨势上冲涨停，之后回踩 8% 附近，因而这个回踩是最后的买点。

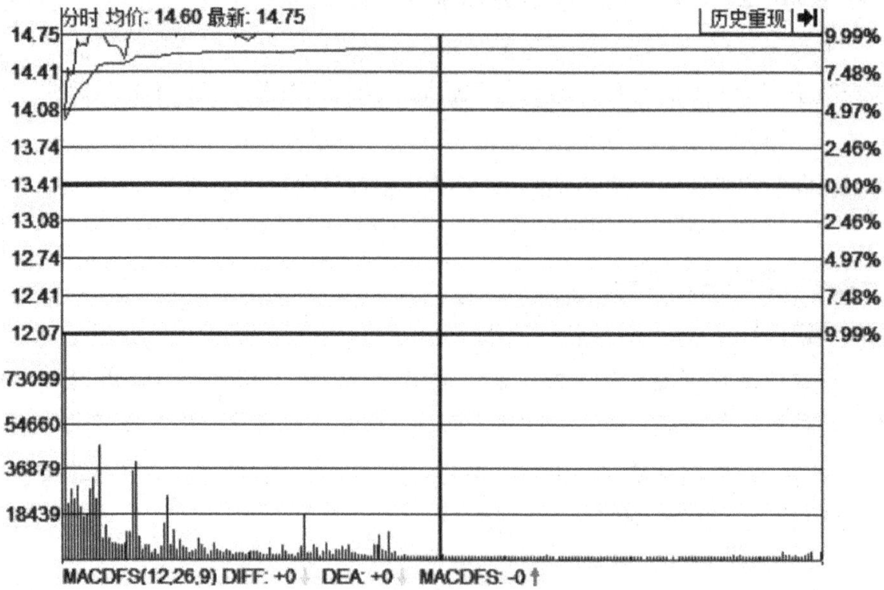


图 17.15 江阴银行分时走势图

图 17.16 所示为江阴银行日 K 线图，从图中可以发现该股在长期停牌后有一

个复盘，因而个股当前至少会有连续 3 天的上冲动力，所以短线可以买进。

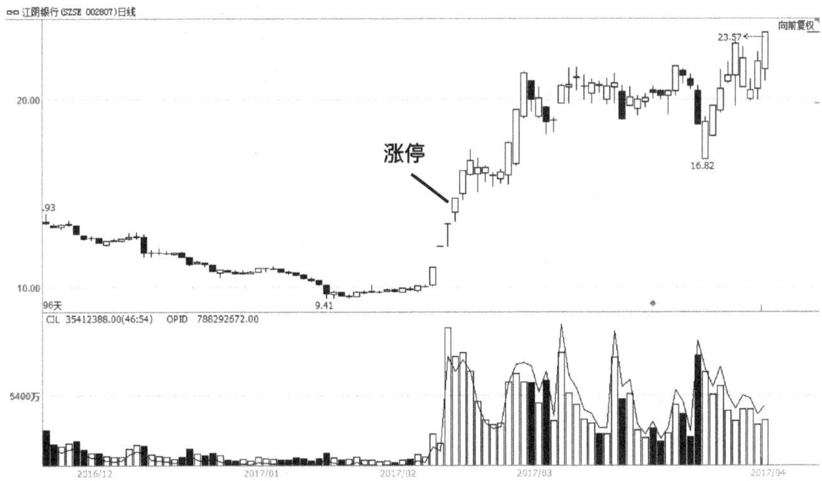


图 17.16 江阴银行日 K 线图

【结构分析】

早盘快速涨停意味着没有留给散户足够的思考和参与时间，也意味着在市场中对该股的走势看好的力量十分强大，使得供不应求，因而投资者在操作此类个股时需要准确的判断力和果敢的操作决心。

早盘快速涨停的个股后日必定有向上的惯性冲力，因而做短线者可以考虑短线参与，快入快出。

### 17.2.3 尾盘突然直拉涨停

【形态概述】

尾盘突然直拉涨停是指个股在尾盘 14 : 00 之后，开始冲击涨停板并封住。此类个股有两种可能：一是全天高位横盘出货，在尾盘临近时以小成本快速封涨，以吸引一定程度的买盘，便于翌日高位出货；二是全天整理吸筹，待浮筹清洗接近尾声时，快速封涨，后期股价涨势可观。图 17.17 所示为尾盘突然直拉涨停示意图。

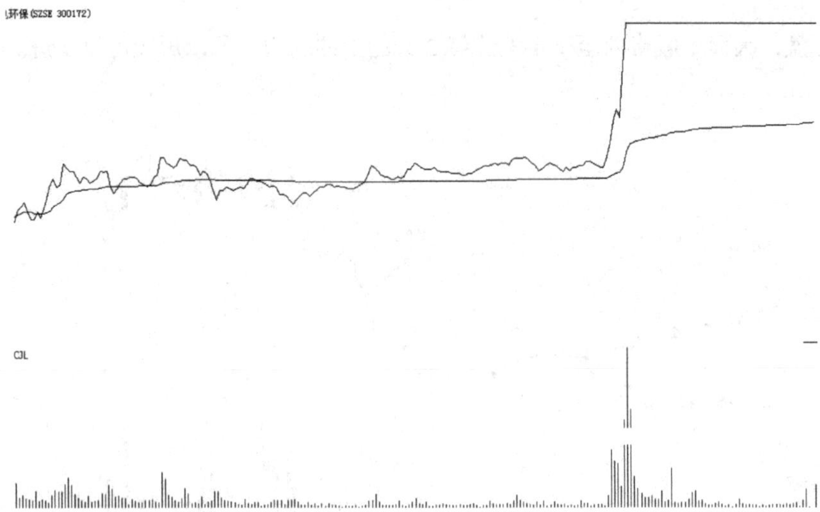


图 17.17 尾盘突然直拉涨停示意图

【K 线实战】

图 17.18 所示为春兰股份（600854）2017 年 4 月 27 日的分时图，可以看出股价在早盘进行了长期的横盘震荡，主要是清洗浮筹，之后一路快速收集筹码，准备上攻。

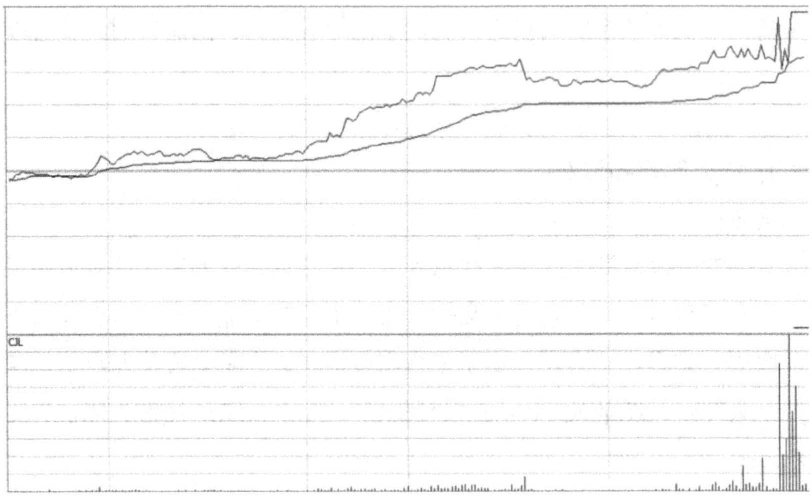


图 17.18 春兰股份分时图

【K 线实战】

通常原因：股票尾盘突然拉起涨停说明主力不愿承接全天的卖盘，所以在尾盘打涨停，目的就是用闪电战让想卖的不敢卖、想买的买不到，这种情况说明主力不愿意更多地吸取筹码，次日多半会有回调，建议短线次日出来。

尾盘拉升的其他几种原因如下。

主力快速拉高，便于翌日高位出货，并且套住追高者。

该股因本身基本面的突发利好或者主力已经吸筹完毕，决定向上快速拉升，使得尾盘突袭。

在大盘形势不好，股价前期进行模仿后处于深跌形态，但股价本身已经趋于不合理的价位，所以主力会进行快速拉升，在卸掉大盘影响下的抛压后重回先前的走势。

## 17.3 涨停板的卖点

本节与上节的操作技巧很相似，但寻找卖点更需要具备对技术指标的信任和控制自身情绪的能力，涨停板的卖点一旦选择，往往容易致使多日的利润一天之内尽失，甚至陷入深套之中，因而我们在坚决地选择买点之后，也应该程序化地设置好止盈点，以实现模式化的操作，把利润放至最大。

### 17.3.1 开板涨停板不断开板

【形态概述】

开板涨停板不断开板意味着有大量的卖盘不断在高位涌出，也意味着此时多空力量已经开始产生分歧，因而在处理这类个股时应该选择离开，以免遭遇翌日低开下行，导致深套。在此类个股中也存在部分拥有整理意图的个股，但相对偏少，个股主力不愿在高位久待。图 17.19 所示为不断开板的涨停板示意图。

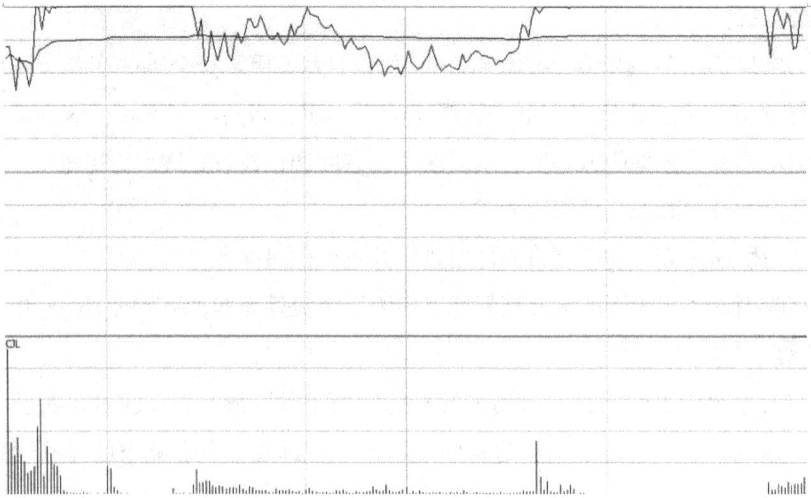

图 17.19 不断开板的涨停板示意图

【K 线实战】

图 17.20 所示为圆通速递（600233）2017 年 2 月 28 日分时图，从图中可以看出，此时该股在早盘长期横盘之后，午后快速拉起，期间涨停板不断破开，显得卖盘力量凶悍，主力实力有所欠佳。

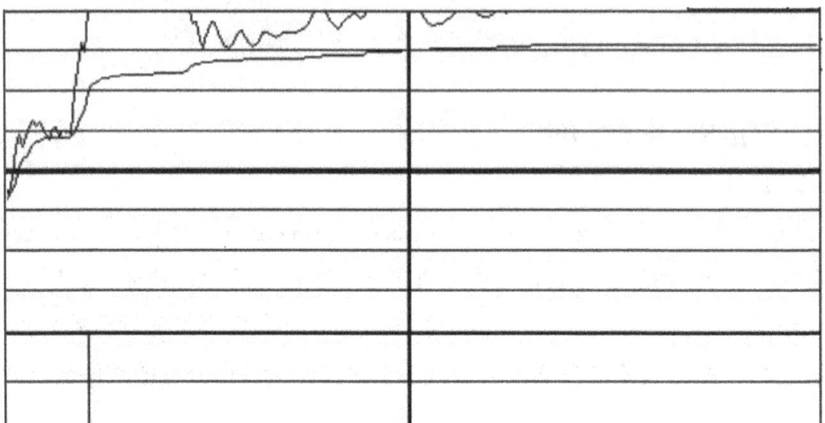

图 17.20 圆通速递分时图

图 17.21 所示为圆通速递日 K 线图，从图中可以看到此时该股移动平均线繁杂，前期股价走势一路下行，该股当日涨停更多的是超跌反弹，没有很大的操作意义，后期股价有继续下冲或者长期整理的可能，但做多力量勉强，应予以规避。

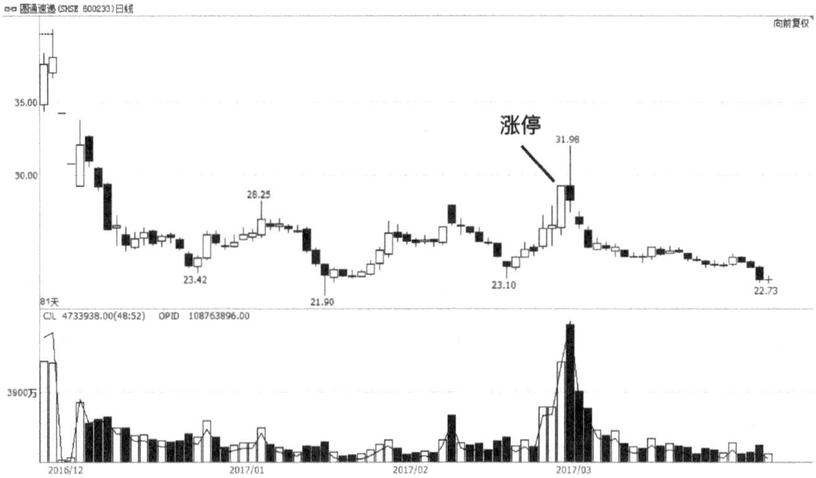


图 17.21 圆通速递日 K 线图

【结构分析】

分析涨停板的特征应该同时结合 K 线及其他指标进行综合判定，不应该过分地依赖部分数据，以提高在分析判断中的准确性，扩大利润。

### 17.3.2 涨停板小量封盘

【形态概述】

涨停板小量封盘是指股价在上冲涨停板之后，没有充足的买盘在涨停价位对卖盘进行吸收，存在对资金进行隐性掩藏的可能性，但更多意味着主力实力有限、做多欲望一般的特征，因而后期涨势有限，更有可能对新入资金的安全性产生影响，投资者在此时可以考虑平仓，以规避翌日低开下行带来的风险。图 17.22 所示为涨停板小量封盘示意图。

| | | |
|---|---|---|
| 卖五 | 0.00 | 0 |
| 卖四 | 0.00 | 0 |
| 卖三 | 0.00 | 0 |
| 卖二 | 0.00 | 0 |
| 卖一 | 0.00 | 0 |
| 买一 | 39.90 | 1101 |
| 买二 | 39.86 | 5 |
| 买三 | 39.85 | 30 |
| 买四 | 39.82 | 7 |
| 买五 | 39.80 | 10 |

图 17.22 涨停板小量封盘示意图

**【K 线实战】**

图 17.23 所示为华正新材（603186）2017 年 4 月 27 日的分时图，可以看到此时该股在最后时刻以 1101 手的小买盘进行封单，显示了主力不愿过分展示实力的一面，也说明了主力实力有限的一面，此时投资者应该选择离开该股，而不是继续持有。

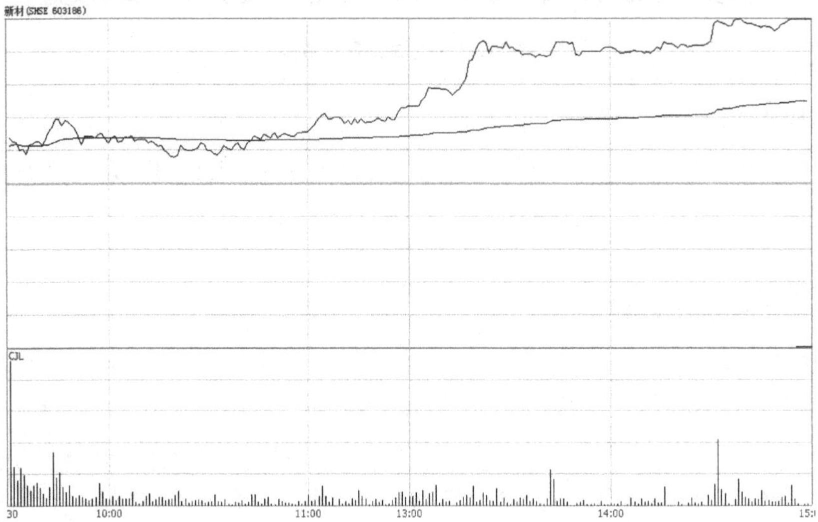


图 17.23 华正新材分时图

**【结构分析】**

大封单的意图有两种，一种是通过不断加单撤单，对跟进的买盘进行吞噬，达到悄悄出货的目的；另一种是以大资金压制卖盘，震慑卖盘，展现自身做多的实力，后期涨势可观。